KB136199

UNTACT STARTUP

UNTACT STARTUP

도서출판
정일

머리말

스타트업(STARTUP)은 혁신적 기술과 아이디어를 보유한 설립된 지 얼마 되지 않은 창업 기업을 뜻한다. 창의적인 아이디어와 우수한 기술력을 바탕으로 하는 혁신적인 비즈니스를 추구하는 스타트업은 포스트 코로나 시대를 이끌어나갈 성장 핵심 동력으로 급부상하고 있다.

그렇다면 왜 혁신 창업은 국가적 과제가 되어야 하고, 스타트업 중심의 미래 산업 생태계 조성이 가능하다고 보는 것인가? 세계 각국이 혁신적인 스타트업 생태계 조성에 힘을 쏟는 이유는 노동, 자본에 의존하는 투자 주도형에서 혁신 주도형으로 성장 패러다임의 전환이 필요하기 때문이고, 스타트업을 통해 고부가가치 신기술 혁신, 고용 창출, 경제 활성화, 새로운 시장 개척 등 전방위적인 효과를 낼 수 있는 원동력이 되기 때문일 것이다.

이에 정부에서는 '창업국가' 조성을 위해 유망 스타트업을 발굴하여 R&D 사업화 자금, 투·융자 금융, 기술·인증 컨설팅 등을 지원하고 팁스(TIPS), 비대면 펀드, 그린뉴딜 펀드 등을 조성하여 유니콘 기업으로의 성장을 촉진하기 위한 스케일업 생태계 조성에 앞장서고 있다. 그리고 대기업과 스타트업 간 상생 협력 추진 체계를 완비하여 정부가 대기업과 스타트업을 연결하는 가교 역할을 수행하고 나섰다.

한편, COVID-19로 인한 전 세계적인 셧다운(Shut Down)이라는 사회 경험으로 인해 언택트(Untact)의 비대면, 비접촉 소비, 재택근무, 원격 교육, 원격 문화(엔터테인먼트, 여행, 데이트, 영화 등)가 보편화되었고 4차 산업혁명 기술 기반의 비대면·비접촉 기술 혁신 활동이 가속화되었다.

이러한 언택트(온택트)의 일상화로 인해 유튜브, 페이스북, 인스타그램 등을 통한 온라인 소통이 고착화되고 제조업의 공장 자동화, 화상 회의 등 디지털 근무 도입 등 새로운 디지털 중심의 사회가 도래하였다.

이제 기업의 디지털 전환(Digital Transformation)은 선택이 아닌 필수이며, 제반 환경에 대한 고민 없는 기술혁신보다 유연 근무, 기술 투자, 고객 경험과 가치 창출을 기반으로 한 조직문화의 탈바꿈이 필요한 때임을 감지하여야 할 것이다. 특히 코로나 블루와 같은 상호 단절된 상황을 탈피하기 위한 인간의 본성은 온택트(Ontact)로 결집되고 있으며 패션 소비보다는 차박과 캠핑 소비가 증가하는 소비 트렌드의 변화도 주의 깊게 살펴야 한다.

본 책에서는 4차 산업혁명 시대의 기술 아이템과 언택트 시대의 소비자 가치 창출을 기반으로 한 스타트업 실전 전략을 수록하였다. 드론, O2O, 헬스케어, 지능형 로봇, 애그리테크 등 미래 기술 트렌드부터 스타트업 크리에이티브 아이템 개발과 브랜딩, 사업자등록, 사업타당성 분석, 저비용 고효율 디지털 마케팅에 대해 기술하였다. 또한 스타트업이 가장 큰 애로사항으로 꼽는 자금조달(돈)을 해결하기 위한 크라우드펀딩과 팁스(TIPS)투자 성공전략, 창업 R&D 정책자금을 성공적으로 획득하기 위한 정책자금 사업계획서 작성법을 상세하게 기술하였다. 그 밖에 특허, 디자인, 저작권 등 지식재산권의 중요성과 벤처기업 인증, 이노비즈 인증, 기업부설연구소, NET 인증 획득 전략과 스타트업 CEO라면 누구나 알아야 할 재무제표, 부가가치세, 법인세 등에 대해 기술하였다.

미래 사회의 궁금증을 해소하는데 유용한 저서인 「유엔미래보고서 2050」에서 제시된 미래 사회를 살펴보면 온라인 쇼핑 시 3D 아바타가 등장하고 무인자동차가 수분 이내에 도착해서 원하는 곳으로 데려다 줄 것이고, 지구 온난화로 작물 수확량이 감소하여 곤충이 식품으로 변모할 것이라고 하면서 미래 세대는 20가지 정도의 직업만을 가지게 돼서 미래 세대들은 소통과 협업, 창의성, 분석력을 기초로 새로운 기술과 아이디어에 대한 끊임없는 학습이 필요하다고 강조하고 있다. 그리고 존 체임버스 CEO는 "앞으로 고용 창출은 스타트업에서 나올 것이다. 앞으로 국가의 모든 문제는 스타트업 방식을 통해 해결할 필요가 있다."고 하였다. 이러한 측면에서 창의력이 경쟁력인 기술 스타트업은 미래를 바꿔나갈 수 있는 사회적 원동력이 될 것이고, 가치 있는 일인 동시에 미래 일자리를 만들어가는 주체가 된다.

스타트업을 꿈꾸는 모든 자들이 인공지능 기술 자체보다는 인공지능을 통해 삶의 질이 향상되는 미래를 설계하고 기술 서비스의 다양성에 대한 고민을 깊이 하는 CEO가 되길 희망한다.

목 차

스타트업 기업가정신 테크놀로지

└─ 스타트업 연습문제 STORY 둘

Part 3   인사이트와 브랜드, 사업타당성 분석

└─ 인사이트 보물찾기, 아이디어 발상기법

Part 4 온택트 시대 쌍방향 소통으로 재미를 더한 유통과 마케팅

┌─ 스타트업 연습문제 STORY 넷

Part 5　　**창업 자금 확보로 행복한 스타트업 만들기**

┌─ 스타트업 자금조달 기초

┌─ 스타트업 돈의 흐름, 투자 트렌드

⌐ 정부의 스타트업 지원 정책 도전

⌐ 스타트업 연습문제 STORY 다섯

Part 6 스타트업 저작권과 특허로 지식재산권 보호하기

Part 7   벤처, 이노비즈, 연구소 기업으로 성장

┌─ 스타트업 연습문제 STORY 일곱

Part 8   생초보 스타트업의 홈택스를 활용한 세무회계

┌─ 투자받기 위한 스타트업 재무제표

스타트업 세금 건강진단으로 돈 벌기

스타트업 연습문제 STORY 여덟

Untact

언택트, 온택트 시대의 스타트업

인공지능과 4차 산업혁명 시대를 이끄는 스타트업 아이템

스타트업 기업가정신

스타트업 연습문제 STORY 하나

Startup

Part 1

언택트를 넘어 온택트로의
스타트업 환경 변화

언택트, 온택트 시대의 스타트업

언택트와 온택트 시대, 뉴노멀로 우뚝 서기

언택트(Untact, Un-Contact)는 비접촉을 의미하는데 피주문시 계산대에서 일정 거리두기, 택배물품 문 앞에 놓고 가기, 매장에서 키오스크(Kiosk, 무인안내기)를 통해 상품 구매하기, 온라인 간편 결제를 통해 물품 구매하기 등으로 비대면 활동이 익숙해지고 있다. 그러면서 오프라인 공간에서의 거리두기와는 반대로 사이버 공간에서의 만남이나 SNS를 통한 온라인 커뮤니티 활동, 화상회의, 온라인 교육, 온라인 공연과 전시, 유튜브 채널 등으로 만남의 영역이 확장되고 있다. 이러한 온라인 만남의 활성화 그 자체가 온택트(Ontact)이고 비접촉, 비대면상에서 서비스를 제공하는 시대로 이동한 것이며, 대표적으로 넷플릭스, K-OTT(Over the top), 케이블 TV 등을 들 수 있다.

OTT	▶ wavve	TVING	WATCHA	NETFLIX
	웨이브	티빙	왓챠	넷플릭스
지원 기기	모바일, PC, 태블릿, 스마트 TV	모바일, PC, 태블릿, 스마트 TV	모바일, PC, 노트북, 태블릿, 맥, 스마트 TV	모바일, PC, 태블릿, 스마트 TV
특징	• SK텔레콤 '옥수수 (oksusu)'와 지상파 3사 '푹(POOQ)' 통합 • 지상파, 종편, 케이블 방송채널 제공	• CJ ENM과 JTBC 합작 출범 • 36개 실시간 채널방송 무료 시청 • 인기 콘텐츠 굿즈 구매 가능	• 머신러닝 기반 고객 취향 맞춘 추천서비스 • 영화 우선 공개 서비스 기능	• 미, 영, 일 드라마 및 영화 제공 • 한국 특화 오리지널 콘텐츠 제공
강점 분야	지상파, BBC 작품	케이블 드라마, 예능	국내외 영화	자체 제작 콘텐츠 양질의 해상도, 음질

OTT 서비스 개요(이미지 출처 : 각사 홈페이지)

최근 COVID-19에 따른 소비 트렌드 변화 등에 따라 셀프 창업 아이템에 대한 관심이 증가하고 있다. 가령, 한 잔에 1500원 하는 무인카페 커피머신 자판기, 셀프빨래방과 세탁전문점의 기능을 더한 코인 빨래방, 배달 전문 브랜드 출시 등 사람 간 접촉을 최소화시키는 창업아이템이 증가하고 있고, 원격의료, 원격학습, 원격근무 등 사회 전반으로 확산되고 있는 추세이다.

구 분	배달서비스	스터디카페	셀프빨래방	디저트 도시락
업체명	UF**버거	프렌**스터디	클린**24	LF푸**
특징	소규모 매장 배달 특화창업	24시간 운영 무인시스템	세탁물 수거대행서비스	뷔페 도시락 배달

언택트 창업 사례

포스트 COVID-19 이후 시대에서는 언택트 사회가 뉴노멀(New Normal, 새로운 기준)로 자리 잡을 것으로 예상되며 이와 관련된 기술개발과 새로운 성장 요소가 무엇일지에 대한 고민이 필요하다. 다양한 서비스와 콘셉트가 만나고 충돌하는 과정을 거쳐 새로운 라이프 스타일이 탄생할 것이고, 이제부터 기업은 소비자들에게 어떠한 편의성을 제공할 것인지, 그들만이 제공할 수 있는 가치는 무엇인지가 중요한 포인트로 자리매김하게 될 것이다. 그래서 기업은 창업 아이템 선정과 생산, 유통, 물류, 비즈니스 등의 환경을 어떻게 구축해야 하는지와 제품의 시장 경쟁력과 기회를 창출하기 위한 제품의 차별화와 성능을 개선하기 위한 노력이 필요하다.

스타트업, 어떻게 창업해?

창업(創業)이란 기업을 새로이 창조하는 일을 의미하고, 사전적 의미로는 사업의 기초를 세우고 처음으로 시작하는 활동으로 사업의 기초를 닦음 등을 의미한다. 좁은 의미에서의 창업은 제품 또는 용역을 생산하거나 판매하는 사업을 시작하기 위해 새로운 기업을 설립하는 일련의 행위를 말한다. 넓은 의미의 창업은 새로운 기업을 설립하는 것은 물론 기존의 기업이 새로운 제품이나 서비스를 확장해 나가는 행위를 말한다.

즉, 창업은 창업자가 이익을 얻기 위하여 자본을 이용하여 아이디어에서 설정한 상품과 서비스를 생산하는 조직 또는 시스템을 설립하는 행위이다. 그리고 학문적으로 살펴보면 인적, 물적 자원을 활용하여 설정된 기업의 목적을 달성하기 위한 상품이나 서비스를 생산, 판매, 마케팅 등의 활동을 수행하는 것으로 정의할 수 있다.

중소기업창업 지원법(시행 2020.10.8.)에 따른 창업은 중소기업이 새로 설립하는 것이고 창업자는 중소기업을 창업하는 자와 중소기업을 창업하여 사업을 개시한 날부터 7년이 지나지 아니한 자이다. 개인인 중소기업자가 기존 사업을 폐업한 후 중소기업을 새로 설립하여 기존 사업과 같은 종류의 사업을 개시할 경우 사업을 폐업한 날부터 3년 이상(부도 및 폐업의 경우에는 2년 이상)이 지난 후에 기존 사업과 같은 종류의 사업을 개시하는 경우는 창업으로 인정된다. 또한 다른 회사의 공장을 인수해 새 아이템으로 사업을 하는 경우도 창업으로 인정한다.

그리고 창업기업에 한하여 지원하는 정부 창업지원 사업에 있어서 창업으로 인정되는 경우와 그렇지 않은 경우를 살펴보면 다음과 같다. 여기에서의 업종은 통계법 제 22조 1항에 의한 한국표준산업분류상의 세분류를 기준으로 한다.

창업으로 인정되는 경우	창업으로 인정되지 않는 경우
• 기존 기업*(개인, 법인)과 이종업종의 제품을 생산하는 법인사업자로 신청하는 경우 (*폐업 기업 포함) • 기존 기업(개인, 법인)을 폐업하지 않고, 다른 장소에서 동종업종의 제품을 생산하는 법인사업자로 신청하는 경우 • 개인 사업자가 기존의 사업자를 모두 폐업하고, 기존 사업자와 이종 업종의 개인사업자로 신청하는 경우 (사업승계는 제외)	• 기존 기업*(개인, 법인)과 동종업종의 제품을 생산하는 법인사업자로 신청하는 경우 (*폐업 기업 포함) 　☞ 조직변경, 형태변경, 위장 창업에 해당 • 기존 기업(개인, 법인)을 폐업하고, 다른 장소에서 동종업종의 제품을 생산하는 법인사업자로 신청하는 경우 　☞ 법인전환, 사업승계에 해당 • 개인 사업자가 기존의 사업자를 모두 폐업하고, 기존 사업자와 동종업종의 개인사업자로 신청하는 경우 　☞ 사업이전(재창업)에 해당 • 개인 사업자가 기존 사업자를 폐업하지 않고, 기존 사업자와 동종 또는 이종업종의 개인사업자로 신청하는 경우 　☞ 사업 확장, 업종 추가에 해당
☞ 창업 범위 개편(2020.10)으로 폐업 후 동종업종 재개시할 경우 3년이 지나면 창업으로 인정(부도·파산은 2년)됨	

창업인정 기준

창업은 업종에 따라서 제조업, 도소매업, 음식업, 서비스업 등으로 분류되며 설립방법, 자본금 규모, 아이템, 사업장 형태 등에 따라 개인·법인기업, 벤처기업, 1인 창조기업, 소상공인 등으로 나뉠 수 있다.

스타트업 성공의 열쇠

최근에는 누구나 창업을 한번쯤 고려하게 되는데 궁극적인 이유는 과거와는 달리 평생직장이라는 개념이 사라지고 있으며, 대부분의 기업이 실적에 따라 구조조정과 명예퇴직 그리고 고령화로 인한 경제활동 연령 상승 등의 이유로 미래에 대한 불안감이 가중되고 있는데 그 이유가 있다. 그런데 누구나가 창업을 한다고 성공하는 것은 아니다. 그러므로 창업 요소를 철저히 분석하여 각자에게 적합한 사업을 구상하는 것이 매우 중요하다.

창업의 핵심 요소는 인적 요소(창업가), 물적 요소(창업자금), 제품 또는 서비스요소(창업아이템)를 들 수 있다.

인적 요소(창업가) : 인재는 어떻게 찾고, 어떻게 다루나?

창업자는 창업의 주체로써 기획자이며 주도자이다. 대표라는 수식어를 동반하면서 경영의 대부분을 책임지게 되며 가장 핵심이 되는 요소이다. 특히, 창업단계에서 기업의 성과는 다른 창업요소보다 창업자의 능력과 자질이 창업 성패의 요인이 된다. 특히, 중소기업의 경우 개인기업의 형태를 취하기 때문에 창업자의 자질이나 능력에 의해 크게 영향을 받을 수밖에 없다. 그렇기 때문에 창업자의 역량을 높이기 위한 노력과 교육이 필요하며, 최소한의 창업가로서의 태도와 준비가 되어있는지에 대해 창업자 스스로가 냉정하게 판단하고 고민을 해야만 한다.

과연 나는 창업가로 성장할 수 있을까? 자신에게 물어보고 판단해 보면 좋을 몇 가지 포인트를 소개하면 다음과 같다.

- 스스로의 성격이 적극적인 성격을 지녔는가?
- 미래 환경에 대한 통찰력과 판단력이 있는가?
- 사회적으로 신뢰받을 만한 교양과 인격을 갖추었는가?
- 새로운 환경변화에 도전하는 것을 즐기는가?
- 가족들이 창업을 반대할 때 설득할 수 있는가?
- 성취욕구가 강하고 독립적인가?
- 집중력을 발휘해서 사업의 기회를 포착하고 그것을 실현해 나갈 수 있는가?
- 사업과 시장에 대해 경험과 지식을 축적해서 사업아이템에 대해 최고의 전문가라고 자부할 수 있는가?
- 기초적인 체력을 갖추고 있는가?
- 기초적인 재무지식을 가지고 있는가?
- 주위에 사업 고민을 들어줄 사람이 있는가?

창업가 적성 판단 포인트

물적 요소(창업자금) : 스타트업 창업자금 조달의 중요성

창업자금은 필수조건인 동시에 창업자가 애로사항으로 호소하는 가장 첫 번째 요소이기도 하다. 창업자금은 기업을 설립하기 위해 필요한 시설, 인력, 기술, 원자재 등 투입요소를 얻기 위해 지불하는 원천적 자원이다. 창업 시 사업의 특성과 규모에 맞는 자금 준비는 필수적이며, 이러한 소요(필요) 자금을 어디서 어떻게 마련할 것인가가 중요하다. 창업 시 소요자금 뿐만 아니라 창업 후 경영, 연구, 생산 등에 필요한 운전자금과 시설자금의 확보 방법에 대해서도 철저한 계획과 준비가 필요하다.

창업자금은 크게 창업자가 직접 준비하는 자기자본과 창업자가 아닌 타인자본을 통해서 조달할 수 있다. 창업 준비 단계의 자금(Seed Money)은 본인과 동업자, 친척, 친구 등으로 부터 조달하며, 창업 단계의 자금(Start-up Money)은 자기자본과 개인투자자, 기관투자자 등으로부터 조달하게 된다.

또한 정부에서는 우수한 기술력과 사업성은 있으나 자금력이 부족한 중소·벤처기업의 창업을 활성화시키고 고용 창출을 도모하기 위해 창업기업에 자금을 지원하는 정책을 펴고 있다. 이와 관련한 정보는 중소벤처기업부에서 제공하는 기업마당 비즈인포(www.bizinfo.go.kr)에서 해당 자료를 찾아볼 수 있으며 정책정보를 문자와 이메일로 받아볼 수 있다.

제품 또는 서비스 요소(창업아이템) : 스타트업 성공 필수 요소

창업아이템은 무엇을 팔 것인가를 결정하는 과정으로 업종을 뜻하며, 업종 선택시에는 미래에 대한 성장가능성과 창업자의 경험이나 특성을 충분히 활용할 수 있는 업종인지를 살펴보는 것이 중요하다. 창업 아이템 선정 시 가장 중요한 요소는 주변 환경과 창업자 본인의 경험인 것이다. 업종별 정보 수집과 분석을 통해 예비 창업아이템을 선정하고 법적인 인·허가 요건 등을 사전에 면밀히 확인해 봐야한다.

시장성	수익성	위험요소
• 라이프 사이클상 도입기 또는 성장기 업종인가? • 해당 업종의 시장 규모가 커지고 있는가? • 시장의 경쟁 현황과 전망은 어떠한가?	• 투자비용 대비 수익 전망, 손익분기점 시점은 언제인가, 매출, 영업이익은 얼마인가? • 고정비는 어느 정도 소요되는가?	• 해당 업종이 인허가에 문제점은 없는가? • 거래업체 또는 지식재산권 분쟁 소지는 없는가? • 고용, 원재료 조달 등 문제의 소지는 없는가?

창업 아이템 선정 시 확인할 사항

스타트업 미래 기술 엿보기

창업 모델의 시작점은 현재의 기업보다 수백 배 이상의 더 많은 가치를 생산할 수 있는 아이템을 찾는 일일 것이다. 이에 대한 전제 조건으로는 세계 최고 수준의 기술력, 급속한 확장성, 광범위한 대중적 수요, 전 세계 구석구석 사각지대가 없는 글로벌 배송, 남들보다 훨씬 높은 수익성, 강력한 파급력 등을 들 수 있다.

암호 화폐와 블록체인 : 디지털 화폐의 미래

암호 화폐는 해시(Hash)라는 암호화 기술을 이용하여 만든 전자화폐의 일종으로서, 가치를 보증하는 중앙은행이 없이도 거래의 신뢰성과 안전성을 보장받을 수 있다. 이에 등장하는 용어가 블록체인(Block Chain)인데 블록체인 기술은 네트워크에 참여하는 모든 사용자가 모든 거래 내역 등의 데이터를 분산, 저장하는 기술을 지칭한다. 비트코인과 같은 가상화폐가 등장하게 된 것도 블록체인 기술 덕분이며 이더리움, 리플, 라이트코인 등 유사한 화폐가 등장하였다.

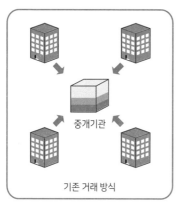

기존 거래 방식

은행 등 중개 기관이
모든 장부를 관리하는 통일된 거래 내역

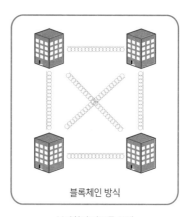

블록체인 방식

분산화된 장부를 통해
투명한 거래 내역 유지

블록체인 개념도

미래 스마트 사회에서 각종 서비스 인프라를 뒷받침할 수 있는 기술이 될 것이며, 블록체인은 금융을 비롯해 보험, 교통, 헬스케어, 에너지, 물류와 배송, 음악, 제조, IoT, 소셜미디어 그리고 공공분야 등 거의 모든 주요 산업 분야에 적용이 되는 기술이다.

블록체인 거래 과정

노화 치료 : 트랜스 휴머니즘 역노화 유전자 치료 가능성

불로장생(不老長生), 불로불사(不老不死)에 대한 염원은 전 인류적인 소망일 것이며, 100세 시대를 맞아 안티에이징(Anti-aging)에 대한 관심이 커지고 있다. 만일, 노화 치료(Cure for Human Aging) 성과가 있는 약물이 개발된다면 얼마나 많은 사람이 구매를 할 것인가?

최근 노화의 원인이 DNA 손상이나 내분비기관의 적응력 감소로 인한 호르몬 변화, 산화스트레스 및 에너지 대사와 밀접한 관련이 있다는 연구 결과가 나오고 있으며, 향후에는 유발하는 유전적, 신체적 원인과 치료법이 등장하게 될 것이다.

인간의 수명 연장에 대한 의견으로 영국의 과학자 오브리 드 그레이(Aubrey de Grey)는 150세 이상 살 수 있는 사람이 이미 태어났다고 하였다. 그리고 20년 안에 1000살이 넘게 살 수 있는 사람이 태어날 것이라고 주장하였으며, 노화는 없다 라는 책을 통해 노화는 질병이라고 주장하면서 25년 안에 의료 수단으로 노화를 통제하게 될 가능성이 50%를 넘는다고 하였다.

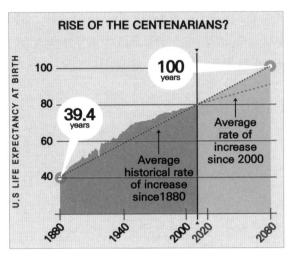

미국인의 평균수명 증가 추이와 전망(출처 : atlantic.com)

　수명 연장으로 인해 노화 분야에 대한 기술의 발전은 불가피하고 체세포 배아줄기 세포 복제 등을 비롯한 항노화 치료제 개발은 필수적이다. 항노화 산업은 노화 기전에 대한 예방 및 관리와 노화로 인한 신체적 질병을 예방, 관리, 치료하는 모든 제품과 서비스를 포괄한다. 여기에는 항노화 의약품, 항노화 식품, 항노화 화장품, 항노화 의료기기 산업이 포함된다. 황노화 의약품 및 치료제 중 성장 가능성이 높은 분야로 백내장, 녹내장, 황반변성 등 노인 관련 안구 질환과 알츠하이머·파킨슨병 등 신경 퇴행성 질환 분야가 있다.

항노화 서비스와 제품

기상 조절 : 미래의 신무기 기상 조절로 날씨를 마음대로

기상 조절(Controlling the Weather)은 인간의 경제적, 사회적, 방재적 이득을 위해 인위적·의도적으로 기상을 변화시키는 행위이며 인공증우(설), 우박 억제, 안개 소산 등이 속할 수 있다. 날씨조절관리자가 미래의 부상직종으로 등장할 것이며, 미 공군의 연구 자료에 의하면 날씨무기(Weather Weapon)의 등장으로 머지않아 날씨를 조정가능하게 할 것이라고 발표된 바 있다. 전 세계적으로 허리케인, 토네이도, 쓰나미 같은 자연 현상으로 인해 엄청난 피해를 입고 있으며 지구온난화로 인한 전 세계적인 기상이변 현상도 증가하고 있다. 이를 미리 대처하고 막을 수 있다면, 인류가 생존하는 데 적합한 온도와 햇빛을 보장할 수 있다면 그 가치는 짐작할 수도 없을 것이다.

영화 지오스톰(Geostorm)에서 인공위성의 오작동 때문에 인도 뭄바이에서 엄청난 규모의 돌풍이 일어난 장면처럼 인공위성 조직망을 통해 날씨를 조종할 수 있는 시대가 멀지 않았다. 4차 산업혁명으로 기상 산업도 진화되고 있는데 미국의 몬산토는 기상 정보 제공업체를 인수하여 기상 정보를 농업 정보와 융합해 서비스 하는 기술을 개발하고 있고 IBM은 왓슨(Watson)프로그램과 기상정보를 결합한 새로운 서비스를 개발하고 드론과 무인자동차를 활용하여 기존에 관측하기 어려웠던 지역의 기상 정보 수집에도 힘을 쏟고 있다.

즉석 수면 : 깊은 잠이 보약, 수면 산업 어디까지 왔나

즉석 수면 기술은 잠깐의 수면으로 8시간의 잠 효과를 내는 것을 의미한다. 만약 이것이 실제로 가능하다면, 사람은 하루에 8시간을 덤으로 갖게 되는 것이기 때문에 노화 치료와 마찬가지로 모든 사람이 관심을 가지게 되는 서비스 분야가 될 것이다. 가깝게는 인공지능, 빅데이터를 접목한 슬립테크(Sleep Tech)기술인 즉석수면(Instant Sleep)을 위한 다양한 제품이 등장하고 있다. 슬립테크란 'Sleep(수면)'과 'Technology(기술)'의 합성어로, 첨단기술을 활용해 수면 관련 데이터를 분석하고 수면을 돕는 기술을 의미한다.

구분	슬립 튜너	케어 오케스트레이터 스마트 슬립	모션 필로우	스마트 워치
기업	베더 (미국)	필립스 (미국)	모션 필로우 (한국)	위딩스 (프랑스)
제품 특징	• 이마에 붙이는 센서를 통해 수면 데이터 수집 및 수면 코칭서비스 제공	• 수면무호흡 개선, 코골이 완화를 위한 토탈 솔루션 • 수면 습관 재교육 프로그램	• 머리 위치와 호흡 패턴 분석으로 베개 높이 조정	• 스마트 워치 활용으로 심장 모니터링, 산소 포화도 문제 식별

미국 CES 2020에서 소개된 수면 테크관 제품 사례

사회생활, 업무, 건강 문제 등으로 현대인의 수면시간이 감소하고 있으며 이에 불면증 겪는 성인인구는 지속적으로 증가하고 있다. 이에 수면 보조제뿐 아니라 애플리케이션, 웨어러블 기기, 디지털 장비 등을 통해 편안한 수면을 취하려는 소비자가 증가하는 만큼 소비자의 니즈를 반영한 기술개발은 확대될 것이다.

3D 바이오프린팅, 인공장기 : 공장에서 맞춤형 인공장기 만드는 시대

3D 바이오프린팅은 잉크젯 프린터처럼 특정 재료를 활용해 사람에게 이식할 수 있는 신체부위를 모사하는 것이다. 그 과정에서 줄기세포 등이 쓰이면서 인체에 적용됐을 때 자연스럽게 정착할 수 있도록 영향을 주게 된다.

	장기이식	기계 장기	배양 장비	생체공학	유전자 제거
	피부조직, 신경세포, 각막, 연골, 뼈 등을 이식	신장투석기, 인공 심장 박동기, 눈/폐/심장 등의 기계화	3D 프린터 이용한 심장, 간, 신장, 자궁, 성기 등 복잡한 장기 생산	로봇 팔/다리, AI 결합한 움직임 실현	질병을 일으키는 유전자 제거, 신체 능력에 영향을 주는 유전자 파악

인간 수명 연장을 돕는 과학기술

신체 부위에 따라 바이오잉크 성분은 달라지며 통상 콜라겐이나 펩타이드처럼 세포가 포함된 세포계 재료와 치아·뼈 등의 인산칼슘, 그리고 연골 재생에 필요한 다당류 등의 비세포계 물질의 혼합 물질에 대한 연구가 가속화 될 것이다.

3D 바이오프린팅이 모든 장기조직으로 분화가 가능한 배아줄기세포와 함께 이용된다면 그 파급력은 엄청날 것이며 인공근육, 인공심장, 인공피부 등을 통한 삶의 질 향상을 기대해 볼 수 있다.

인공지능과 4차 산업혁명 시대를 이끄는
스타트업 아이템

AI와 인간이 협력하는 사회, 스타트업 환경

4차 산업혁명 시대, 스타트업 기회 발견하기

최근의 경제 환경은 4차 산업혁명으로 급변하고 있다. 4차 산업혁명(Fourth Industrial Revolution, 4IR)은 2016년 세계 경제 포럼(World Economic Forum, WEF)에서 주창된 용어로, 정보통신 기술(ICT)의 융합으로 이루어지는 차세대 산업 혁명을 의미한다.

4차 산업혁명과 관련된 다양한 분야의 사업이 새로운 미래 유망 창업 아이템으로 급부상하고 있으며, 특히 인공지능(AI), 빅데이터, 스마트 헬스케어, 지능형반도체, 자율주행차, 무인기, 첨단 소재 등의 산업 분야에 대한 관심이 집중되고 있다.

중국은 제조 2025 및 인터넷 플러스 전략을 통해 전기 자동차의 조기 상용화, 드론 시장 석권, 지능형 로봇 사업화 등 신산업 분야의 테스트베드 역할 수행을 공표하였고, 미국은 산업 인터넷 컨소시엄(Industrial Internet Consortium)을 통해 실제 세계와 디지털 기기, 사람을 융합함으로써 센서와 기기들이 자체적으로 정보를 취합하고 이를 분석하여 생산성을 극대화할 수 있는 인공지능 생산 시스템을 구축해 나가고 있다. 또한, 대학 내의 팹

랩(FABLAB), 지역 사회의 테크숍(TECHSHOP) 등을 중심으로 창작자들을 양성하고 창작 공간을 통해 돈은 적게 들고 위험 부담은 줄이는 새로운 창업 패러다임을 확립해나가고 있다.

기술	세부 분야			
ICT	사물인터넷(IoT)	클라우드 컴퓨팅	스마트 디바이스 (로봇 등)	무인 항공기 (드론)
	가상현실	초확장현실	3D프린팅	O2O 서비스
헬스케어	의료기기	영상 의료기기	체외 진단기기	헬스케어 IT
빅데이터	하드웨어	소프트웨어	공공데이터	플랫폼
인공지능	자율주행 자동차	블록체인	지능형 로봇 및 감시시스템	교통제어시스템

창업 기술 트렌드 분야

기술시장 분석회사인 레이턴트뷰(LatentView)의 벤캇 비스와나단 창업자는 현재의 기술 트렌드를 파괴(Disruption)에서 전환(Transformation)으로의 이동이라고 하였다. 이는 인공지능, 데이터 사이언스, 클라우드, 5G 등의 기술의 파괴력을 인정하는 동시에 사람들에게 가져다 줄 수 있는 가치가 무엇인지 보여주는 것이 숙제가 되는 세상이라는 것을 의미한다.

이미 인공지능은 물, 전기, 가스처럼 일상적으로 손쉽게 밸브만 틀면 나오는 상품처럼 등장하고 있다. 이는 기술이 중요한 시대에서 고객이 중요한 시대로 변화하는 것을 의미하고 누구나 인공지능, 데이터 사이언스, 5G를 활용할 수 있는 주체가 될 수 있다는 것을 뜻하고, 누가 먼저 어떤 기술을 개발하느냐의 관점보다는 고객이 가지고 있는 시급한 문제를 해결하기 위해 어떤 가치를 제공하고 어떤 기술을 활용하느냐가 더 중요한 문제로 부각된다는 것을 뜻한다.

한편, 세계 최고의 스타트업 허브 중 하나인 이스라엘의 민간 창업지원 기관 Startup Stash는 사이버 보안, 인공지능, 핀테크, 헬스테크, 드론, 농업기술 등의 스타트업을 지원하는데 초점을 두고 있다.

４차 산업혁명 시대에서는 지능화 혁신 역량을 갖춘 플랫폼 기업 중심으로 산업 구조가 재편되고 일자리 측면에서는 제조 현장의 근로자 뿐만 아니라 법률가나 의사와 같은 전문직까지도 자동화의 영향에서 벗어날 수 없다. 따라서 창업 아이템을 결정하는데 있어서 의료·바이오, 제조, 스마트시티, 금융, 모빌리티·물류, 농수산 식품 등의 영역의 글로벌 경쟁력을 확보하는 것 그리고 지능화 혁신을 염두에 두고 인지·학습·추론 기능 등을 통해 산업 현장의 생산성을 높이고 새로운 부가가치를 창출하려는 방향으로의 전환, 이러한 점이 스타트업이 고민해야하는 인사이트이다.

주목해야 할 미래 기술 트렌드

사물인터넷 : 사물인터넷을 이끄는 스타트업 되기

사물인터넷(IoT, Internet of Things)과 자율사물(AT, Autonomous Things)은 각종 사물에 센서와 통신 기능을 내장하여 인터넷에 연결하는 기술로 무선 통신을 통해 각종 사물을 연결하는 기술이다. 더 나아가 AI 기술이 급격하게 발전하면서 인간이 수행해 오던 기능이 자동화되는 자율사물시대로의 전환이 가속화 되고 있다. 자율사물 기술은 IoT 기술과 AI가 결합된 것으로 우리 주변의 사물이 네트워크로 묶이고 상호작용한다는 IoT 기술이 인공 지능화되는 것을 의미한다.

AI, IoT 등의 기술을 활용한 생활의 만족도를 높일 수 있는 창업 아이템을 벤치마킹하려면 미국 라스베가스에서 열리는 CES(Consumer Electronics Show)를 검토해보는 것이 유용하다. 그리고 IoT 기술 트렌드를 특허출원 관점에서 분석·점검해보고 이를 기반으로 창업 사업계획을 수립·점검하는 하는 것이 바람직하다.

생활케어	이동수단	사회 인프라	물류/유통	오피스/생산
• 스마트 하우스 • 스마트 가전 • 의료 로봇 • 엔터테인먼트	• 자율 주행 • 스마트 주차관리 • 대중교통	• 스마트 그리드 • 차세대 통신 • 환경·재해	• 드론 • 스마트 판매 • 차세대 정보 유통	• 스마트 오피스 • 스마트 농업 • 스마트 공장

IoT 분야의 미래 기술

스마트 디바이스 : 세상을 바꾸는 스마트 디바이스 제작

스마트 디바이스(Smart Device)란 PC, 스마트폰 등 단말기(디바이스)를 넘어 사물인터넷(IoT) 환경에서 정보통신 서비스를 이용자 간 사물 간 전달하는 지능화된 단말을 포괄적으로 지칭한다. 즉, 기계와 인간, 기계와 기계가 교류하고 대화하는 실감, 지능, 융합형 서비스를 제공해주는 기술이다. 또한 웨어러블 시장도 확대되고 있는데 스마트 워치, 스마트 글래스, 웨어러블 카메라, 스마트웨어 등이 등장하고 있다.

구분	기기	연결 구도
1세대 디바이스 (2000년~)	PC, 노트북, 전화기	사람과 사람 간 연결 "단순 연결구도"
2세대 디바이스 (2010년~)	피처폰, 스마트폰, 태블릿PC	사람과 사물의 연결 "서비스 위치 제약 극복"
3세대 디바이스 (2020년~)	스마트 워치, 가상현실 글라스, IoT 기반 스마트 기기	사람+사물+공간의 연결 "실감·지능·융합형 서비스 구현"

스마트 디바이스 패러다임 변화

스마트 디바이스 분야의 창업에 있어서는 여러 가지 디바이스를 개발하면서 또다른 아이디어를 떠올리고 새로운 아이디어를 과거에 개발한 디바이스와 융합해서 혁신적인 사업 모델을 만들 수 있을 것이다. 그리고 정부, 지자체에서 지원하는 스타트업 인큐베이팅, 디자인 및 제작, 마케팅 판로개척 사업을 활용하는 것이 유용하다.

드론 : 드론 시장의 세계적 기업을 꿈꾸자

무인항공기 드론(Drone)은 실제 조종사가 직접 탑승하지 않고, 지상에서 사전 프로그램 된 경로에 따라 자동 또는 반자동으로 비행하는 비행체, 탑재임무장비, 지상통제장비(GCS), 통신장비(데이터 링크), 지원 장비 및 운용 인력의 전체 시스템을 의미한다.

무인이동체는 무인기, 자율주행자, 무인 농기계 등 사람의 운행 없이 이동하는 수단을 통칭하며 그 효용성이 점점 높아지고 드론과 관련한 미래 직업도 증가하고 있다. 특히, 중소기업과 스타트업을 중심으로 하는 민수 무인기 산업 분야는 기업 간 연합을 통한 비즈니스 창출이 가속화되고 있다. 가령, 드론 기체, 탑재임무장비(카메라, 라이다, 레이더 등), 영상데이터 분석 소프트웨어, 무인기 운용 등의 기술력을 보유한 기업 간 기술 투자 또는 합작, M&A 등이 활발하게 추진되고 있다.

구분	육상	항공	해양
운송	자율주행차, 배송	배송 드론, 유인 드론, 화물 무인기	무인 화물선
농수산업	무인 농기계, 무인 트랙터	방제 무인헬기, 농업 드론	무인 양식, 어군 탐지
인프라 관리	발전시설 관리 지하공간 관리 자율 건설 장비	전력선 관리 교량 관리 소방 방제 관리	수상 인프라 수중 인프라
오락 및 스포츠	스포츠 중계, 레이싱	촬영 드론, 드론 레이싱	수중 관광, 수중 촬영

정부가 예측한 무인이동체 기술 환경수준	• 2015년 안전운전지원 • 2020년 자율주행지원 • 2025년 제한적 자율주행 • 2030년 완전자율주행	• 2015년 소형드론 시장 개화 • 2020년 활용분야 확대 • 2025년 화물·인프라 관리 • 2030년 신개념 무인화 상용화	• 2015년 수중작업용 시장발전 • 2020년 공공수요 확대 • 2025년 심해/협력 임무수행 • 2030년 활동영역 광역화

무인이동체 6대 핵심기술					
탐지 및 인식	통신	자율지능	동력원·이동	인간-이동체 인터페이스	시스템 통합
센서를 통해 정보를 획득·분석·처리하는 기술	조종기-이동체, 이동체-이동체 간 정보교환 기술	사람의 개입 없이 상황을 인지·판단·처리하는 기술	에너지 공급하고 이동하여 작업하는 기술	무인이동체 조종·감독을 위한 인간-이동체 간 의사소통 기술	자율지능 기반 이동체 시스템에 적합한 H/W, S/W

무인 이동체 운용 환경과 6대 핵심 기술(출처 : 미래창조과학부, 과학기술정보통신부)

최근 드론 기술의 연구는 예측 불가능한 상황에 대한 대처 기능 기술과 드론의 응용 분야 확장을 위한 연계 기술 분야로 활발히 이루어지고 있으며 군수용 시장 중심에서 농업,

광업, 치안, 물류, 에너지, 방송 산업 등 민간 시장으로 확대되고 있다. 2026년 90조 원까지 성장할 것으로 전망되는 세계 드론 시장을 선점하기 위한 움직임이 활발하며 한국 정부도 상업용 드론 시장을 키우는 데 역량을 집중하고 있다. 창업 사례로는 2006년 왕타오가 창업한 DJI를 들 수 있다. 개인취미용 드론을 보급하는데 성공한 뒤 전 세계적으로 최고의 시장점유율을 이어오면서 중국발 혁신의 대표적인 아이콘이 되었고, 현재는 고가형 드론을 주력상품으로 상용화하여 전 세계 시장의 70% 이상을 차지하고 있다.

가상현실, 증강현실, 혼합현실 : 현실과 가상의 경계를 허물자

VR은 컴퓨터를 통해 가상을 현실처럼 체험할 수 있는 첨단 영상 기술을 말하며, AR은 현실의 이미지나 배경에 3차원의 가상 이미지를 겹쳐서 하나의 영상으로 보여주는 기술이다. XR(Extended Reality)은 VR과 AR을 아우르는 혼합현실(MR) 기술을 총망라한 초실감형 기술·서비스를 의미하며, 5G 이동통신의 대표적 서비스로 자리 잡을 VR, AR 콘텐츠와 공공 산업 과학기술 분야에 확장현실(XR)을 접목해 신시장 창출이 기대되는 기술 분야이다. 최근에는 그래픽 콘텐츠를 통한 실제 객체(사람 등)를 실시간 또는 비실시간으로 4D 실감 콘텐츠로 생성, 전송, 재현하는 XR기술이 등장하고 있으며 원격 가상공간 화상 회의, 대형공간 초실감 공연/관람 VR 서비스, 4D 아바타 서비스 등 다양한 응용 서비스에 활용되고 있다. 여기에서 실감 콘텐츠란 VR이나 AR과 같은 기술을 활용해 사용자에게 가상 세계에서 실제와 비슷한 경험을 제공하는 차세대 콘텐츠를 의미한다.

가상현실 VR(Virtual Reality)	증강현실 AR(Augmented Reality)	혼합현실 MR(Mixed Reality)
가상의 공간을 HMD(Head Mounted Display) 등의 디스플레이 기기를 통해 눈앞에 구현하여 실감나고 몰입도 높은 경험을 제공	눈앞의 현실에 실시간으로 이미지와 정보를 더하여 보여줌으로써 현실과 상호 작용이 가능하여 정보 전달에 효과적임	현실의 배경을 부가적인 요소로 활용하고 현실과 가상의 정보를 융합한 가상 세계를 구현

VR, AR, MR 개요

관련 창업 분야로는 VR 동영상이나 VR 게임 등 기존 엔터테인먼트 영역에서 시각적 몰입도를 높이기 위해 활용하는 사업 분야가 있을 수 있다. 또한 의료나 심리치료 등 병원이나 학교, 헬스케어 서비스 이용자들에게 VR 기반의 치료와 상담, 교육, 훈련, 컨설팅을 하는 분야로의 확대도 가능하다. 이제는 단순히 기존 영상, 게임, TV, 기기에 VR 기술만 추가하는 기술만으로는 경쟁력이 약하다.

사례로, 디즈니사가 마블(Marvel) 영화의 지식재산권(IP)을 활용해 자율주행차에서 감상할 수 있는 VR 게임을 개발한 사례는 자율주행차라는 시간과 공간, 위치와 이동이라는 요소를 접목시킨 차별적인 VR 콘텐츠이다. 미국 LA에 있는 스포츠 시뮬레이터 전문기업인 스카이 테크 스포츠(Sky Tech Sport)사는 스키장에서 즐길 수밖에 없는 스키와 스노보드를 실내에서 실감나게 즐길 수 있는 가상현실 스키 시뮬레이터를 출시하기도 하였다.

국내 사례로 SK텔**사가 출시한 가상현실 기반의 커뮤니티 서비스 버추얼 소셜 월드는 다수의 VR 이용자들이 시공간을 초월한 가상 세계에서 커뮤니티 또는 다양한 활동을 통해 타인들과 관계를 형성해 나가는 서비스인데, 아바타, 가상공간, 활동이 결합된 초현실 세계를 기반으로 자신의 아바타를 꾸미고 개인 공간에서 VR 영화를 볼 수 있다. 최근에는 플랫폼사인 페이스북과 파트너십을 체결하고, VR 기기를 출시하기도 하였다.

O2O : 1천조 원 O2O 시장 스타트업은 어디에

O2O(Online to Offline)란 온라인과 오프라인 소비채널 융합한 마케팅을 통해 소비자의 구매를 촉진하는 새로운 비즈니스 모델을 말한다. O2O는 새로운 서비스가 아니라, 기존 오프라인에서 벌어지던 사업을 온라인과 오프라인의 연결로 새롭게 변신시키는 개념이다.

일상 서비스 분야	전문 서비스 분야
음식 배달업, 주차대행, 피트니스, 숙박/레저, 꽃 배달, 택시서비스, 차량공유, 택배배달, 오픈마켓, 커머스, 세탁, 퀵서비스	교육, 의료, 번역, 산후조리원, 인테리어, P2P 대출, 뷰티/미용, 부동산 중개업, 홈쇼핑, 인력중개

O2O 서비스 분야

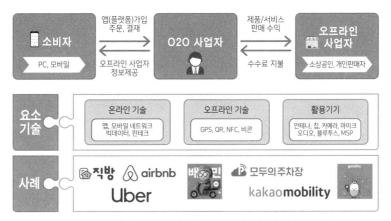

O2O 플랫폼 서비스 개요 및 사례(이미지 출처 : 각사 홈페이지)

O2O 서비스 사업에 있어서 기업의 매출 발생 형태는 수수료, 광고료, 이용료, 판매매출, 광고매출, 정기사용료, 가입비 등으로 구성된다.

매출(수익) 유형	내용
수수료	• 공급자와 소비자 매칭 거래를 통해 발생하는 매출 일부를 수수료로 받는 서비스
이용료	• 서비스를 이용할 때마다 지급해야 하는 이용수수료
판매 매출	• 온라인으로 상품을 주문, 결재 및 상품 수령에 따른 상품 판매 금액
광고 매출	• 플랫폼에서 소비자가 상품을 쉽게 인지할 수 있도록 광고하고 광고비를 받는 서비스
정기 사용료	• 플랫폼 서비스를 사용하기 위해 일정 기간 단위로 상품을 결제하는 정액제 서비스

O2O 서비스 매출(수익) 발생 유형

온라인 활용 기술은 모바일 응용 소프트웨어, 서버 사이드 애플리케이션, 데이터베이스이며 오프라인 기술은 위치기반 서비스 기술, 마이크로 로케이션(NFC, QR 등) 기술 등으로 구성된다. 사례로, O2O 공유주방 플랫폼인 배달의 민족, 요기요, 우버, 굿닥 앱, 직방, 스타벅스 사이렌오더, 먼슬리키친, 에어비앤비 등을 들 수 있다.

최근 국내에서는 네이버와 카카오뿐 아니라 패스트트랙 아시아, 우아한 형제들 등 온라인·오프라인 연계 플랫폼 업체를 중심으로 전문사무직과 육체노동직을 결합한 다양한 형태의 O2O 플랫폼이 등장하고 있고 이들의 플랫폼을 기반으로 창업을 하는 사람들이 늘어나고 있다. 플랫폼 사업자와 플랫폼 근로자 간의 협업이 주요 이슈로 등장하고 있는 것이다.

스마트 헬스케어 : 헬스케어 스타트업 액셀러레이터 투자받기

스마트 헬스케어(Smart Health Care)는 개인의 건강과 의료에 관한 정보, 기기, 시스템, 플랫폼을 다루는 산업분야로서 건강관련서비스와 의료 IT가 융합된 종합의료서비스이다.

최근 신종 전염병 증가와 예방 중심 의료에 대한 관심 확대, 개인의 지불능력 대비 의료서비스 비용 감소 등으로 미래 헬스케어 시장의 중요성은 더 커지고 있다. 스마트 헬스케어 산업은 의료 데이터를 기반으로 지능화된 서비스를 제공하여 환자 개인별 건강상태를 실시간으로 모니터링하고 관리함으로써 건강정보, 질병 상태 분석 기반의 맞춤형 의료서비스가 가능한 산업이다.

수요자 🧑	공급자 🏢		정부 🏛
일반환자 임상환자 일반인	**시스템 측면** · 바이오센서 및 모니터링 장비 제조자 · 헬스케어 앱 및 보안 SW 개발업체 · 통신 및 홈 네트워크 사업자	**서비스 측면** · 건강관리 전문 서비스 업체 · 전국 병원/의원/약국 · 헬스케어 관련 서비스 전문업체	제도개선 정책제시 공공DB

구분	역할	분야
소프트웨어 공급기업	· 건강관리 관련 App 플랫폼 시스템 등을 통해 수집된 데이터 분석	의료·건강 정보 솔루션 인공지능 기반 분석 툴
하드웨어 제조기업	· 건강관리 관련 데이터 수집을 위한 하드웨어, 웨어러블, 스마트 기기 등의 제조 및 데이터 수집	개인 건강기기류 웰니스 기기류 통신 및 센서류
서비스 제공기업	· 환자의 개인 맞춤형 건강관리 의료서비스 제공업자로 병원 등을 중심으로 한 서비스 운영	건강정보 분석서비스 개인 맞춤형 의료서비스 원격의료

스마트 헬스케어 생태계 및 산업별 역할
(출처 : 헬스케어 유망시장 동향 및 진출전략(KOTRA 자료 19-015)수정 인용)

미래 헬스케어의 핵심기술로는 디지털 치료제, 인공지능 기반 실시간 질병 진단기술, 비대면 생체정보 측정기술, 감염병 예측 모델, 정밀의료, 유전체 분석, 재생의료 등을 들 수 있다.

디지털 헬스케어 산업 구조 측면에서 살펴보면 소비자가 일상생활이나 의료기관 등 전문기관에서 생성해 낸 데이터를 수집·분석하여 이를 의료 및 헬스케어 기업이 활용하여 소비자에게 자문과 치료를 해주는 구조를 가지고 있다. 개인이 생성 가능한 데이터는 유전체 정보, 개인건강 정보, 전자의무기록 등을 들 수 있다.

지능형 로봇 : 혁신적인 지능형 AI 로봇 설계

지능형 로봇(Intelligent Robots)은 외부환경을 인식(Perception)하고 스스로 상황을 판단(Cognition)하여 자율적으로 동작(Manipulation)하는 로봇을 의미한다. 기존의 로봇하

고의 차이는 상황판단 기능과 자율동작 기능이 추가된 점이며, 상황판단 기능은 다시 환경
인식 기능과 위치인식 기능으로 나뉘고 자율동작 기능은 조작제어 기능과 자율이동 기능
으로 나눌 수 있다. 〈위키백과〉

지능형 로봇 요소 기술

　지능형 로봇 기술을 비즈니스 측면에서 살펴보면 첫째, 안전사고 예방을 위해 활용할 수
있다는 점을 들 수 있다. 전시장, 박람회 등 다양한 고객이 운집하는 장소에서 주변 시설안
내 등의 정보서비스 제공과 엔터테인먼트 부가서비스를 제공할 수 있다. 또는 위험작업 공
간, 야간작업 등 안전사고 가능성이 높은 업무에 사람과 협업하는 형태로 생산성을 높일
수 있다. 둘째, 지능형 로봇에 사용되는 서비스 플랫폼, 알고리즘, 센서, 배터리, 모터 등의
사업 기회를 모색해 볼 수 있다. 셋째, 사람과 로봇의 효율적 협업을 위한 제조현장, 사무
공간 등 환경별 일하는 방식의 전환에 대한 준비가 가능하다. 기술적으로는 자연어 인식,
클라우드 컴퓨팅, 빅데이터 등의 ICT 기술이 필요하고 서비스 로봇 기술이 융합을 통한 인
간과의 감성 교감이 가능한 지성·감성형 소셜 로봇의 등장이 그 사례이다.

애그리테크 : 농업을 혁신하는 기술 애그리테크 무한도전

　애그리테크(AgriTech)는 농업을 뜻하는 애그리컬쳐(Agriculture)와 테크놀로지
(Technology)의 합성어로 농업 및 기술의 융합과 관련된 다양한 활동을 의미한다. 사물인
터넷, 빅데이터, 인공지능 등 4차 산업혁명을 대변하는 기술들이 농업에 접목된 다양한 사
례가 등장하고 있으며 농업 분야의 스타트업이 증가하고 있다.

애그리테크 트렌드는 크게 6차 산업(1차 산업 농업 + 2차 산업 제조업 + 3차 산업 서비스업)의 측면과 농업에 4차 산업혁명의 기술을 접목하는 측면으로 구분할 수 있다.

사례로, 인공지능 탑재 트랙터(씨앗 심기, 레이저를 이용한 잡초 제거 등 자동화), 동물 행동 데이터 수집(동물의 상태와 행동 모니터링), 시앤드 스프레이, 스마트 팜 등을 들 수 있다. 애그리테크 산업의 발전과 더불어 환경운동가, 데이터 사이언티스트, 생화학자, 에너지 프로듀서 등의 직업군의 인력 수요도 증가할 것이다.

최근 삼성은 영국의 스타트업 기업 허드시와 협업하여 축산 농가의 효율적 가축 관리를 돕는 솔루션을 제공하고자 목걸이 형태의 RFID(Radio-Frequency Identification) 태그를 활용해 가축의 체온과 위치, 운동량, 근육량, 활동 수준, 심박수 등의 데이터를 수집한다고 한다.

미국의 농업테크 기업인 프레이트 팜스는 화물 농장이란 개념을 내세워 트럭 크기의 컨테이너에서 농사를 짓는데, 기존 농장보다 80배 많은 농작물을 생산할 수 있다고 한다. 여기에는 LED 조명과 센서, 수경재배 시스템이 설치돼 있으며, 이 식물 생산모듈을 사물인터넷으로 연결해 스마트폰 앱으로 원격 감시·관리할 수 있는 기술이 적용된다.

스마트팜 우수사례 및 기업정보 제공 사이트(출처 : www.smartfarmkorea.net)

혁신적인 기술 창업을 꿈꾸는 스타트업 아이템

스타트업 초기 기술창업 성공을 결정하는 요인

기술의 우수성, 전문성, 노하우를 기반으로 성공 가능성이 높은 창업 유형을 기술창업으로 정의내리기도 한다. 기술 집약형 중소기업으로 통용되며 R&D의 집중도가 높은 기업 또는 기술혁신이나 기술적 우월성이 성공의 주요 요인으로 기술의 진보성, 혁신성, 독창성을 지닌 창업 아이템이 이에 해당된다. 기술창업 시 주요 성공요인으로는 고객의 가치를 창출할 수 있는 혁신적 아이디어, 기업가정신이 함양된 창업가와 팀 구성, 적정 시장 크기, 제품/서비스를 사용하는 고객에게 중점을 둔 비즈니스 모델 등을 들 수 있다.

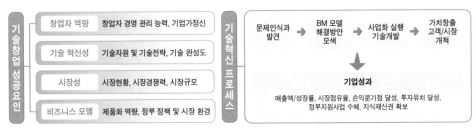

기술창업 성공요인과 프로세스

스타트업 기술 창업 지원 제도 뭐가 있나?

기술 창업 중에는 정보통신업과 전문·과학·기술서비스업(연구원·전문직 등)이 증가세가 두드러졌다. 신기술개발 및 생산구조 변화에 따라 ICT 산업이 성장하면서 관련 정보통신업 관련 창업이 5.5% 증가했다. 전문·과학·기술 창업기업 또한 2016년 3만 5천 개 수준에서 2019년 기준 4만 6천여 개로 크게 증가했다. 기술·경력 기반 창업과 청년층의 고부가가치 업종에 대한 신규 진입이 늘어나고 있는 것이다. 그러나 여전히 중소기업 내 매출액 100억 원 미만 기업이 약 95%로 대다수이고 중소에서 중견으로 성장하는 기업은 미미한 상황이며, 세계일류상품 등 글로벌 혁신기업의 출현이 둔화되는 문제점도 있다.

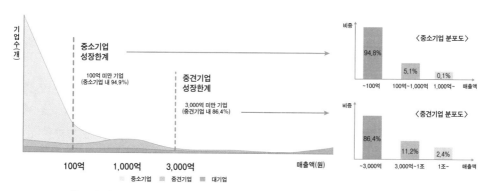

중소·중견기업 분포 및 성장한계(출처 : 산업통상자원부 보도자료 2020.11.12)

  정부에서 관심을 가지고 적극적으로 지원하는 업종은 사업자등록증 상의 종목으로 구분하면 제조업종과 지식기반서비스업종이며 전문·과학·기술 창업이 이에 속한다. 또한 혁신성과 잠재력을 갖춘 강소·중견기업을 발굴해 연구개발(R&D)부터 상용화 및 판로개척에 이르기까지 각 단계별로 기업 규모와 특성에 맞게 지원을 하는 정책을 펴고 있으며 중소·중견기업 제품 가운데 혁신성·공공성이 높은 상품은 혁신제품으로 선정하고 공공기관 우선 구매를 장려하고 있다.

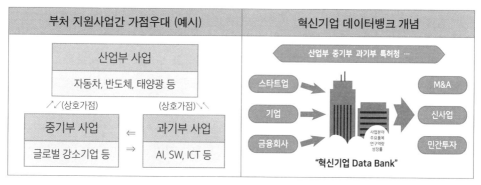

부처 지원 사업 간 가점 우대 및 데이터뱅크 개념(출처 : 산업통상자원부 보도자료 2020.11.12)

  차세대 혁신기업군을 집중 육성하고 산업통상자원부와 중소벤처기업부(중소, 벤처)·과학기술정 보통신부(ICT, SW)·특허청(IP) 등 부처 간 지원 사업을 연계해 정책 시너지 효과를 창출하기 위한 제도를 도입하고 각 부처별 지원 사업에서 선정돼 혁신성을 인정받은 기업 정보를 데이터뱅크에 모으고, 이들 기업에게 투자유치, 협력 파트너 발굴 등의 사업화 기반을 마련해 주고 있다.

한편, 창업 전후로 창업에 대한 정책이나 제도의 변화에 대해서도 모니터링 하는 것이 중요하다. 최근 융복합 창업 활성화를 위해 창업 범위가 개편되었는데 동종 업종을 재개시하면 창업으로 인정되지 않아 디지털 시대의 세분화된 사업 유형과 융복합 업종의 경우, 폐업 후 동종 업종을 재개시한 경우 창업으로 간주하도록 개선되었다. 또한 창업·벤처기업 성장을 촉진하기 위해 5인 이상 중소·중견기업만 가입할 수 있던 청년내일채움공제를 고용보험 피보험자 5인 미만의 이노비즈와 메인비즈 기업으로까지 확대하였고 창업기업이 공장을 설립하는데 필요한 인허가 사항을 일괄 협의 사항으로 추가하는 사항이 개선되었다.

풋내기 스타트업 기술 창업 절차

기술 창업의 경우 창업자가 평소 관심을 가지고 있는 분야와 보유한 기술 분야에 대한 사업아이템을 탐색하고 선행기술 등의 조사 과정을 거쳐 아이템을 선정하고 탐색해야 한다. 특히, 지식재산권 권리 확보와 기술 침해 요소에 대해 선행기술 조사가 필요하다.

특허 등의 정보는 특허청에서 제공하는 특허 정보넷 키프리스(KIPRIS) 사이트를 통해 정보 검색이 가능하다. 전 기술 분야에 걸쳐 자료가 체계적으로 정리되어 있고 기술의 개요 및 청구항에 대한 상세 설명, 도면 등을 손쉽게 파악할 수 있는 기술정보를 담고 있어 창업자가 창업 아이디어를 발굴하는 데 유용하게 활용할 수 있다. 이러한 과정을 통해 연구개발 기획, 개발 단계 등의 전 과정에 걸쳐 소요되는 시간과 비용을 절감할 수 있을 것이다.

또한 성공적인 창업을 위해서는 기술 시장 분석도 필수적인 요소이며 기술 아이템이 이미 시장이 형성되어 있는 경우에는 기존 시장을 분석하여 시장 진입 가능 여부를 검토해야 하고 시장이 형성되어 있지 않는 경우에는 신규 시장을 면밀하게 분석하고 이에 따른 마케팅 전략을 수립해야 한다.

기술아이템 정보수집	사업아이템 적정성 평가	사업타당성 분석
• 전문가 상담 • 특허정보 검색 • 선행기술 조사 • 시장분석	• 창업자 적성, 능력 등 적합성 평가 • 기술성, 사업성, 수익성 예비 평가	• 기술성 분석 • 시장성 분석 • 수익성 및 경제성 분석 • 시장 성장성 분석 • 사업추진 의사결정

기술창업 절차

왜, 스타트업을 이야기하는가? 업종이 뭐가 있는데?

창업 준비과정에서 어떤 형태의 창업으로 시작할지에 대한 결정은 매우 중요하다. 창업 유형에 따라 준비 상황이 다르고 소요 비용이 다르기 때문이다. 자신에 맞는 창업 유형을 찾는 것이 중요하며, 창업은 분류 기준에 따라 다양한 형태의 종류로 나눌 수 있다. 창업 규모에 따라 중소기업과 대기업으로 구분할 수 있고, 업종에 따라 제조업 창업, 유통 창업, 서비스 창업으로 나눌 수 있다. 또한 창업 준비에 따른 독립성 측면에서는 독립창업과 프랜차이즈 창업으로 분류할 수 있다.

제조업 : 제조업 청년 창업자의 미래

제조업은 소비자에게 제공하는 상품을 만드는 기업으로 제1차 산업에서 생산된 원료를 가공하는 제2차 생산을 수행하는 산업이다. 제조업은 유통업에 비해 예비 창업자의 풍부한 경험을 필요로 하는 업종이기 때문에 창업자에게 제조업체의 근무 경험이나 간접 경험이 요구되기도 한다.

제조업은 생산하는 제품의 종류와 특성에 따라 음식료품 및 담배, 섬유 · 가죽제품, 목재 · 종이 · 출판 및 인쇄업, 석유 · 석탄 및 화학제품, 비금속광물 제품, 금속제품, 기계 및 전기전자기기, 운수장비 제품, 가구 및 기타 제품 제조업 등으로 구분할 수 있다.

제조업종 중 스마트팩토리를 예를 들어보면, 제조 관점에서 스마트팩토리는 제조업과 ICT 간 융합을 통한 산업기기 생산의 전 과정이 포함되며 가령, 생산 프로세스 최적화와 인간과 기계 간 실시간 상호작용 시스템, 시장 및 고객 맞춤형 생산시스템, 생산 효율을 높이기 위한 예측 시뮬레이션 등의 기술이 포괄적으로 포함된다.

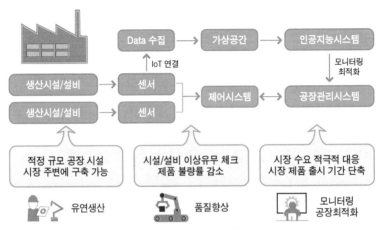

스마트 팩토리 개념적 진화(출처 : KB금융지주경영연구소 수정 인용)

기술적 범위는 안전관리(웨어러블 기기 활용), 에너지 관리(에너지 효율화, ESS), 설비관리(설비 수명 연장, 고장 예측), 환경관리(전기집진), 버츄얼팩토리(시뮬레이션, 생산조건 변경), 생산관리(생산 상황 통합관리, 무인제어시스템), 품질관리(품질 이상 예측, 후공정 제어), 물류관리(무인 크레인, 물류 트래킹) 등으로 다양하다. 기본적으로 빅데이터, IoT, 인공지능, CPS, 로보틱스, 3D 프린팅 등의 4차 산업혁명 기술과 접목하여 데이터 기반의 제조업의 디지털화가 가속화되고 있다.

서비스업 : B2B, 4차 산업혁명 서비스 혁신

서비스업은 무형의 상품이며 생산과 소비가 동시에 발생한다. 서비스업은 창업자의 능력이 핵심요소가 되는 경우가 많다. 서비스업을 준비하기 위해서는 해당 사업에 대한 경영에 필요한 요건들을 갖추어야 한다.

특히 최근에는 지식서비스 사업에 대한 관심과 정부 지원이 증가하고 있는데, 지식서비스 산업의 정의는 생산 활동의 중간재로 투입되어 기업의 내부 기능을 보완하거나 대체하는 생산지원서비스 중 지식요소(R&D 활동, 정보통신기술, 고숙련 인력 등) 투입 비중이 높은 서비스를 의미한다. 특히 OECD의 경우 연구개발(R&D) 활동, 정보통신기술(ICT) 투입, 고급 인력의 투입 및 활용도가 높은 서비스업을 지식기반서비스업으로 분류하기도 한다.

최근 스타트업이 관심을 갖는 일반적인 앱 개발 기업의 한국표준산업분류 상의 업종은 응용 소프트웨어 개발 및 공급업 또는 데이터베이스 및 온라인 정보제공업이 적합하다.

응용 소프트웨어 및 개발 공급업	데이터베이스 및 온라인 정보제공업
• 모바일용 게임 및 응용 소프트웨어 개발 • 통계처리 프로그램 개발 • 응용 소프트웨어 소스코드 개발 • 인터넷 및 모바일 응용 소프트웨어 개발 • 인공지능 기반 소프트웨어 개발 • 교육용 소프트웨어 개발 • 임베디드 응용 소프트웨어 개발	• 영상, 음악 파일 다운로드 서비스 • 학습 정보 온라인 서비스 • 전자책 온라인 서비스 • 데이터베이스 구축 온라인 서비스 • 학습정보 온라인 서비스 • 블록체인 기반 암호와 서비스 개발

서비스업 업종 예시

유통업 : 물류·유통 스타트업의 미래, 투자 넘어 브랜딩까지

유통업은 생산자가 만든 상품이나 서비스를 최종 소비자에게 전달하는 과정을 진행하는 기업을 말한다. 1차 산업의 생산물(농림수산물)과 2차 산업의 광공업 제품을 최종 소비자에게 직접 공급, 판매 하는 과정을 맡은 산업이다. 공장설립 절차, 법인설립 절차 등 제조업에 비해 준비 단계가 상당히 간단하지만 상점 입지가 중요한 문제가 된다.

4차 산업혁명의 도래로 유통업에서도 인공지능, 빅데이터를 활용한 유통 사례가 증가하고 있으며, 특히 아마존의 경우 풀필먼트 서비스로 관심을 받고 있다. 풀필먼트 서비스란 단순 배송을 넘어선 개념으로, 고객 주문에 맞춰 물류센터에서 제품을 고르고(Picking) 포장해(Packing) 배송(Delivery)하고 고객 요청에 따라 교환·환불까지 해주는 일련의 과정을 포함하는 서비스이다. 최근에는 로봇 솔루션(드론 배송, 키바 시스템)을 통해 물류 처리 속도 향상을 위한 무인 효율화를 시도하고 있다.

국내에서는 온라인 유통시장에서 화두 중 하나가 새벽배송 시장을 들 수 있으며 마켓컬리, 쿠팡, GS 리테일, 이마트 등이 두각을 보이고 있다.

스타트업 마켓컬리는 신선식품을 취급하기 위해 냉동·냉장창고를 구축하고 100% 냉장차량을 운영하는 데 투자를 아끼지 않았다. 물류센터 인프라 구축이 좋은 상품이라는 가치 아래 품질을 유지할 수 있는 물류센터 구축에 역점을 두었다. 특히, DAS(digital assorting system)방식을 통해 여러 주문을 한꺼번에 처리하는 시스템을 도입하였다.

유통 채널과 물류산업과의 융합 사례(출처 : 아마존 페이스북, 한국경제매거진)

프랜차이즈 : 가맹본부 내가 한번 만들어 볼까?

프랜차이즈 창업은 가맹본부(Franchisor)가 가맹 계약에 의해 가맹점(Franchisee)에게 일정기간 동안 특정 지역 내에서 상호, 상표, 경영 노하우 등을 사용하여 제품 혹은 서비스를 판매할 수 있는 권한을 제공하는 창업 형태이다.

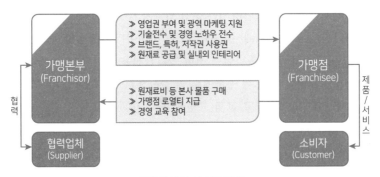

프랜차이즈 시스템 개요

프랜차이즈 가맹본부와 가맹점 간 관계는 독립적인 사업체들이 장기간 서로의 공동의 목표와 이익을 위하여 노력하는 교환관계의 전형적인 형태이며, 상호 간 파트너십 구축은 프랜차이즈 사업의 성공을 위한 필수조건이 된다. 이에 가맹본부와 가맹점주는 파트너십을 통하여 서로간의 이익을 극대화 시킬 수 있도록 관계를 유지해야 하고, 공동의 이익 추구를 위해 가맹본부가 우위에 있는 특정 부문을 전문화하고, 그렇지 못한 부문에 대해서는 효율적인 운영을 할 수 있는 협력업체에게 위임하는 전략을 가져야만 한다.

프랜차이즈 창업을 위해서는 가맹본부의 경영 철학, 지원관리 능력, 상품개발 전략, 재무상태 등에 대해 살펴보고 본부에서 지원해주는 상권분석, 마케팅 및 수익금 전망 등의 자료에만 의존하지 말고 창업자 본인이 직접 시장 조사를 한 후 창업 여부를 판단해야 한다. 가맹본부의 자료가 창업자의 성공은 보장을 해주지는 않기 때문이며 간혹 프랜차이즈 가맹본부의 경영능력 부족, 도산 등의 사유로 가맹점이 피해를 입기도 한다.

- 업종 선택에 신중을 기해야 하며, 자신이 좋아하고 관심 있는 업종을 골라야 한다.
- 프랜차이즈 본부를 철저히 조사해야 하는데 공정위에서 운영하는 가맹사업거래 홈페이지를 통해 가맹본부의 정보공개서를 확인해보도록 한다.
- 유명브랜드에 현혹되지 말아야 한다. 대기업 계열사의 업종이라고 해서 무조건 수익률이 좋거나 상권이 보장되는 것이 아니다.
- 가맹계약서를 제대로 작성해야 한다. 인테리어, 교육훈련, 영업권 양도, 계약 해지 등의 사항을 꼼꼼히 살펴봐야 한다.
- 상가임대차보호법 등을 숙지해야 하는데 특히, 프랜차이즈 업종과 건물의 용도가 맞는지 등을 확인해야 한다.

프랜차이즈 창업 전 체크사항

프랜차이즈 상호와 업종별 자료는 공정거래위원회 가맹사업거래 사이트를 방문하여 조회할 수 있다. 2020년 기준으로 국내 외식업종 프랜차이즈 업체는 약 4,900여 개가 있고 한식이 가장 많은 비중을 차지하고, 치킨, 커피, 기타외식 등이 외식업종 프랜차이즈에서 많은 비중을 차지하고 있다.

프랜차이즈 사업은 기본적으로 가맹사업거래의 공정화에 관한 법률(약칭 : 가맹사업법)에서 정한 가맹사업거래의 기본 원칙을 준수해야 하며, 가맹본부는 가맹희망자에게 제공할 정보공개서를 등록하고 변경 사항에 대해서도 정보를 제공해야만 한다. 정보공개서를 제공할 경우에는 가맹희망자의 장래 점포 예정지에서 가장 인접한 가맹점 10개에 대해 상호, 소재지 및 전화번호가 적힌 문서를 포함하도록 되어 있다.

가맹본부의 준수사항	가맹점사업자의 준수사항
• 가맹사업의 성공을 위한 사업구상 • 상품이나 용역의 품질관리와 판매기법의 개발 노력 • 가맹점사업자에 대하여 합리적 가격과 비용에 의한 점포설비의 설치, 상품 또는 용역 공급 • 가맹점사업자와 그 직원에 대한 교육 · 훈련 • 가맹점사업자의 경영 · 영업활동에 대한 지속적인 조언과 지원 • 가맹계약기간 중 가맹점사업자의 영업지역안에서 자기의 직영점을 설치하거나 가맹점사업자와 유사한 업종의 가맹점을 설치하는 행위의 금지 • 가맹점사업자와의 대화와 협상을 통한 분쟁해결 노력	• 가맹사업의 통일성 및 가맹본부의 명성을 유지하기 위한 노력 • 가맹본부의 공급계획과 소비자의 수요충족에 필요한 적정한 재고유지 및 상품진열 • 가맹본부가 상품 또는 용역에 대하여 제시하는 적절한 품질기준의 준수 • 가맹본부가 사업장의 설비와 외관, 운송수단에 대하여 제시하는 적절한 기준의 준수 • 취급하는 상품 · 용역이나 영업활동을 변경하는 경우 가맹본부와의 사전 협의 • 가맹본부의 동의를 얻지 아니한 경우 사업장의 위치변경 또는 가맹점운영권의 양도 금지 • 가맹계약기간 중 가맹본부와 동일한 업종을 영위하는 행위의 금지 • 가맹본부의 영업기술이나 영업비밀의 누설 금지

가맹본부 및 가맹점사업자 준수사항(출처 : 법제처)

또한 부당한 영업지역 침해금지 조항으로 가맹본부는 가맹계약 체결 시 가맹점사업자의 영업지역을 설정하여 가맹계약서에 기재하여야 하고, 가맹본부가 가맹계약을 해지하고자 할 경우에는 가맹점주(가맹점 사업자)에게 2개월 이상의 유예기간을 두고 계약의 위반 사실을 구체적으로 밝혀야 한다.

한편, 가맹본부와 가맹점 사이에 협력 관계의 특징이 있는 협동조합형 프랜차이즈도 등장하고 있다. 협동조합형 프랜차이즈 모델은 5~10명의 자영업자들의 규모가 아니라 최소한 100명 이상의 점포주들이 협동해야 규모의 경제가 실현되는 사업 구조를 갖는 상생협력형 모델이다. 해외 모델로 이탈리아의 소상공인들이 모여 설립한 슈퍼마켓협동조합인 CONAD가 있고, 1962년 안경 소매상들이 설립한 것에서 출발한 Optic2000을 들 수 있다.

이탈리아 슈퍼마켓협동조합	프랑스 안경 협동조합

협동조합형 프랜차이즈 해외 사례(이미지 출처 : 구글)

사회적 기업 : 소셜벤처 사회적 가치, 사회를 바꾸다

사회적 기업(Social Enterprise)이란 취약계층에게 사회서비스 또는 일자리를 제공하거나 지역사회에 공헌함으로써 지역주민의 삶의 질을 높이는 등의 사회적 목적을 추구하면서 재화 및 서비스의 생산 · 판매 등 영업활동을 하는 기업으로 사회적 기업의 인증 요건을 갖추고 고용노동부장관의 인증을 받은 기업을 말한다. 사회적 기업 인증을 받은 기업은 약 2,600여개 이상이며 사회적 기업은 사회적 목적의 실현, 영업활동을 통한 수입구조, 정관 및 규약, 이윤의 사회적 목적 사용 등의 인증요건이 필요하다. (근거 : 사회적 기업 육성법)

일자리 제공형	사회서비스 제공형	지역사회 공헌형	혼합형	기타형
조직의 주된 목적이 취약계층에게 일자리를 제공	조직의 주된 목적이 취약계층에게 사회서비스를 제공	조직의 주된 목적이 지역사회에 공헌	조직의 주된 목적이 취약계층 일자리 제공과 사회서비스 제공이 혼합	사회적 목적의 실현 여부를 계량화하여 판단하기 곤란한 경우

사회적 기업 인증 절차
사전 상담 및 컨설팅(권역별 지원기관) → 신청·접수(한국사회적기업진흥원) → 서류검토 및 신청기관 실사(진흥원 및 권역별 지원기관) → 인증심사 소위원회 검토 → 사회적기업육성전문위원회 심의 → 고용노동부 장관 인증

사회적 기업 유형 및 절차

　최근 중소벤처기업부·창업진흥원에서는 사회적 목적 실현 및 창업의 전 과정을 지원하여 사회문제를 창의적인 방법으로 해결해 나가는 사회적 기업가 발굴을 적극적으로 지원하고 있다. 관련 자료는 사회적 기업 통합정보시스템을 참고하면 유용하다.

사회적 기업 통합정보시스템(출처 : https://www.seis.or.kr)

　사회적 기업 사례를 살펴보면, 아름다운 가게의 경우 2007년 사회적 기업 인증을 받은 이후 공정무역 제품을 출시하고 국제구호 활동을 전개하며 사업을 확장하였다. 비영리조직이 비즈니스를 통해 사회문제 해결을 시도한 국내 최초의 사례이며 아름다운 희망나누기 사업, 아름다운 나눔 보따리 사업, 기획·현물·지식 나눔 사업, 사회적 기업 판로 지원(공익상품사업), 해외나눔사업 등을 통해 사회에 환원하고 있다.

아름다운 가게 홈페이지 메인 화면(출처 : http://www.beautifulstore.org/)

소셜벤처 분야의 사회적 기업 트리플래닛은 2010년 설립하였고, 나무를 심고 숲을 만드는 솔루션을 제시하는 기업이다. 미션으로 모바일 게임앱을 통한 나무 심기, 연예인의 팬클럽과 함께 하는 스타숲 만들기, 크라우드펀딩을 통한 반려나무 입양 프로젝트, B2B 기반의 커피나무 농장 조성 등 다양한 사업을 추진하고 있다.

트리플래닛 사업(출처 : https://treepla.net)

스타트업 기업가정신 테크놀로지

기업가정신은 새로운 가치를 창출하고 일자리를 만드는 마음가짐과 행동력이 핵심이며 이는 단순한 경영자 마인드가 아니라 창업과 가치 창조 활동의 의미를 지닌다. 이러한 기업가정신은 국가경제 전체의 활력을 불러 일으키고, 성장의 원동력과 일자리 창출에 중요한 몫을 담당하는 것이다. 창조적 벤처기업가, 창업자가 국가 성장 동력원이 되는 것이다.

창조적 벤처기업가, 창업자의 역할을 정리하면 다음과 같다.

첫째는 국가 경제의 포트폴리오의 중심이 되어야 한다. 대기업만 있는 국가 경제 구조는 주식을 한 곳에 투자한 것처럼 취약할 수밖에 없다. 기술혁신형 벤처기업, 스타트업이 적절하게 받쳐줘야 위기에 강한 국가 경제 포트폴리오가 완성될 수 있다.

둘째는 일자리 창출을 위해 노력해야 한다. 중소기업과 벤처기업이 국민에게 충분하고 안정적인 일자리, 국민의 학력 수준에 맞는 일자리를 제공해 줄 수 있다.

셋째는 혁신형 벤처기업과 스타트업의 존재 자체가 대기업에 장기적인 생존 기반을 제공해 준다. 기업을 살리는 혁신적인 아이디어는 대기업보다는 벤처기업과 스타트업에서 나오며 이들 기업의 아이디어를 대기업이 흡수하여 기업 성장과 장기 생존이 가능하게 되는 것이다.

스타트업 기업가정신으로 세상을 바꾸자

오드레치와 튀릭(Audretsch and Thurik)은 선진국들은 1980년대 이후 관리형 경제
(Managed Economy)에서 기업가적 경제(Entrepreneurial Economy)로 전환되고 있다고
하면서 지식기반 경제로 이행함에 따라 기업가정신의 중요성이 부각되고 있다고 강조하
였다. 관리형 경제에서는 규모의 경제와 대기업의 역할이 강조되었지만, 기업가적 경제에
서는 경제성장과 고용창출을 위해 기업가정신과 중소기업의 역할이 강조되고 있다는 것
이며 세계화의 급진전, 생산 방식의 변화, 소득 증가에 따른 소비 수요 패턴 변화 등 복합
요인들로 인하여 글로벌 성장 및 고용 창출의 기능이 요구되는 기업의 역할이 크게 부각되
는 것을 의미하기도 하다. 기업가정신으로 인해 한 조직에서 창조된 지식이 새로운 기업에
서 상업화되는 일이 빈발함으로써 지식경제에서 기업이 새로운 중요성을 가지게 된다는
것이다.

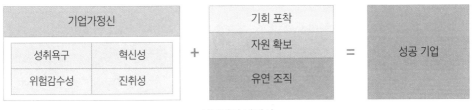

성공기업 방정식

또한 기업가정신은 새로운 과학적 지식을 제품과 서비스로 상용화함으로서 과학과 산업
을 연결시키는 효과적인 수단이다. 새로운 과학적 지식을 사업화하여 기업을 창업하고 새
로운 제품과 서비스를 시장에 내보내는 역할을 한다. 이러한 기업가적 행위는 경제를 활성
화하고 직업을 창출하는 등 국가 경제에 중요한 영향을 미친다. 이와 같은 기업가정신의
중요성에 대한 인지도는 사회 전반에 걸쳐 증가하고 있다.

기업가(Entrepreneur)란 단어는 프랑스어 동사 entreprendre에서 유래됐는데 그 뜻은
시도하다, 모험하다 등을 의미한다. 따라서 기업가정신은 위험과 불확실성을 무릅쓰고 이

윤을 추구하고자 하는 기업가의 모험적이고 창의적인 정신을 의미하며, 이런 기업가정신이야말로 경제를 발전시키고 기술을 진보시키는 원동력이며 이 세상을 움직이는 힘이다.

기업가의 사전적 의미를 살펴보면 세 가지로 살펴볼 수 있는데, 첫째는 일반적으로 생각하는 기업을 경영하는 경영자를 뜻하는 기업가(企業家)이다. 둘째는 천을 짜는 사업을 하는 사람이라는 뜻의 기업가(機業家), 마지막이 기업가(起業家)로서 새로운 가치나 일자리를 창출하는 사람이다.

기업가정신은 멀리 있지 않으며 경영학 전공자들만 가지는 특정 영역을 대상으로 하지도 않는다. 스타트업의 탄생과 창조와 혁신을 통한 모든 영역에서의 새로운 가치 창출의 기회를 발견하고, 창조적 혁신의 과정을 통해 이를 실행하는 일련의 모든 활동이 기업가정신을 발현하는 중요한 활동 영역이다.

OECD 35개국을 대상으로 조사한 기업가정신 지수는 창업 활동이 활발한 북유럽 국가나 중부 유럽 소국(小國)의 순위가 높았는데, 스위스, 룩셈부르크, 뉴질랜드, 핀란드, 노르웨이 등이 상위권을 기록했다. 창업보다는 안정적인 직장에 취업하려는 현상이 뚜렷한 한국은 기업가에 대한 직업 선호도가 대체로 낮은 편으로 정보기술(IT)이나 서비스업을 선호하는 젊은 세대의 인식과 더불어 반기업 정서가 기업가정신 지수에 그대로 표출되고 있다.

주요국 기업가정신 순위	기업가정신 지표별 순위		
	지표	한국순위	1위 국가
1위 스위스	기업가에 대한 사회 평판	14위	이스라엘
2위 뉴질랜드	기업가 직업 선호도	22위	네덜란드
4위 핀란드	대기업 비중	27위	스위스
5위 노르웨이	인구 10만 명 당 사업체 수	4위	체코
8위 독일	규제 등 경제 제도 수준	27위	핀란드
11위 미국	기업 체감 경기	34위	리투아니아
26위 한국	기업·개인의 법률 신뢰·준수 수준	20위	핀란드

OECD 35개국 대상 기업가정신 지표(2017)(출처 : 전국경제인연합회)

기업가정신(Entrepreneurship)이 뭐야?

기업가정신에 대해 얘기한 경영·경제학자들의 이야기를 들어보면 그 중요성을 인식할 수 있을 것이다. 기업가정신에 대해 최초로 체계적인 접근을 시도한 사람은 미국의 경제학자 슘페터(Schumpeter)로 1911년 경제개발이론(The Theory of Economic Development)에서 기업가정신에 대한 생각을 제시하였다. 그는 기업가를 신 결합(New Combinations)을 수행함으로써 시장의 변화를 가져오는 혁신가로 정의하고 새로운 상품과 품질의 창조, 새로운 생산 방법 도입, 새로운 시장의 개척, 새로운 중간재/부품의 새로운 공급원 정복, 어떤 새로운 시장조직의 형성을 기업가의 역할로 정의하였다. 신 결합을 인지하고 이윤을 얻기 위해 리더십을 발휘하는 자를 기업가로 정의한 것이다.

프랭크 나이트(Frank Knight)는 위험, 불확실성과 이윤(Risk, Uncertainty and Profit)에서 기업가의 기능은 상황 변화와 관련된 불확실성을 책임지고 해결함으로써 궁극적으로 다른 이해 관계자를 불확실성으로부터 보호하는 것이라고 하였다.

경영학의 거장 피터드러커(Peter F. Drucker) 박사는 기업가정신은 위험을 감수하고 포착한 새로운 기회를 사업화하려는 모험과 도전정신이라고 정의하였다. 기업가정신이 기업 단위에 국한되는 것이 아니라 한 사회의 모든 구성원이 본질적으로 지녀야 할 자기 혁신의 토대라고 강조하면서, 기업가정신을 바탕으로 끊임없는 혁신을 추구해야 사회가 진보해나갈 수 있다고 하였다.

기업가정신 교육기관인 뱁슨대학(Babson College)의 제프리 티몬스(Jeffry Timmons) 교수는 기업가정신은 아무것도 아닌 것에서 가치 있는 것을 이루어내는 인간적이고 창조적인 행동이라고 정의하였다. 기업가정신을 갖춘 사람은 현재의 보유자원이나 자원의 부족에 연연하지 않고 기회를 추구하며, 비전 추구를 위해 사람들을 이끌어갈 열정과 헌신을 발휘하고, 계산된 위험을 감수하는 의지를 보인다는 것이다.

4차 산업혁명 시대의 기업가정신

찐 지도자가 되기 위한 미래 리더십

컨설팅그룹 맥킨지는 4차 산업혁명 시대에 미래의 리더십이 가져야 하는 자질을 민첩성, 변혁성, 연결성, 증폭성, 보편성으로 제시하고 있다. 기업 내 조직 전체가 외부의 변화에서 기회를 포착하는 기민성이 요구되며 유연한 의사결정 체계가 무엇보다 필요하고 창조적 파괴에 나설 수 있는 과감함이 기업 성장을 주도한다고 하였다. 또한 조직 전체의 광범위한 네트워킹으로 다양한 이해관계자들과의 교류가 중요하다고 하였다. 한편, 증폭성 측면에서는 조직 구성원 전체의 능력을 극대화하기 위한 지원이 필수적이며 세대 간, 지역 간 차이를 극복하는 영향력을 발휘할 수 있다고 하였다.

요소	미래 리더상
민첩성 (Agile)	• 변화에서 기회를 포착, 빠른 의사결정
변혁성 (Game Changing)	• 혁신적 접근으로 새로운 기회 포착
연결성 (Connected)	• 광범위한 네트워킹
증폭성 (Multiplying)	• 구성원 능력 극대화
보편성 (Globally Effective)	• 세대와 지역 아우르는 영향력

미래 리더상(출처 : 맥킨지 리더십센터)

스타트업을 위한 조직문화 디자인하기

기술 발전 속도가 중요한 4차 산업혁명 시대에 도전하는 창업자는 창조성과 혁신성을 겸비한 도전정신이 미래를 이끌어가기 위한 중요한 자세이다. 이제 4차 산업혁명을 대비하는 시대정신으로 기업가정신을 바라봐야 한다. 그리고 공유경제와 주문형 경제가 부상함에 따른 가치를 공유하는 가치지향성과 구성원의 전체적인 능력을 극대화하기 위한 자율성이 강조되는 리더십도 필요한 시대가 되었다.

그렇다면, 4차 산업혁명 시대를 맞아 조직 문화를 혁신적이고 유연한 조직문화로 바꾸기 위해서는 어떤 노력이 요구되는가?

4차 산업혁명 시대에 요구되는 인사 체계는 일하는 방식과 인사관리 체계, 리더십에서 유연성과 적응성을 강조하는 애자일 구조로의 전환이 요구된다고 하겠다. 즉, 리더는 지시자가 아닌 조율자로서 조직문화를 설계하는 역할을 수행해야 한다.

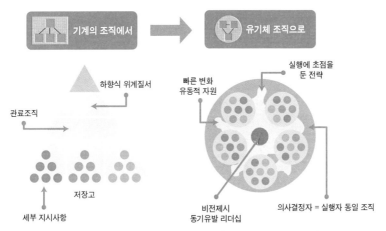

신뢰-자율의 애자일 조직 패러다임(출처 : 맥킨지 컨설팅)

　최근 주목받고 있는 기업으로 구글, 페이스북, 아마존, 넷플릭스가 있는데 이들의 성장을 가능하게 한 조직문화에 대해 관심을 가지고 살펴볼 필요성이 있다. 이들 기업의 특징은 자유로운 조직문화와 분위기, 인재 정책 및 워라벨은 기본적 요소이며, 이외에도 다양한 측면의 조직문화에 대한 고민이 필요하다.

뉴노멀 시대가 요구하는 기업가정신

　4차 산업혁명 시대에 요구되는 창업 기업가정신에 대한 정의와 도전과제, 구성요소를 정리해 보면 다음과 같다.

스타트업 기업가정신
[정의] 미래의 불확실성과 높은 위험에도 불구하고 주도적으로 기회를 포착·도전하며 창조적 혁신 활동을 통해 개인적·사회적으로 새로운 가치를 창조하는 실천적 역량

도전 과제		
기술(제품/서비스)혁신	프로세스 혁신	경영 혁신

구성 요소			
구분	인성 요소	행동 요소	가치 요소
창조성/혁신성	새로운 추구	유연성 문제해결능력	신 시장 개척 공정혁신, 기술혁신
위험감수성/도전정신	위험감수 성향	적극성, 몰입	미래지향성
진취성/융합성	통찰력	융합적 사고	경영혁신
리더십	자율성, 독립성	사회적 네트워킹	자기효능감
사회적 가치	성취욕구	목표지향	사회공헌

4차 산업혁명 시대에 요구되는 스타트업 기업가정신

뉴노멀로 일컬어지는 저성장, 저금리, 저물가의 경제 환경 그리고 4차 산업혁명이라는 거대한 변화로 기술, 경제, 문화, 등 사회 전반적으로 예측 불가능한 리스크가 도처에 도사리고 있다. 이러한 패러다임 전환의 시기에 더욱 요구되는 것이 바로 도전과 열정으로 대변되는 기업가정신이다. 인공지능(AI), 빅데이터, 사물인터넷(IoT) 등 신기술에 걸맞은 혁신과 창의를 바탕으로 새로운 기업가정신에 대한 사회적 요구가 증가하고 있다.

이제는 간단한 혁신 아이디어로 단번에 글로벌 기업으로의 성장이 가능하도록 도전성·창의성 촉진을 위한 연구 환경 조성 측면에서 창업자의 사업 목표 미달성 등 사업 실패에 대한 인정과 보상 강화 문화 조성이 필요하다. 창업기업의 조직 내 커뮤니케이션 활성화와 쾌적하고 자유로운 근무환경 조성을 통한 수평적·개방적 조직문화 구축도 요구된다. 또한 사회공헌·사회적 책임의식 강화 측면에서 기업가정신 교육 내용에 사회공헌 영역을 포함시키고 공동체의 책임 있는 리더로 성장할 수 있도록 초중등 교육에 정규교과목화가 요구된다. 이를 통해 사회적 책임의식이 함양된 창업가를 양성할 수 있고 성공만을 좇는 기업가가 아닌 존경받는 성공기업가로 성장할 수 있을 것이다.

칼 슈람(Carl J. Schramm) 시라큐스대 교수는 '기업가정신은 어떻게 미래사회를 구축하는가?(How Entrepreneurship Is Shaping The Future of the World?)' 강연에서 기업가정신에 대해 훌륭한 야심을 바탕으로 전 세계를 부유하게 만들고, 결과적으로 삶의 복지를 향상시키는 것이라 정의하고 젊은이들이 기업가가 되도록 가르칠 것인가에 대한 고민이 필요하다고 강조하였다. 기업가정신이 국가의 미래를 만들고, 경제성장의 주요한 요소라는 것에 대해선 공감대가 형성되어 있으나, 어떻게 기업가정신을 효과적으로 고취시킬 수 있는지에 대해서는 잘 모르는 것이라 지적한 것이다. 실천 방안으로는 실패를 두려워하지 않도록 현실적으로 실패를 보완하는 장치가 필요하고, 비즈니스는 구체적으로 어떻게 이루어지고, 혁신 사이클이 실제로 조직에서 어떻게 돌아가며, 기발한 아이디어가 어떻게 상업화되는지에 대해 현장에서 실질적인 업무를 익히는 기회 제공이 필요하다고 하였다.

뉴노멀 시대에 존경받는 CEO로 불리는 이본 쉬나드는 서퍼, 환경운동가이자 파타고니아 인코퍼레이티드의 설립자 겸 소유자다. 이 기업은 "우리 옷을 사지 마세요." 캠페인을 벌이며 환경을 위해 옷을 최대한 수선해 입자고 호소하는 기업으로 유명하다.

파타고니아 설립자 이본 쉬나드(출처 : 구글)

그는 전통적인 기업 문화를 탈피해 일터를 자유롭고 즐겁게 만들고, 환경 위기에 대한 해법을 모색하였고 모든 면제품을 유기농 목화로 제작하고, 매출의 1%를 자연환경의 보존과 복구에 사용하는 지구세(Earth Tax)를 도입하였다. 최고의 회사가 되기를 원하며, 최고의 대기업보다는 최고의 작은 회사가 되기 위해 노력한다는 CEO의 경영 철학이 현 시대를 살아가는 스타트업이 가져야 할 미션이 아닐까 싶다.

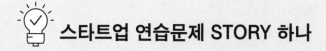

스타트업 연습문제 STORY 하나

1. 전 세계적으로 언택트 문화가 자리를 잡고 있다. 여기에서 언택트의 의미는 무엇이며, 이로 인해 성장했거나 성장할 것으로 예상되는 창업 아이템은 무엇이 있을까요?

2. 스타트업 CEO가 사업을 시작하기 위해서는 기본적으로 고려해야 하는 창업 요소가 있다. 창업의 핵심 요소 3가지는 무엇이며, 각각의 요소별로 준비해야 하는 사항을 정리해 볼까요?

3. 2030년에 상용화가 예상되거나 향후 떠오를 것으로 예측되는 미래 기술 분야를 3가지 이상 제시해 보세요.

4. 특허 등 기술을 보유한 스타트업의 창업 유형을 보통은 기술창업이라고 칭한다. 기술창업에 있어 성공요인은 무엇이 있을까?

5. 프랜차이즈 창업은 가맹본부와 가맹점 간의 계약에 의해 일정 기간 동안 제품/서비스를 판매할 수 있는 권한을 제공하는 창업 아이템이다. 프랜차이즈로 창업 시 고려해야 하는 것은 무엇이 있을까?

6. 기업가정신의 의미는 무엇이며, 4차 산업혁명 시대에서 요구되는 기업가정신에 대해서 설명해 보세요.

 Thomas Alva Edison

나는 평생 하루도 일을 하지 않았다. 그것은 모두 재미있는 놀이였다.

몰입, 창의력, 창조의 즐거움 경험하기
성공하는 스타트업 소통 커뮤니케이션 채널
스타트업 어디서부터 어떻게 시작하는 거야?
스타트업 연습문제 STORY 둘

Startup

Part 2

크리에이티브 도전
스타트업

몰입, 창의력, 창조의 즐거움 경험하기

디지털 네이티브(Digital Native)는 개인용 컴퓨터, 휴대전화, 인터넷, MP3와 같은 디지털 환경을 태어나면서부터 생활처럼 사용하는 세대를 의미한다. 동시대를 살고 있는 우리 대다수는 디지털 네이티브 세대라 볼 수 있으며 멀티태스킹(Multitasking)이 가능하고 언제 어디서나 상대방과 의사소통이 가능한 즉각적인 상호작용이 가능한 환경 속에서 살고 있다. 디지털 네이티브들은 도전적이고 재미있는 일, 즉, 게임처럼 재미와 목표의 도전성이 갖추어진 과업이 주어질 때 동기부여가 되고 몰입도를 높일 수 있다. 이런 측면에서 창업자들은 디지털 감각을 일깨워 끊임없이 새로운 가치를 창출하는 차별화된 창조 활동을 해야 한다.

몰입과 창의력 쑥쑥 키우기

창업자는 대체적으로 기발한 사업 아이디어 창출과 기술력, 관련 분야에 대한 전문적인 지식과 성공에 대한 확신, 도전정신을 가지고 있다. 창업기업이 성공하기 위해서는 창업자는 남들이 인지하지 못하는 사업 기회를 감지해내고 사업화하기 위한 아이디어를 창출하고 내·외부 관계자들과의 원활한 네트워크 구축과 더불어 내부 구성원들의 잠재력을 최대한 이끌어 낼 수 있는 리더십을 갖추어야만 한다.

몰입하지 않으면 망해

몰입(沒入)은 주위의 모든 잡념, 방해물들을 차단하고 원하는 어느 한 곳에 자신의 모든 정신을 집중하는 일이다. 헝가리 심리학자 미하이 칙센트미하이(Mihaly Csikszentmihalyi)는 몰입했을 때의 느낌을 '물 흐르는 것처럼 편안한 느낌', '하늘을 날아가는 자유로운 느낌'이라고 하였다. 〈위키백과〉

스타트업 창업자는 이해관계자(고객, 직원)에게 에너지를 쏟도록 북돋우고 긴밀한 연대감과 공동의 목표를 상기시키는 중요한 역할을 담당한다. 이러한 활동이 지속되면 몰입도는 올라가게 된다.

몰입을 위한 요소로는 명확한 목표, 적절한 목표 수준 설정, 지속적인 피드백을 들 수 있으며 생각의 반복은 뇌를 활성화시키며 능동적으로 내가 하는 일의 중요성을 인식하게 된다.

천재 물리학자 알베르트 아인슈타인은 "나는 몇 달이고 몇 년이고 생각하고 또 생각한다"고 하였다. 창업자는 몰입을 통해 창의적인 아이디어를 얻어야 하고 생각을 습관화해야 한다. 그리고 문제의식과 목표를 가지고 끊임없이 사고할 때 몰입과 창의를 만나게 될 것이다.

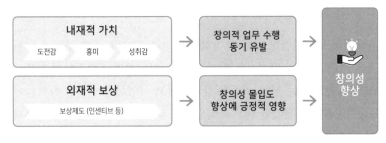

보상, 몰입, 창의성 향상

미하이 칙센트미하이는 몰입의 경영 저서를 통해 몰입은 주어진 과제와 개인의 능력이 모두 높으면서도 대등한 수준일 때 가장 잘 나타난다고 하면서 어떤 과제가 주어졌을 때 실행 가능한 일이라는 확신이 있다면 그 일에 완전히 몰입하기가 쉽고, 비전을 지닌 경영자에게 나타나는 특징이 상황에 구애받지 않는 낙관적인 태도와 성실성이며 몰입 경험을 통해 주어진 삶에서 몰입을 창조하는 활동을 한다고 하였다.

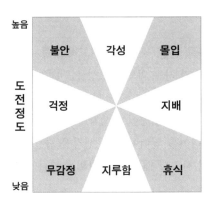

목표가 분명해짐	• 매 순간 자신이 무엇을 해야 하는지를 정확히 알고 있으며 목표 달성 과정을 즐김
기회와 능력 사이의 균형 유지	• 어떤 과제가 주어졌을 때 실행 가능한 일이라는 확신을 가짐
집중력이 강화됨	• 활동의 중요성과는 별개로 어떤 활동에 몰입하게 되면 집중하게 됨
현재가 중요함	• 현재 모든 주의를 집중하여 과거나 미래의 고민과 염려를 하지 않음
시간에 대한 감각이 달라짐	• 몰입을 하면 시간이 빠른 속도로 지나가게 됨

(좌)일상의 감정 변화와 (우)몰입을 경험할 때 느낌

몰입 경험은 비즈니스에 종사하는 창업자들을 위해 필요한 과정이라고 할 수 있고 이런 과정을 통해 창의력을 키울 수 있다. 창의력, 창의적인 생각은 시간에 비례해서 나오며 끊임없는 질문과 답하는 문제해결 과정을 통해 새로운 사업 아이디어를 제안할 수 있게 될 것이다.

스타트업은 창의력이 경쟁력

창의력(創意力)은 새로운 것을 생각해내는 능력이고 새로운 것을 생각해 내는 특성인 창의성(創意性)과 구분된다. 〈위키백과〉 창의력은 몰입을 통해 발현되며 무의식적 사고에서 창의성(Creativity)이 생겨나게 된다. 즉, 창의성을 발휘하는 능력이 창의력이라고 할 수 있다.

1. 생각할 시간이 없는 사람에게는 절대 좋은 아이디어가 생기지 않는다. 생각할 시간적 여유를 갖는다.
2. 아이디어를 내고자 한다면 문제점을 끊임없이 찾고, 분석하고, 해결 방법을 찾기 위한 노력이 필요하다.
3. 다른 사람을 만나지 않는 사람에게는 좋은 아이디어가 나올 수 없다. 직간접적인 경험을 공유해야만 한다.
4. 책을 읽지 않으면 창의력이 떨어진다. 전문지식과 유연성(문제인식능력)을 갖추기 위해 노력해야 한다.
5. 편견을 없애야 한다. 편견은 아름다운 생각의 실마리를 잘라버리는 무서운 존재가 될 것이다.

창의력을 향상시키기 위한 습관

창의적인 사람은 새롭고 유용한 산출물을 만들어낼 수 있는 개인적인 능력을 지닌 자이고, 모험심, 도전심, 호기심, 상상력, 민감성, 탁월한 유머감각, 융통성 등과 같이 긍정적인 특성을 지니고 있는 것으로 알려져 있으며, 21세기를 이끌어갈 지도자의 모습이라고 할 수 있다.

사례로 핀란드에는 로비오, 슈퍼셀 등 세계적으로 유명한 스타트업이 있는데 이 기업들은 핀란드 경제를 지탱하는 힘이 되고 있다. 이들은 핀란드 정부가 운영하는 기술혁신지원청 테케스(TEKES)의 지원을 받았고 이를 통해 슈퍼셀의 히트작 크래시오브클랜, 앵그리버드의 로비오(Rovio)가 탄생하게 되었다. 핀란드 학생들은 스스로 기획하고, 자기주도적으로 활동을 펼치는 창의력을 기르는 혁신 교육을 받고 있으며 이러한 교육을 통해 미래의 경제를 책임지는 스타트업 인재들이 육성되었다고 볼 수 있다.

창업은 고부가가치 신시장 창출을 위해 개인들이 가진 창의적 아이디어를 배양하여 창조적 개발을 이끌어내고자 하는 활동이며, 창업자는 이러한 새로운 시장과 산업을 창출하는 원동력이자 핵심적인 역할을 수행하는 자라고 생각한다. 지금의 시대는 제품이나 서비스의 수명주기인 PLC(Product Life Cycle)가 매우 짧고 다변화되고 있어 창업 생존율도 높지 않고 창업아이템의 생명 주기도 짧아지고 있다. 이제는 특별한 노하우와 차별화된 아이디어가 없이 열정만으로 창업 전선에 뛰어든다면 경쟁에서 이길 수가 없다. 따라서 창업자는 나만의 창의적인 창업 아이디어를 끊임없이 고민하고 발견하고 해결하는 노력을 해야 한다. 창의력은 갑자기 형성되는 능력이 아니기 때문에 자신이 좋아하는 일을 찾고 몰입을 통해 창의력을 키우고 지속적으로 아이디어를 창출하는 툴(Tool)에 대한 학습도 필요하다.

창업과 창조, 스타트업 창업 스토리

4차 산업혁명 시대에서 요구되는 경쟁력은 새로운 것과 다르게 만들어내는 창조적 사고력일 것이다. 티나 실리그(Tina Seelig) 교수는 창조적인 사람은 타고나는 것이 아니라 훈련되는 것이라고 주장하면서 창의력을 기르는 도구로 지식, 상상력, 태도 등 내적 엔진인 내부 영향력(Internal Influences)과 자원, 환경, 문화 등 외적 엔진으로 구성된 혁신 엔진(Innovation Engine)이 필요하다고 하였다.

창조를 논하기에 앞서 과학과 기술에 대해 구분해보면 과학은 사물이나 자연 현상의 원리를 체계적이고 일관되게 이해하거나 설명하는 것을 목표로 하며 일관성, 정확성을 추구한다. 그러나 기술은 사물이나 자연에 존재하는 물질, 현상을 인간에게 유용하게 이용할 방법을 추구하는 것이다. 그런 측면에서 창업 아이템은 과학과 기술의 접점에서 시작된다고 볼 수 있다. 새로운 것과 다르게 만들어 낸 사례는 무엇이 있을까? 과거의 사례를 살펴보도록 하겠다.

인류 역사상 천재적인 인물로 레오나르도 다빈치가 많이 거론된다. 그는 예술가인 동시에 훌륭한 과학자이다. 그는 호기심(Curiosity), 실험정신(Dimostrazione), 시각/청각/촉각/미각/후각의 레오나르도가 경험이라는 문을 여는 열쇠로 인식했던 이러한 감각(Sensazione), 독창적 잠재력을 계발할 수 있는 불확실성에 대한 포용력(Sfumato), 건강 등의 육체적 성질(Corporalita), 사물과 현상의 연관성을 인식·평가하는 시스템적 사고인 연결 관계(Connessione)의 원칙을 준수하는 창조적 사고를 하는 사람이었다.

이러한 창조적 사고력으로 인해 15세기에 동물과 사람을 해부하고 연구하여 현대 의학에 기여했고, 산과 바다를 관찰하여 지질의 순환 과정을 알아내었고 하늘을 날고 싶은 욕망으로 1490년에 비행체 오니숍터(Ornithopter)를 고안하였고 다양한 전쟁용 무기를 설계하기도 하였다. 이외에도 자전거, 향수, 리프트, 시계, 악기 등 다양한 발명품을 만들었다.

19세기 유명한 발명가로 거론되는 토머스 앨바 에디슨(Thomas Alva Edison)은 세계에서 가장 많은 발명을 남긴 사람으로 1,093개의 미국 특허가 에디슨의 이름으로 등록되어 있으며 GE사를 건립한 CEO이기도 하다.

유명한 발명품으로는 축음기, 전화 송신기, 다리미, 유성영화, 전기스위치, 백열전등, 주식상장 표시기, 전기자동차, 와플 기계, X선 투시기 등으로 다양하다. 그리고 그는 항상 노트를 가지고 다니며 발명이나 연구실 운영에 관한 세부 사항을 기록했다고 한다.

에디슨은 "나의 여러 가지 발명 중에 그 어느 것도 우연히 얻어진 것은 없었다."고 말하였는데 꾸준한 노력과 새로운 것을 만들려고 하는 창조적인 사고력이 바탕이 되어 이룬 업적이라 할 수 있다.

그 밖에 첨단 기술과 발명품을 개발하여 우리 삶의 변화를 이끌고 세상을 바꾼 여성발명가로는 방사능을 세상에 알린 마리 퀴리(1867년~1934년), DNA 이중나선 구조를 결정적으로 밝혀낸 로절린드 프랭클린(1920~1958) 등이 있다.

성공하는 스타트업 소통 커뮤니케이션 채널

크리에이티브(Creative)는 '창조적인'이라는 뜻을 지니며, 창의성(創意性)은 새로운 생각이나 개념을 찾아내거나 기존에 있던 생각이나 개념들을 새롭게 조합해 내는 것과 연관된 정신적이고 사회적인 과정을 의미한다. 〈위키백과〉

디지털 시대를 살고 있는 요즘, 콘텐츠 크리에이티브 창업에 대한 관심이 높아지고 있다. 중소벤처기업부, 창업진흥원에서는 콘텐츠 분야 스타트업을 발굴하여 창업자금, 성장 단계별 멘토링 지원, 홍보 지원 등의 사업을 추진하고 있으며 사업 정보는 K-STARTUP(https://www.k-startup.go.kr)에서 찾아볼 수 있다. 디지털, 모바일 시대로 넘어오면서 콘텐츠의 주기가 짧아지고 다양해지고 있으며 과거의 텍스트, 이미지 중심의 콘텐츠에서 영상 콘텐츠 형태로 변화되고 있다. 특히, 모바일 디바이스의 상용화로 인해 인터랙티브(Interactive) 요소들을 활용할 수 있어 VR, AR부터 시작해서 고객 참여를 유도할 수 있는 다양한 콘텐츠 개발이 가속화되고 있다.

이에 크리에이티브 창업을 위해서는 디지털 미디어를 비롯한 플랫폼의 변화와 흐름을 알아야한다. 그래서 페이스북, 유튜브, 인스타그램, 네이버, 카카오 등 국내외 주요 플랫폼을 들여다 볼 필요성이 있다.

소통 커뮤니케이션 채널 가이드

국내 SNS 이용자 대부분은 인플루언서(Influencer)의 계정을 팔로잉하고 있다. 인플루언서란 인스타그램이나 유튜브 등에서 수십만, 수백만에 이르는 팔로워를 지닌 일반인을 뜻하는 인터넷 신조어다. 소비자들이 소셜미디어를 이용하는 이유로는 소소하게 볼만한 콘텐츠를 즐기기 위해서, 다른 사람과의 의사소통을 위해서, 필요한 정보 검색 또는 이슈/트렌드를 알기 위해서, 상품/서비스를 구매 또는 예약하기 위해서 등을 들 수 있다.

SNS를 통한 쌍방향 커뮤니케이션은 개방, 공유, 연결과 소통이 강조되는 시대를 맞아 소비자들이 구매/소비의 전 과정에 적극적으로 참여하게 할 수 있는 방법이고 기업이 제공하는 제품/서비스의 발전을 위해 고객의 아이디어를 반영해 기업과 고객이 상호 가치를 창출할 수 있는 공동창조(Co-Creation)의 성과로 이어지도록 한다.

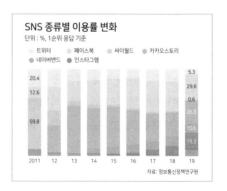

SNS 이용률 변화(출처 : 정보통신정책연구원)

SNS는 이제 단순한 마케팅을 뛰어넘어 상품 구매까지 가능한 e-커머스 시장으로 범위가 확대되었다.

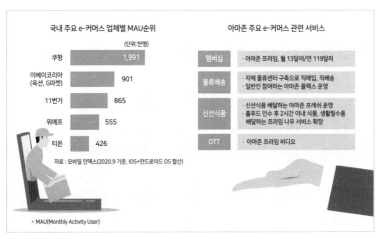

국내 주요 e-커머스 업체별 MAU순위

(단위:만명)

쿠팡	1,991
이베이코리아 (옥션, G마켓)	901
11번가	865
위메프	555
티몬	426

자료 : 모바일 인덱스(2020.9 기준, IOS+안드로이드 OS 합산)

* MAU(Monthly Activity User)

아마존 주요 e-커머스 관련 서비스

멤버십	· 아마존 프라임, 월 13달러/연 119달러
물류배송	· 자체 물류센터 구축으로 직매입, 직배송 · 일반인 참여하는 아마존 플렉스 운영
신선식품	· 신선식품 배달하는 아마존 프레쉬 운영 · 홀푸드 인수 후 2시간 이내 식품, 생활필수품 배달하는 프라임 나우 서비스 확장
OTT	· 아마존 프라임 비디오

e-커머스 판도 변화 (출처 : 서울경제, 2020.11)

페이스북 : 커뮤니케이션의 제국 페이스북과 연결하기

페이스북(Facebook)은 소셜 네트워크 서비스로 2004년 마크 저커버그가 설립하였다. 2020년 6월 기준으로 27억 명이 사용하고 있는데, 이는 전 세계 3명 중 한 사람이 사용하고 있는 수치에 해당한다. 물론 과도한 광고와 계정 정보 유출 등으로 인해 소비자 이탈이 많아지기도 했지만 여전히 영향력이 큰 플랫폼 중 하나이다. 회원제 운영을 기반으로 막강한 데이터를 보유하고 있고 5G 정보통신 기술 발전으로 기업이 활용할 수 있는 데이터는 더 방대해지고 있다.

판매 강화	브랜드 강화	소통 강화
• 신규 고객 유입 • 고객 트래픽 유입 • 쇼핑몰 활성화 • 고객 입소문 효과 • 신규 판매 채널 구축/판매 • 연관 상품 판매	• 브랜드 지지자 확보 • 차별화된 브랜드 경험 제공 • 고객 제안 참여 강화 • 브랜드 인사이트 확보	• 단골 고객 확보 • 장기적 관계 구축을 통한 로열티 강화 • 제품 및 브랜드 신뢰 강화

페이스북 커머스 구축 목적

페이스북에서의 효과적인 커뮤니케이션 방법은 짧은 영상, 가독성 높은 자막 등이며 기업 입장에서는 자사의 제품과 서비스를 효과적으로 광고할 수 있는 플랫폼이다. 페이스북을 효과적으로 활용하기 위해서는 고객 성향, 제품 특성, 전략 방향을 고려한 커머스 플랫폼을 구축하고 온·오프라인의 고객 접점을 연동시켜 고객에게 사용 경험을 심어주어야 한다. 그리고 페이스북을 활용하여 팬덤을 형성하고 그들이 콘텐츠를 포스팅하고 공유하면서 자발적으로 확산되도록 하는 것을 활용하는 것이다. 그래서 페이스북 페이지 구성 시에는 단순하고 직관적으로 만들어 자유롭게 포스팅할 수 있고 공유할 수 있도록 간편하고 쉽게 구성하도록 한다.

플랫폼 최적화	마케팅 커뮤니케 이션 강화	커머스 플랫폼 구축	브랜드 경험 강화	온·오프라인 연동 경험 제공
• 페이스북 연동 페 이지 구축 • 브랜드 페이지 및 소셜 플러그인 활용	• 팬 확보 및 인지도 강화 • 광고, 이벤트 등 강화	• 스토어 구축 및 로 열티 강화 • 팬 스토어, 페이스 북 Credit 활용	• 신뢰성 구축 및 관 계 강화 • 그래프 API 제공	• 온·오프라인 연동 경험 강화 • 인스토어 페이스북 활용

페이스북 커머스 전략(출처 : 디지털 트렌스포메이션)

페이스북 브랜드 페이지는 소셜 플랫폼 역할을 하는 동시에 고객 유입 및 상호 작용할 수 있는 대화 창구이다. 그리고 상품에 관한 정보 전달 및 커머스 기능을 확대해 판매 채널로도 활용할 수 있다. 광고와 이벤트로 신규 고객 확보와 구매 유도의 기회를 삼을 수 있는

데, 설문조사, 퀴즈 게임, 쿠폰 제공 등의 방법을 활용하는 것도 좋다.

한편, 페이스북을 활용한 고객 관계 강화 전략으로 오프라인 매장에서 키오스크나 스마트폰을 페이스북과 연결해 상품 구매 전에 실시간으로 상품 후기를 파악하여 구매 유도에 도움을 줄 수 있고 입소문 유도를 통한 고객 접점 연결로 페이스북 광고, 소셜플러그인을 활용하거나 스토어, 딜, 크레딧을 연동하여 제공할 수도 있다.

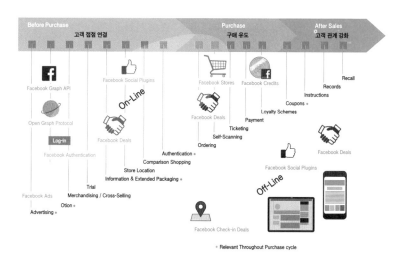

페이스북 커머스 통합 전략(출처 : https://digitaltransformation.co.kr)

유튜브 : 유튜브 브랜드 채널 전성시대

디지털 콘텐츠의 소비가 일반 웹 기반의 텍스트 중심 콘텐츠에서 모바일 중심 환경에서의 동영상으로 그 중심축이 전환되었고 마케팅 커뮤니케이션을 위한 효과적인 미디어로서 커뮤니케이션 분야에서도 주목을 받고 있다.

이제 기업은 유튜브(YouTube)를 통한 기업의 정보 검색, 기업의 이미지 탐색의 관점에서 커뮤니케이션 전략을 수립해야만 한다. 중장기적 관점에서 유튜브 계정 운영이나 콘텐츠 기획이 요구되는 것이다.

유튜브 채널의 장점은 이미 제작된 콘텐츠를 유통하는 역할은 물론 유튜브 이용자가 자체적으로 콘텐츠를 생산하고 확산시킬 수 있다는 점과 제품/서비스 사용자의 의견이 전 세계 사용자들에게 전파될 수 있게 하는 거대한 커뮤니케이션 플랫폼이라는 점이다. 또한 기업 및 브랜드에 대한 긍정적인 감정을 유발할 수 있는 요인을 적절히 포함하고 있는 동영상은 브랜드 자산에도 긍정적 영향을 미친다.

유튜브를 통해 브랜드 인지도를 높이고 매출을 늘리기 위한 마케팅 방식을 들면 다음과 같다.

항목	검토 사항
제품 설명서 및 매뉴얼 홍보	• 제품 또는 서비스 판매를 목적으로 한 제품 시연, 제품의 설치 및 사용법을 익힐 수 있도록 한 사용법, 사용 후기 등 영상 제작·홍보
광고	• 유튜브 시청자를 타깃으로 사용자에게 제품을 알리고 판매 촉진을 위해 광고를 실음
인플루언서 활용	• 유튜브 인플루언서를 통해 일정 대가를 지불하고 제품을 홍보 • 인플루언서가 다른 소셜미디어 계정(블로그 포스팅, 트위터 등)을 이용하여 제품을 홍보할 수 있도록 활동 분석, 성과 측정을 함
키워드 광고	• 제품 콘텐츠와 관련성 높은 키워드 중심으로 태그를 설정하도록 함

유튜브를 활용한 마케팅 방식

최근 유튜브에 대한 관심은 세계 인구가 대략 75억 명 정도로 추산한다면 20억 명을 훨씬 상회할 만큼 폭증하고 있으며 1인 인플루언서가 셀럽보다 더 유명세를 떨치는 사례가 있으며 전 산업 분야에 걸쳐 영상을 바탕으로 한 비주얼커머스로 발전하고 있다.

유튜브 식품 홍보 사례(출처 : 식품음료신문 DB)

인스타그램 : 인스타그램 콘텐츠와 프로필 노출하기

인스타그램(Instagram)은 즉석에서 사진을 볼 수 있게 한 방식의 카메라인 '인스턴트 (Instant)'와 전보를 보낸다는 의미의 '텔레그램(Telegram)'을 합쳐 만든 이름으로, 사진을 손쉽게 다른 사람들에게 전송한다는 뜻을 가지고 있으며 2010년부터 서비스되고 있다. 그리고 페이스북이나 트위터 등 다양한 소셜 네트워크 서비스에 사진을 공유할 수도 있다.

인스타그램을 통한 비즈니스 성공 요소는 브랜드 콘셉트에 맞는 창의적인 콘텐츠 제공, 유저 반응 유도와 원활한 교류 활동, 업계와 유저 동향을 확인하기 위한 지속적인 모니터링 시스템 구축, 운영 결과에 대한 분석과 개선점 도출이라고 할 수 있다.

채널 운영 전 고려사항	채널 특성에 따른 목적	채널 스타일 가이드 작성
• 인스타그램이 비즈니스에 가져다 줄 수 있는 혜택은 무엇인가? • 타깃 고객은 누구인가? • 다른 소셜 미디어와 어떻게 통합·관리할 것인가?	• 브랜드 인지도 증대 • 고객 참여 및 충성도 증대 • 제품/서비스 홍보 및 이벤트 경험 향상 • 인플루언서와의 연결 고리 • 기업 문화 및 비전 홍보	• 콘텐츠 형태와 비율 결정 • 사용자 생성 콘텐츠 큐레이팅 • 콘텐츠 캘린더 셋업 (주요 일정 및 캠페인 등)

인스타그램 활용 성공 전략

최근 인스타그램은 상품보기, 구매하기 탭과 쇼핑 태그 기능을 신설하고 쇼핑 관련 기능을 업데이트하고 인앱 결제 기능인 체크아웃도 도입하였다.

인스타그램 커머스 사례(출처 : 인스타그램)

인스타그램을 통한 마케팅 요소는 창의적인 사진, 영상을 올려서 관심을 끄는 것이 중요하다. 다른 어떤 채널보다도 시각적이 효과가 크며 제품 홍보와 각종 소식, 커뮤니티와의 연결 등에 활용할 수 있다. 그래서 재미있고 창의적인 콘텐츠로 대중의 관심과 댓글을 끌어내고 커뮤니티를 형성할 수 있도록 하는 것이 중요하다.

인스타그램을 통해 기업 광고를 위해서는 어디에 노출할지에 대한 결정이 우선적이며 인플루언서를 활용하여 제품이나 서비스를 홍보하는 것도 바람직하다.

노출 방법	노출 지면	인플루언스 활용
• 홈피드 : 나를 팔로우한 사람들에게 노출 • 둘러보기 : 둘러보기 노출 로직(기준)에 따른 노출 • 검색 : 정보를 찾기 위한 검색을 통한 노출 • 인플루언서 : 인플루언서 팔로워 및 콘텐츠 확산을 통한 노출	• 게시물/피드 : 브랜드의 첫인상 결정 • 스토리/하이라이트 : 세로형 포맷 노출 지면 • 라이브/IGTV : 라이브와 IGTV는 영상을 통한 실시간 소통과 정보 전달	• 팔로워의 진정성 여부 • 게시물의 평균 참여율 • 댓글 현황 • 브랜드 FIT

인스타그램을 활용한 마케팅 전략

스타트업 어디서부터 어떻게 시작하는 거야?

어떤 사업을 인허가 받아야 하나

업종 선택, 인허가 업종 확인 미리미리 준비하기

창업 기업은 대부분의 업종에서 특별한 규제나 제한 없이 사업을 영위할 수 있으나, 특정한 업종의 경우에는 관계법령에 따라 사업개시 전에 행정관청으로부터 허가를 받거나 행정관청에 등록 또는 신고를 마쳐야 사업을 수행할 수 있는 경우가 있다.

만약 창업하려는 업종이 인허가 대상인 경우 제출 서류와 인허가 승인절차를 사전에 파악해야 하는데, 그렇지 않으면 사업자등록을 할 수 없다. 사업의 인허가 여부에 대한 자세한 내용 및 절차는 기업지원플러스 G4B(https://www.g4b.go.kr) 홈페이지에서 확인할 수 있다.

기업지원플러스 홈페이지(출처 : https://www.g4b.go.kr)

해당 홈페이지의 [Home〉사업내용일괄변경〉사업내용변경민원행정안내〉업종별인허가민원행정안내]에 들어간 다음 주제별 분류에서 사업인허가를 클릭한 후 상세분류에서 해당 업종을 찾아 클릭하면 인허가 업종인지 여부를 확인할 수 있다.

업종별 인허가 확인(출처 : https://www.g4b.go.kr)

창업하고자 하는 경우, 해당업종이 관련법에 의해 허가, 등록 또는 신고가 필요한 업종인지 여부를 파악해야 한다. 인허가가 필요한 업종의 경우 인허가 처리기관 및 처리 절차, 소요기간 및 경비, 시설기준 및 자격요건, 구비서류를 정확히 파악하여 소정의 절차에 따라 인허가 등을 진행해야 한다. 점포 입지를 선정함에 있어서도 점포 용도를 확인하여 해당 업종의 영업활동이 가능한지를 파악해야 한다. 반면 인허가가 필요없는 경우에는 사업자등록만으로 영업을 시작할 수 있다.

사업의 인허가 신청은 관할 시·군·구청의 민원실, 해당부서에 신청서 양식과 첨부 서류목록을 수집해 작성한 후 제출하면 관할 관청은 현장답사나 서류심사를 통해 결정하고 창업자에게 승인 허가 여부를 통지해 주고 있다.

인허가 사항이 필요한지의 여부는 구청민원실이나 세무서 등의 구체적인 기관을 통해 알아보는 것이 좋다. 서비스업이나 도소매업은 업종의 특성상 인허가 사항이 적으며 창업절차가 간단하기 때문에 일반적으로 점포나 사무실을 확보하고 사업자등록을 마치면 사업을 영위할 수 있지만 공중위생과 관련이 있는 업종, 사행행위 등 행정규제가 필요한 업종 또는 전문적지식이 요구되는 서비스업 등이나 담배, 양곡과 같이 유통질서 확립이 필요한 제품과 의약품과 같이 전문지식을 필요로 하는 업종 등에 대하여는 개별 법령에서 시설기준 및 자격요건 등을 규정하고 있다.

창업하고자 하는 업종이 관련법에 의해 허가, 등록, 신고가 필요한 업종인지의 여부를 파악해야 함

창업 인허가 절차

법령에 의하여 허가를 받거나 등록 또는 신고를 하여야 하는 사업의 경우에는 해당 관청으로부터 영위하려고 하는 사업에 대한 허가, 등록 또는 신고를 하여야 그 사업을 영위할 수 있다.

구분	내용	해당 업종
허가	법령에 의한 일반적·상대적 금지(부작위의무)를 특정한 경우에 해제하여 적법하게 일정한 사실행위 또는 법률행위를 할 수 있도록 자유를 회복시켜 주는 행정행위를 말한다.	화장품 제조업, 의료용구 및 위생용품 제조업, 군복 및 군용장구 제조업, 가스용품 제조업, 고압가스 및 설비 제조업, 소방용기계기구 등의 제조업, 보장구 제조 수리업, 사행기구 제조업, 원자로관계시설 및 부품 생산업, 오존층파괴물질 중 특정물질 제조업, 군복 및 군용장구 판매업, 문화재 매매업, 석유 판매업(주유소), 의약품 도매업, 중고자동차 매매업, 부동산 중개업, 숙박업, 식품 접객업, 용역경비업, 유기장업, 유료노인복지시설, 유료직업소개사업, 유선방송사업, 전당포업, 폐기물 처리업
신고	신고는 법령 등이 정하는 바에 따라 일정한 사항을 관할 관청에 통지하는 것으로서 신고서의 기재사항에 흠이 없고 필요한 구비서류가 첨부되어 있으며 기타 법령 등에 규정된 형식상의 요건에 적합한 때에는 신고서가 접수기관에 도달한 때에 신고의무가 이행된 것으로 본다.	방산물자 생산업, 세척제 제조업, 장난감 제조업, 항공우주산업, 기타 위생용품 제조업, 건강보조식품 판매업, 건설기계 매매업, 무역 대리업, 양곡 매매업, 종묘 판매업, 건설기계대여업, 건축엔지니어링 및 기술 관련 서비스, 결혼상담소, 교습소, 노래연습장업, 동물병원, 목욕장업, 세탁업, 옥외광고업, 위생관리용역업, 의료기관, 이·미용업, 장례식장업, 체육시설업, 혼인예식장업
등록	등록은 영업과 관련된 일정한 사실이 기재된 등록신청서를 관할 관청에 제출하게 하여 해당 기관에 비치된 등록대장에 등재되도록 하는 것으로서 해당 대장에 등재가 되면 어떤 사실이나 법률관계의 존재가 공적으로 공시 또는 증명되는 것으로서 일종의 허가의 성질을 갖는다. 해당 업종에 대한 등록요건은 관련 법률로서 정하고 있다.	농약 제조업, 사료 제조업, 수처리 제조업, 정화조 제조업, 출판 및 인쇄업, 음반 및 비디오물 제작업, 열사용기자재 제조업, 계량기 제작, 수리업, 전기용품 제조업, 공해방지 시설업, 승강기 및 부품 제조업, 농약 수입업, 농약 판매업, 다단계 판매업, 무역업, 비료 판매업, 음반 판매업, 외국간행물 수입업, 제조담배 판매업, 안경소, 약국, 여행업, 자동차운송알선사업, 전문서비스업, 중소기업상담회사, 창고업, 학원

허가, 신고, 등록 업종

스타트업 사업자등록 A to Z

사람이 태어나면 출생신고를 통해 주민등록번호를 부여받듯 창업을 통해 재화 또는 용역을 공급하는 사람은 반드시 관할 세무서에 사업자등록을 해야 한다.

사업자등록은 사업장마다 사업개시일부터 20일 이내에 사업장 관할 세무서장에게 사업자등록을 신청해야 하는 것이 원칙이다. 사업자등록을 하려면 세무서 민원봉사실에 비치된 사업자등록 신청서, 주민등록등본(법인의 경우 법인등기부등본), 사업허가증 사본(약국, 음식점, 개인택시 등 허가나 등록을 해야 하는 사업에 한함), 사업장을 임차한 경우에는 임대차계약서 사본(임대 차계약서 원본에 수입인지 첨부) 등을 준비해야 한다.

사업개시일이란
① 제조업의 경우 제조장별로 제조를 개시하는 날
② 광업에 있어서는 사업장별로 광물의 채취·채광을 개시하는 날
③ 기타의 사업에 있어서는 재화 또는 용역의 공급을 개시하는 날

사업자등록과 설립의 모든 것

사업자등록은 부가가치세법 제8조에 의거하며 사업장마다 하여야 하는데 ("사업자단위과세자"가 아닌 경우는) 사업장이 여럿이면 각각의 사업장마다 별도로 사업자등록을 하여야 한다. 사업을 시작한날로부터 20일 이내에 구비서류를 갖추어 관할세무서 민원봉사실에 신청하여야 한다. 단, 사업개시 전에도 신청가능하며, 사업자등록신청서는 사업자 본인이 자필로 서명하여야 한다.

만일 대리인이 신청할 경우 대리인과 위임자의 신분증을 필히 지참하여야 하며 사업자등록신청서에 사업자 본인 및 대리인 모두 인적사항을 기재하고 자필 서명하여야 한다. 2인 이상의 사업자가 공동사업을 하는 경우 사업자등록 신청은 공동사업자 중 1인을 대표자로 하여 대표자 명의로 신청해야 한다.

사업자 등록번호는 10자리(×××-××-×××××)로 구성되고 다음 각 호의 기준에 의해 부여된다.

---

1. 일련번호코드(3자리)
   신규개업자에게 사용 가능한 번호 101~999를 순차적으로 부여합니다.
2. 개인 법인 구분코드(2자리)
   가. 개인구분 코드
      (1) 개인과세사업자는 특정 동 구별 없이 01부터 79까지를 순차적으로 부여
      (2) 개인면세사업자는 산업 구분 없이 90부터 99까지를 순차적으로 부여
      (3) 소득세법 제2조 제3항에 해당하는 법인이 아닌 종교 단체 : 89
      (4) 소득세법 제2조 제3항에 해당하는 자로서 "(3)"이외의자(아파트관리사무소 등) 및 다단계판매원 : 80
   나. 법인성격코드 : 법인에 대하여는 성격별 코드를 구분하여 사용한다.
      (1) 영리법인의 본점 81 , 86 , 87, 88
      (2) 비영리법인의 본점 및 지점(법인격 없는 사단, 재단, 기타 단체 중 법인으로 보는 단체를 포함) : 82
      (3) 국가, 지방자치단체, 지방자치단체조합 : 83
      (4) 외국법인의 본 · 지점 및 연락사무소 : 84
      (5) 영리법인의 지점 : 85
3. 일련번호코드(4자리)
   과세사업자(일반과세자 · 간이과세자), 면세사업자, 법인사업자별로 등록 또는 지정일자순으로 사용가능한 번호를 0001~9999로 부여합니다.
4. 검증번호(1자리)
   ·전산시스템에 의하여 사업자등록번호의 오류여부를 검증하기 위하여 1자리의 검증번호를 부여합니다.

사업자 등록번호 부여기준(출처 : 국세청)

사업자등록 시 제출 서류는 다음과 같다.

구분	사업자등록 제출 서류
개인	1. 사업자등록신청서 2. 임대차계약서 사본(사업장을 임차한 경우) 3. 인허가 등 사업을 영위하는 경우 허가·등록·신고증 사본 - 허가(등록, 신고) 전에 등록하는 경우 허가(등록)신청서 등 사본 또는 사업계획서 4. 동업계약서(공동사업자인 경우) 5. 자금출처 명세서 (금지금 도·소매업, 액체·기체연료 도·소매업, 재사용 재료 수집 및 판매업, 과세유흥장소 영위자) ※ 재외국민·외국인 등의 경우(1~5는 공통) - 재외국민등록부등본, 외국인등록증(또는 여권) 사본 - 사업장내에 통상적으로 주재하지 않거나 6개월 이상 국외체류시 : 납세관리인 설정 신고서
영리법인 (본점)	1. 법인설립신고 및 사업자등록신청서 2. (법인명의)임대차계약서 사본(사업장을 임차한 경우) 3. 주주 또는 출자자명세서 4. 사업허가·등록·신고필증 사본(해당 법인) - 허가(등록, 신고) 전에 등록하는 경우 허가(등록)신청서 등 사본 또는 사업계획서 5. 현물출자명세서(현물출자법인의 경우) 6. 자금출처 명세서 (금지금 도·소매업, 액체·기체연료 도·소매업, 재생용 재료 수집 및 판매업, 과세유흥장소 영위자) 7. 사업자 단위과세 적용 신고자의 사업장 명세서(사업자단위과세 적용 신청한 경우)
비영리 내국법인 (본점)	1. 법인설립신고 및 사업자등록신청서 2. (법인명의)임대차계약서 사본(사업장을 임차한 경우) 3. 사업허가·등록·신고필증 사본(해당법인) - 허가(등록, 신고) 전에 등록하는 경우 허가(등록)신청서 등 사본 또는 사업계획서 4. 주무관청의 설립허가증 사본
내국법인 국내지점	1. 법인설립신고 및 사업자등록신청서 2. 등기부에 등재 되지 않은 지점법인은 지점설치 사실을 확인할 수 있는 이사회의사록 사본 (직매장 설치 등 경미한 사안으로 이사회 소집이 어려운 경우 대표이사 승인을 얻은 서류 사본) 3. (법인명의)임대차계약서 사본(사업장을 임차한 경우) 4. 사업허가·등록·신고필증 사본(해당 법인) - 허가(등록, 신고) 전에 등록하는 경우 허가(등록)신청서 등 사본 또는 사업계획서 5. 자금출처 명세서 (금지금 도·소매업, 액체·기체연료 도·소매업, 재생용 재료 수집 및 판매업, 과세유흥장소 영위자)

사업자등록 신청시 제출서류(출처 : 국세청)

일반과세자와 간이과세자, 뭐가 유리한가?

 개인사업자는 공급대가에 따라 간이과세자와 일반과세자로 구분되므로 자기에게 맞는 올바른 과세유형을 선택하여야 한다. 간이과세 적용신고는 사업자등록신청서의 해당란에 표시하면 된다.

구분	사업자등록 제출 서류
간이과세자	연간 공급대가 예상액이 4,800만원 미만인 개인사업자
	다만, 아래 사업자는 연간 공급대가 예상액이 4,800만 원 미만이라도 간이과세를 적용받을 수 없음 • 광업, 제조업 (과자점, 떡방앗간, 양복·양장·양화점은 가능) • 도매업 (소매업 겸업시 도·소매업 전체), 부동산매매업 • 시 이상 지역의 과세유흥장소 • 전문직사업자 (변호사, 신판변론인, 변리사, 법무사, 공인회계사, 세무사, 경영지도사, 기술지도자, 감정평가사, 손해사정인업, 통관업, 기술사, 건축사, 도선사, 측량사업, 공인노무사업, 약사업, 한약사업, 수의사업 등) • 국세청장이 정한 간이과세 배제기준에 해당되는 사업자 • 현재 일반과세자로 사업을 하고 있는 자가 새로이 사업자등록을 낸 경우(다만, 개인택시, 용달, 이·미용업은 간이과세 적용 가능) • 일반과세자로부터 포괄양수 받은 사업 • 둘 이상의 사업장의 매출액 합계가 연간 4,800만 원 이상인 경우
일반과세자	간이과세자 이외의 개인 과세사업자

사업자등록 제출 서류(출처 : 국세청)

 일반과세자로 등록한 사업자는 부가가치세가 과세되는 거래를 할 때 세금계산서를 교부할 수 있으나, 1년간의 공급대가가 4,800만 원에 미달할 것이라고 예상되어 간이과세자로 등록한 사업자는 세금계산서를 교부할 수 없다.

 만일, 간이과세자의 사업의 규모가 커지면 일반과세자가 되고 사업이 축소되면 간이과세자가 되는데 이에 대한 절차는 부가가치세법에 규정되어 있다.

구분	일반과세자	간이과세자
대상	1년간 매출액 4,800만 원 이상 또는 간이과세 배제되는 업종·지역인 경우	1년간 매출액 4,800만 원 미만이고 간이과세 배제되는 업종·지역에 해당되지 않는 경우
매출세액	공급가액 X 10%	공급대가 X 업종별부가가치율 X 10%
세금계산서 발급	발급의무 있음	발급할 수 없음
매입세액 공제	전액공제	매입세액 X 업종별부가가치율
의제매입세액 공제	모든 업종에 적용	음식점업

일반과세자와 간이과세자(출처 : 국세청)

더는 못 버티겠다, 휴·폐업 신고하기

사업자등록을 한 사업자가 휴업 또는 폐업하거나 사업개시일 전에 등록한 자가 사실상 사업을 개시하지 아니하게 되는 때에는 지체 없이 휴업(폐업)신고서에 사업자등록증을 첨부하여 사업장 관할세무서 또는 가까운 세무서 민원봉사실에 제출하여야 한다. (부가가치세법 제8조 및 동법 시행령 제13조) 다만, 사업자가 부가가치세확정신고서에 폐업연월일 및 폐업사유를 기재하고 사업자등록증을 첨부하여 제출한 경우에는 폐업신고서를 제출한 것으로 본다.

홈택스 가입 사업자의 경우 공인인증서로 로그인하여 인터넷 또는 모바일 홈택스에서 휴·폐업 신고 및 휴업 중 재개업 신고가 가능하다.

- 홈택스 - "신청/제출＞신청업무"메뉴의 "휴폐업신고", "(휴업자)재개업신고"
- 모바일 - "국세청 홈택스"앱의 "신청/제출" 또는 "모바일 민원실"

구분	유형별	휴·폐업일
휴업	일반적인 경우	사업장별로 그 사업을 실질적으로 휴업하는 날
	계절 사업의 경우	그 계절이 아닌 기간은 휴업기간으로 봄
	휴업일이 명백하지 않은 경우	휴업신고서의 접수일
폐업	일반적인 경우	사업장별로 그 사업을 실질적으로 폐업하는 날
	- 해산으로 청산중인 국내법인 - 회사정리법에 의한 회사정리 절차를 진행 중인 내국법인	사업을 실질적으로 폐업한 날로부터 25일 이내에 신고하여 승인을 얻은 경우에 한하여 잔여 재산가액 확정일(해산일로부터 365일 이내)
	폐업일이 명백하지 않은 경우	폐업신고서의 접수일
	개시 전 등록한 자가 6월이 되는 날까지 거래 실적이 없는 경우	그 6월이 되는 날(부득이한 경우 제외)

휴·폐업일 기준(출처 : 국세청)

매출이 줄고 적자가 쌓이면 부득이하게 폐업을 선택해야 하는 기업이 생기는 것은 당연한 일이다. 만일, 음식업, 미용업, 숙박업이나 약국처럼 면허나 허가증이 동반되는 사업이라면 면허·허가를 받은 기관에 폐업 신고를 해야 하고, 폐업 이후 부가가치세와 종합소득세의 납부도 챙겨야만 한다. 그리고 폐업일이 속한 달의 말일부터 25일 이내에 부가세를 신고하고 납부해야 하는데, 폐업 시 남아 있는 제품들은 자가 공급에 해당하므로 폐업할 때 남아있는 물품들의 시가를 과세표준에 포함해 부가가치세를 납부해야 하고, 건물이나 차량, 기계 등의 재산들도 시가를 계산해 부가세를 내야 한다. 사업을 양도하는 경우라면 부가세 납부 의무는 없고 폐업 신고 시에 포괄 양도양수 계약서를 첨부하도록 한다. 그리고 폐업신고 후에는 폐업사실증명원을 국민연금공단과 국민건강보험공단에 제출해야 보험료가 조정돼 불이익을 피할 수 있다. 만일, 폐업신고를 하지 않으면, 폐업 후에도 세금 신고 의무가 계속된다. 면허나 허가증을 받고 하는 사업의 경우, 폐업 신고를 하지 않으면 매년 1월 1일 면허가 갱신된 것으로 보아 등록면허세가 부과되니 유의해야 한다.

사업자등록 정정신고 방법

사업자가 사업자등록증을 교부받고 사업을 하던 중 다른 업종을 추가하거나 사업장을 이전하는 등의 사업자등록 내용에 정정사항이 발생한 경우에는 사업자등록 정정신고서에 사업자등록증과 이를 증명하는 서류를 첨부하여 사업장 관할 세무서 또는 가까운 세무서 민원봉사실에 제출하여야 한다.

한편, 홈택스에 가입되어 있고 공인인증서가 있으면 세무서에 방문하지 않고 인터넷을 통하여 사업자등록 정정신고 및 증빙서류 전자제출이 가능하며 정정이 완료되면 사업자등록증 발급도 가능하다.

- 홈택스(https://www.hometax.go.kr)＞신청/제출＞사업자등록신청/정정

그리고 스마트폰에 "국세청 홈택스"앱을 설치하고 공인인증서로 로그인하면 상호, 업종(인허가 업종 제외), 소재지(자가), 사이버몰, 연락처 등 일부 항목에 대한 사업자등록 정정신고가 가능하다.

- 홈택스 앱 신청/제출 또는 모바일 민원실 메뉴에서 이용 가능

사업자등록 정정신청의 사유는 다음과 같다.

정정 사유	재교부 기간
- 상호를 변경하는 때 - 통신판매업자가 사이버몰의 명칭 또는 인터넷 도메인 이름을 변경하는 때	신청일 당일
- 업종 변경 또는 사업장 이전 - 법인의 대표자 변경 - 고유번호를 받은 단체의 대표자 변경 - 임대차 계약 내용에 변경이 있거나 새로이 상가 건물을 임차한 때 - 공동사업자의 구성원 또는 출자지분 변동 - 사업자 단위 과세사업자가 사업자단위 과세 적용사업장을 이전 또는 변경	신청이로부터 3일 이내

사업자등록 정정신청 사유

스타트업 사업 아이템 선정 노하우

기업가는 사업에 대한 열정을 가지고 사업을 통해 이루고자 하는 비전을 수립하고 기업 활동에 참여하는 투자자, 임직원, 가족 등에게 공감과 동참을 이끌어 낼 수 있어야 한다. 이를 위해서는 사업에 대한 굳은 신념을 가져야하며 자신이 활동하고 있는 사업 분야에 대한 깊은 이해와 지식을 갖추어야만 한다. 또한 기업가는 구성원의 역량을 하나의 목표로 집결할 수 있도록 하는 리더십 역량을 키워야 한다.

무엇보다 스타트업 리더에게 필요한 자질은 실패에 따른 위험과 고통을 감내할 수 있는 용기가 필요하고 어려움에 봉착하더라도 좌절하지 않고 이를 극복하고 사업을 지속할 수 있는 생존 능력을 키워나가야 한다.

스타트업은 사업 아이템을 선정할 경우, 다음의 조건을 충족시킬 수 있는 아이템인지를 검토해야 한다. 스타트업이 고객의 문제를 제대로 검증하지 않고 제품이나 서비스를 출시 하더라도 판매가 이루어지지 않거나 충분한 고객 확보를 할 수 없다면 사업에 성공할 확률이 낮아지기 때문이다.

항목	검토 사항
시장 규모 또는 크기	• 스타트업 초기 단계에서는 시장의 크기가 불명확할 수 있음 • 시장의 크기는 투자자에게 미래 가치에 대학 확신을 심어줌 • 사업 전개 과정에서 전혀 생각하지 못한 새로운 시장에서 더 큰 기회를 발견할 수도 있음
팀 구성원 역량	• 스타트업은 CEO를 중심으로 결집된 팀 구성원의 역량이 기업 성장의 중요한 요소임 • 팀원이 자신에게 주어진 일을 스스로 마무리할 수 있는 문제해결능력 또는 실행력을 갖추어야 함
스타트업 가치 제안	• 스타트업이 구현하고자 하는 제품 또는 서비스가 고객에게 어떤 가치를 제공할 수 있는지에 대한 스스로의 평가가 요구됨 • 스타트업이 제대로 성장하고 있는지 핵심적인 성능 지표를 수시로 확인·점검해야 함 (고객 획득 비용, 매출 이익률, 고객 생애 가치 등)
경쟁자 분석	• 경쟁 제품 또는 서비스 개발 현황을 끊임없이 조사·분석하여 올바른 방향으로 개발 방향을 보완·수정해야 함

스타트업 사업 아이템 선정 시 고려사항

언택트 시대, 업종별 창업 길라잡이

창업계획이 수립되면 창업자는 수립된 사업계획서를 기초로 하여 사업을 수행하게 된다.

일반적으로 회사의 설립과 인허가의 취득, 사업장 확보(본사, 공장, 연구소 등). 조직 및 인력확보, 사업 수행(생산, 영업, 회계, 연구개발, 서비스 활동 등)의 단계를 거치게 된다.

제조업 : 스타트업이 만드는 아름다운 미래, 제조업 강국 되기

제조업(製造業)은 원재료를 인력이나 기계력 및 여러 다른 힘으로 가공하여 제품을 대량 생산 및 제공하는 산업이다. 단순히 상품을 선별, 정리, 포장, 재포장 하는 경우와 같이 상품의 본질적 성질을 변화시키지 않는 처리 활동은 제조활동으로 보기 어렵다. 일반적인 제조업의 창업 절차는 다음과 같다.

구 분	내용	
창업 준비	• 업종 및 사업아이템 선정(지식재산권, 법적 문제점 등 검토) • 사업 규모 결정 • 창업 조직 구성	• 기업 형태 결정 • 기타 사업 핵심요소 결정
사업계획 수립	• 사업타당성 분석	• 사업계획서 작성
기업 설립	• 사업 인허가 준비 • 사업자 등록(법인 시 설립등기)	• 인허가 신고 • 사업장 확보
공장 설립 (필요시)	• 공장 기본계획 수립 • 공장 건축(임대)	• 공장입지 선정 및 승인 • 설비 설계, 발주, 설치
자금조달	• 소요자금 분석 • 융자 및 출연자금 신청, 승인	• 조달자금 분석
경영관리	• 조직 채용 및 인력관리 • 생산관리(원부자재조달, 시제품 생산) • 경영기획관리(제 규정 정비, 4대보험 등 기타 신고) • 마케팅관리(영업체계 확립, 고객관리 등)	

제조업 창업 절차

최근 제조업은 신흥국의 제조기업 대두 및 급속한 정보 네트워크화, 글로벌화의 영향으로 제조업의 원천이 제품 자체에 그치지 않고, 사용자와의 관계구축 등 서비스를 포함한 플랫폼 비즈니스가 중요하게 부각되었다. 아마존, 구글 등 인터넷 기업이 제조업의 강력한 라이벌 또는 파트너로 부상하였다.

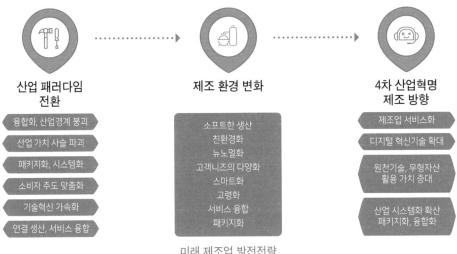

미래 제조업 발전전략

이제 창업자는 제조업 창업 시 제조업의 서비스화에 대한 고민도 필요하다. 제조업의 서비스화란 다른 기능을 가진 핵심부품과 스마트 칩을 내장하거나 제품과 서비스를 연계하여 제공함으로써 새로운 가치를 창출하는 활동으로 과거의 생산 중심형에서 탈피하여 연계 서비스 기능을 확대하고 이러한 서비스와 연계한 다양한 비즈니스 모델을 창출하는 것을 포함하는 개념이다. 이제 사회에서 요구되는 제조업은 하드웨어적 제조에서 탈피하여 소프트웨어가 주도하는 소프트한 생산으로의 전환과 고객 가치 제공에 중점을 두는 시스템화를 필수적으로 고려해야만 한다.

제조업 창업아이템 선정 시에는 성장가능성, 생산 인프라, 각종 인허가 규제 등을 고려해야 한다. 특히, 스타트업이 제품을 효과적으로 생산할 수 있는 인프라 구축, 제품인증에 대한 이해와 인증획득 지원제도, 스타트업 투자 지원제도 등을 활용할 수 있도록 준비해야 한다.

- 수요가 충분하며 성장가능성이 있는가?
- 생산시설 및 스타트업 제품 생산을 위한 인프라를 보유하고 있는가?
- 생산 제품의 내수, 수출 판매를 위한 각종 인증과 규제에 대해 인지하고 있는가?
- 대표자 자신의 경험, 지식, 기술을 활용할 수 있는가?
- 창업 초기 투자비용에 대한 부담이 없는가?
- 창업 실패에 대한 위험부담이 적은가?
- 자기자본 규모가 적당하며 투입비용 대비 수익성이 높은가?

제조업 사업아이템 선정 시 고려사항

제조업은 제품 생산 등을 위해 공장 제조시설 등을 갖추어야 한다. 공장을 설립하려는 자는 「산업집적활성화 및 공장설립에 관한 법률」에 따라 공장설립 승인을 받거나 산업단지에 입주함으로서 공장을 설립할 수 있다. 공장 설립 인허가 사항은 공장뿐 아니라 공장 부대시설 및 제조시설의 설치와 승인도 포함되는 개념으로 공장 설립 인허가, 등록, 소요 기간 및 유형 등에 대해 사전에 검토해야 한다.

가. 공장신축
 - 창업업종 특색 파악 후 국가산업단지나 지방산업단지, 농공단지 등 계획입지를 통한 분양
 - 자유입지에서 창업승인 및 개별입지에서 공장설립 승인 후 입지 확보하기
 - 사업계획 토대로 공장 신축
나. 공장매입
 - 부동산 전문잡지나 경제신문 통한 매각 공장정보 파악
 - 매입비용 절감 위해 법원이나 한국자산관리공사의 경매 참여 통한 공장 확보
 - 기존 공장 매각사유 파악 후 공장하자, 소유권 관련 사항 파악
 - 기존 공장용도 파악하여 창업업종 생산품 제한 및 규제사항 없는지 파악
 - 매매계약서 정확하게 작성
다. 공장임차
 - 초기 창업자금 부담 줄이기 위한 방법
 - 임차조건, 하자 유무, 공장임대 허용범위 확인 후 계약 체결

공장 확보 방법

공장입지는 공장을 집단적으로 설립하고 육성하기 위한 계획단지와 개별적으로 인허가

사항의 승인을 득한 개별입지로 구분된다.

공장입지 형태

    공장입지를 선정한 이후에 개별기업은 공장설립승인신청서를 통해 공장설립을 신청할 수 있으며 관계부서는 공장설립 신청에 대해 협의와 타당성 검사를 통해 공장설립승인서를 발급하게 되며, 일반적인 공장설립 승인절차는 다음과 같다.

공장설립 승인신청	공장설립승인서 발급	토목공사 건축허가	공장설립 완료신고 공장등록

• 공장설립 예정지 선정
• 신청서, 구비서류 준비
• 해당 시군 공장설립담당
  부서에 접수
	• 공장설립 인허가 부서 검토
	  - 입지의 타당성
	  - 환경관련 검토
	  - 건축허가 가능여부
		• 건축허가 신고
		• 건축착공 신고
		• 건축사용 검사
			• 제조시설 설치
			• 기계 설치
			• 공장설립 완료신고

공장설립 승인절차

서비스업 : 서비스업 창업 오픈북

    서비스업이란 일반적으로 공업이 재화(물건)를 만들어내는 일을 한다면 서비스업은 용역(用役)을 만들어내는 일로 평가받으며 사람에게 서비스를 제공하여 그것으로 사업을 벌이는 행위를 포괄한다. 업종으로는 정보서비스업, 기술서비스업, 사업서비스업, 교육 서비스업 등이 해당된다.

구 분	내 용	
창업 준비	• 업종 및 사업아이템 선정 • 기업 형태 결정 • 기타 사업 핵심요소 결정	• 사업 규모 결정 • 창업 조직 구성
사업계획 수립	• 사업타당성 분석	• 사업계획서 작성
기업 설립	• 사업 인허가 준비 • 사업자 등록(법인 시 설립등기)	• 인허가 신고
사무실 입지 선정 (필요 시)	• 입지 분석 (고객 이용 편의성 등) • 사무실 계약 조건 및 하자 확인	• 상권분석, 고객분석, 가격분석
경영관리	• 인력 충원 및 조직 관리 • 경영기획 관리(제 규정 정비, 4대보험, 기타신고) • 마케팅 관리(영업체계 확립, 고객 관리)	

서비스업 창업 절차

서비스 설계 및 운영 과정에 고객의 의견을 반영하는 것이 필요하며 고객의 특정 니즈에 대해 의논하고 서비스 방향을 결정하며 철저한 원가분석을 통한 원가절감 노력이 필요하다. 또한 서비스 운영의 절차를 최소화하고, 서비스 표준화를 도모해야 한다.

• 경쟁업체와 비교하여 서비스가 차별화 되었나?
• 고객이 서비스의 품질을 신뢰할 수 있는가?
• 종업원이 서비스를 수행할 능력이 있고 능동적으로 서비스를 제공하나?
• 고객이 서비스를 쉽게 항상 이용할 수 있는가?
• 서비스는 친절하게 제공되는가?
• 고객에게 서비스에 대한 적절한 정보가 제공되는가?
• 고객 행동 변화를 파악하고 있는가?
• 사후관리 서비스는 적시에 제공되는가?

서비스업 창업 시 고려사항

서비스업의 성공을 위해서는 제품 또는 서비스가 소비자의 눈길을 끌어야 하며 기업은 해당 제품을 매력적인 가격에 생산할 수 있어야 한다. 고객의 니즈를 반영한 제공하는 제

품 또는 서비스 내역, 가격 부과 메커니즘, 직원 관리 시스템, 고객 관리 시스템이 성공을
위한 핵심 요소이다.

최근에는 4차 산업혁명 기술 혁신에 따라 서비스도 혁신되고 있으며 서비스 자체 혁신,
서비스 프로세스 혁신, 서비스 기업/조직 혁신, 제조와 서비스 간의 융합 등의 사례를 들
수 있다.

구분	사례	관련 사업
서비스 자체 혁신	• 렌탈 서비스 : 월 또는 년 단위 렌털에서 일 단위 렌털로 바꾸는 것	• 헬스장, 자동차(렌터카), 명품 의류/가방 등
서비스 프로세스 혁신	• 셀프 서비스 : 종업원의 역할이었던 서비스를 고객의 역할로 전환시키는 것 • 로봇 서비스 : 종업원의 역할이었던 서비스를 로봇의 역할로 변환시키는 것	• 음식점, 호텔(숙박)업, 공항 서비스 등
	• O2O 기반 멀티 유통 서비스 : 온라인 또는 오프라인 중 한 개 채널의 유통서비스에서 온/오프라인 혼합형 멀티 유통서비스로 변화한 것	• 백화점, 쇼핑몰, 여행업, 기타 유통업 등
서비스 기업/조직 혁신	• 제조업에서 서비스업으로 또는 서비스업에서 제조업으로 사업 진출 • 생산을 아웃소싱 하는 공장 없는 제조업으로의 변화 • 자체 보유 인력에서 아웃소싱 인력으로의 변화	• 업종 간 융합서비스(IT서비스 업종+스마트폰 제조업종) • 고용·브랜드 없는 신발 사업(M.F.G : Made for Germany) • 용역업의 인력을 아웃소싱으로 계약
제품의 서비스화 또는 서비스의 제품화	• 서비스와 제조업이 결합된 융합 서비스 • 제품+서비스 패키지 판매 서비스	• IT/SW 융합 서비스업 • 클라우드 서비스 • 플랫폼 공유 서비스 • 제조업과 제품 렌탈/공유서비스 융합 플랫폼

서비스 혁신 사례

2014년 팁스(TIPS) 프로그램에 참여해 정부 지원을 받아 성공한 서비스업 기업으로 딥러닝 의료 AI 전문기업 루닛*을 살펴보겠다.

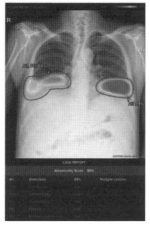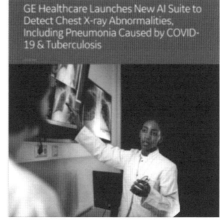

루닛*사의 AI 흉부엑스레이 기술개발(출처 : 동아사이언스)

이 기업은 딥러닝 기반 인공지능 기술을 활용해 흉부 X-ray를 분석하고, 폐 결절 및 유방암 등이 의심되는 이상 부위를 검출해주는 의료영상검출 보조 소프트웨어를 개발하였고 소프트뱅크벤처스, 인터베스트, 미래에셋 등으로부터 약 600억 원의 투자 유치에 성공하고 CB Insights가 2017년 발표한 '세계 100대 AI 기업'에 한국 기업으로 유일하게 선정되었고, 2018년에는 GE 헬스케어와도 파트너십을 체결하면서 글로벌 진출을 가속화하고 있다.

유통업 및 도소매업 : 유통 혁신 창업 도전기

유통(流通)은 일반적으로 제조업체와 같은 생산자에서 1차 도매업자로 이동하며, 그 후 2차 도매업자, 소매업자를 차례로 거쳐 소비자에게 최종적으로 전달되는 것을 의미한다. 즉, 유통업은 재화나 서비스를 생산자에서부터 최종 소비자에게 전달하는 활동을 담당하는 산업을 총칭한다.

도소매업은 생산자와 소매상 사이 유통의 중간단계의 상업으로서 사업체 또는 중개업자가 재화를 소매업자 기타의 중간상인, 산업적ㆍ직업적 또는 사업적 수요자와 단체 수요자에게 판매하는 사업을 말한다.

유통업과 도소매업은 인간의 생활에 필요한 것들이 생산되고, 유통되어 소비되는 모든 과정을 포괄하는 사업으로 물건을 판매하기 위하나 영업/마케팅 활동과 실질적으로 판매의 결과로 물건이 이동/배달되는 활동을 위한 사업이 이에 해당된다고 할 수 있다.

구 분	내용	
창업 준비	• 사업아이템 및 상품 결정 • 사업 형태 결정	• 자본 규모 결정 • 기타 사업 핵심요소 결정
사업계획 시장분석	• 사업계획서 작성 • 자금 준비 • 상품 수요/공급처 확인	
상권분석 점포 입지 선정	• 후보상권 및 시장조사 • 점포입지 결정 • 점포 (매매, 임대)가격 및 임차료 화인 • 권리금 확인 • 임차기간 및 명도일 확인 • 점포계약 체결	• 입지타당성 조사 • 점포계약조건 및 하자 확인 • 점포등기부등본 열람
개업 준비	• 직원채용 • 상품수급 계약 체결 • 사업자등록 및 영업개시	• 실내외 인테리어 • 상품매입 및 진열

유통 및 도소매업 창업 절차

유통업에서 성공하기 위해서는 상품 자체가 가진 기능, 기격 브랜드 등의 상품력을 강화시키거나 상품 판매를 위한 보조적인 활동 즉, 매장 콘셉트 변화, 앱 서비스 활용, 고객 경험 증진, 편의시설 추가를 강화시키는 방법이 있다.

4차 산업혁명 시대의 유통업의 변화에서 눈에 띄는 부분은 유통 정보에 대한 접근성이 향상되고 결제 배송 등 유통 지원 서비스가 발전하면서 거래 당사자들(생산자-도소매업자-소비자)간 직접 거래할 수 있는 유통 환경이 조성되었다는 점이다. 해외 거래에서도 소비자가 국내 소매업 등을 이용하지 않고 해외 판매자로부터 직접 구매하는 직구 소비가 증가하였고 온라인 플랫폼을 활용한 소비자 공구(공동구매) 판매 방식의 직거래도 확대되고 있다.

한편, 온라인과 오프라인을 자유롭게 넘나들며 제품 정보를 수집하는 크로스쇼퍼(Cross Shopper)가 등장하고 백화점 등에서는 물건만 확인하고 실제 구매는 온라인에서 하는 쇼루밍(Showrooming)이 이제는 일반적인 소비 패턴으로 자리를 잡고 있다. 따라서 오프라인에서 상품을 판매하는 방식이 백화점식 진열 방식에서 인공지능과 빅데이터 등 정보통신 기술을 활용해 소비자가 필요한 상품을 적재적소에 제공하는 방식으로의 변화가 불가피하다.

최근에는 고객의 쇼핑을 도와주는 챗봇(Chatbot)이나 인공지능 비서 등을 도입한 쇼핑몰이 등장하였고 빅데이터 분석으로 고객에게 필요한 상품을 추천하거나 소비 패턴을 예측해 미리 배송해주는 예측배송 서비스를 도입한 기업도 등장하였다.

한편, 전 세계적으로 아마존(Amazon), 알리바바(Alibaba) 등 글로벌 유통 기업의 등장으로 오프라인 유통업체들이 어려움을 겪고 있으며 국내의 유명한 백화점, 대형마트 등도 오프라인 매장의 철수나 축소의 움직임이 가속화되고 있다.

스마트 스토어 사례(이미지 출처 : 각사)

이제 오프라인 매장은 스마트 스토어(Smart Store)로 거듭나야 하며 고객의 모든 구매 현상을 모니터링하고 일대일 맞춤형 서비스를 제공해야 한다. 제품 판매 큐레이션(Curation) 전략으로 가격, 품질 그리고 상품의 희소성의 가치 제공을 추구하는 것도 중요하다. 그리고 매장의 구성, 인테리어, 상품의 선별 등 고객에게 새로움과 신기함 등을 제공하며, 쇼핑의 재미를 선사하는 매장의 기획과 디자인도 중요하다. 또한 업무 생산성 제고를 위해 스캐닝 로봇, 자율주행 청소 로봇, 드론 배송 등을 접목시킨 매장 운영 관리에도 관심을 가져야 한다.

개인기업과 법인기업 어느 쪽이 유리한가?

개인기업 : 모르면 법인 전환하지 마라

개인사업자로 창업할 경우는 별도의 회사설립 절차 없이 사업장 관할 세무서에서 사업자등록 신청을 하면 가능하다. 개인사업자의 경우에 창업하고자 하는 해당 사업이 인허가 사업인 경우와 별도의 인허가 사업이 없는 경우로 나누어 준비하여야 한다.

인허가가 필요한 업종인 경우에는 사업자등록 전에 인허가 승인절차를 미리 숙지하여 신청하여야 한다. 보통 인허가 신청인이 사업 소재지 시·군·구청의 민원실에 비치된 신청서 양식 내용을 기재하고 관련서류를 첨부하여 신청한다. 해당 관청에서는 인허가 여부를 현장실사 또는 서류심사 등을 통해 결정하고 이를 신청인에게 통지하여 준다. 사업자등록증 신청 시 해당 사업이 인허가 사업인 경우 업태와 종목에 기재하지 못하고 만약 인허가를 받지 못한 경우 사업자등록 발급 이후 추가로 신청할 수 있다. 사업자등록은 사업개시일로부터 20일 이내에 사업장 관할 세무서에서 발급 받아야 한다.

개인기업에서 법인기업으로 언제 전환할 것인지를 고민한다면 우선 투자를 받기 위해서는 기업 형태가 법인기업이어야 한다. 세무적인 측면에서도 매출액이 상승세를 보이고 세금 부담이 점차 늘어날 경우 절세 전략 측면에서도 법인 전환을 고려해야 한다. 그러나 초기 스타트업의 경우 투자 등 법인 요건을 반드시 갖춰야 하는 상황이 아니라면 개인사업자를 유지하는 것도 상관없다.

법인 전환시에는 단순히 매출액 총액보다는 당기순이익이 어느 정도인지를 살펴야하는데 개인사업자로 소득이 2억 원 이상일 경우에는 법인으로 전환하는 것이 세금 측면에서는 유리하다. 엔젤투자나 벤처 캐피털을 통해 투자받을 계획이 있다면 적정 초기 자본금을 가지고 법인으로 전환하도록 한다.

자본금 = 액면가 x 주식발행총수

스타트업의 주식 액면가는 대체로 500원, 1,000원 정도로 하며, 최저자본금은 없으나 대체로 자본금 규모는 5천만 원에서 1억 원 내외로 시작하는 경우가 많다.

만일 1억 원의 회사에서 10억 원의 투자를 받는다면 얼마의 지분을 투자자에게 주는 것일까? 이것을 판정할 때 필요한 것이 기업가치평가이다. 아무리 좋은 투자 조건을 제시해도 사업의 가치가 적으면 투자자가 관심을 보이지 않는다.

예를 들어 자본금은 1억 원이지만 여러 가지 특허와 각종 계약, 각종 인허가, 향후 예상 매출 및 수익 등을 보았을 때 최소 40억 원의 가치가 있다고 판단할 경우에 50배수의 가치가 있다고 보는 것이다. 이 때 10억 원의 투자를 받는다면 1/50인 2천 5백만 원의 자본금 증자가 되는 것이고 9억 7천 5백만 원이 주식발행초과금으로 남는다. 1억 원의 자본금에 2천 5백만 원이 증자되고 20%의 지분을 투자자가 갖는 구조가 된다.

법인기업 : 온택트 시대, 온라인으로 법인을 설립할 수 있다

법인기업 중 대표적인 회사 형태인 주식회사의 설립절차를 살펴보면 다음과 같다.

1단계 : 회사의 조직과 활동에 관한 기본규칙인 정관의 작성

정관은 회사의 조직과 활동에 대한 기본규칙을 기재한 자료로 실질적으로는 회사의 조직과 활동에 관한 기본규칙이 포함되어 있다. 자체로서 회사의 제 규정, 즉 이사회 규칙, 급여 및 인사규정, 회계규정, 생산 및 품질관리규정 등 회사의 모든 규정 중 최상위의 기본규칙이라 할 수 있다. 주주 상호 간 또는 회사 내부관계자 상호 간의 분쟁과 부정행위를 방지하기 위하여 공증인의 인증을 반드시 받아야하며 상법상으로도 공증인의 공증을 받지 않는 정관은 효력이 없도록 규정되어 있다. 이러한 정관에는 상법상 반드시 기재하지 않으면 정관 자체가 무효가 되는 절대적 기재사항이 있으며 이들 사항은 하나라도 누락되면 정관 자체가 무효이므로 세심하게 주의를 기술여서 작성해야 한다.

① 사업의 목적
② 상호
③ 회사가 발행할 주식의 총수
④ 액면주식을 발행하는 경우 1주의 금액(무액면 주식을 발행하는 경우에는 해당 없음)
⑤ 회사가 설립 시 발행하는 주식의 총수
⑥ 본점 소재지
⑦ 회사가 공고를 하는 방법
⑧ 발기인 성명/주민등록번호 및 주소

정관의 절대적 기재사항

2단계 : 주주확정, 자본모집 등 회사의 실체를 형성하는 절차

발기설립의 경우에는 발기인 이외에 출자자가 따로 없으므로 발행하는 주식을 서면에 의해 발기인이 전부 인수하고 발행하는 주식의 총수를 인수할 때에는 지체 없이 각 주식에 대하여 그 인수가액 전액을 납입하여야 한다.

현물출자를 하는 발기인은 납입기일 내에 출자의 목적물인 재산을 인도하고 등기/등록 및 기타 권리의 설정 또는 이전이 필요한 경우에는 이에 대한 서류도 함께 교부해야 한다.

모집설립의 경우에는 출자자로서 발기인 이외에 모집인이 따로 있기 때문에 회사설립 시 발행할 총 주식 중 발기인이 일부를 인수하고 별도의 주주를 모집하여 나머지를 인수하도록 한다.

3단계 : 회사가 법인격을 부여받기 위한 설립등기 절차

설립등기는 검사인의 설립경과 조사 및 법원의 변경처분에 따른 절차 완료일부터 2주 내에 이사의 공동신청에 의해 본점소재지 관할등기소에 설립 등기를 해야 한다.

설립등기 신청인은 설립등기신청서에 사업목적, 상호, 회사가 발행할 주식의 총수, 1주의 금액, 본점 소재지, 회사의 공고방법, 자본의 총액, 발행주식의 총수 및 그 종류와 각종 주식의 내용과 수, 지점의 소재지, 회사의 존립기간 또는 해산사유를 정한 때에는 그 기간 및 사유, 이사와 감사의 성명·주소, 대표이사 성명, 명의개서(名義改書) 대리인에 관한 사항 등을 기재하여 등기해야 한다. 등기 절차는 등기신청서에 정관과 주식인수를 증명하는 서류, 주식 청약서 등을 첨부하여 전 이사가 공동으로 본점 소재지 관할 등기소에 등기 신청하면 된다. 이런 절차를 밟아 등기신청이 완료되면 회사는 이제 법적으로 완전한 법인격을 취득하게 된다.

---

① 설립등기 신청서
② 정관 작성(상호, 1주당 주식가격 등)
③ 주주명부(이사 3인 이상, 감사 1인 이상), 주주의 인감증명서, 주민등록등본, 자산명세서, 주주출자확인
　서 등
④ 발기인 총회 의사록, 이사회 의사록

법인등기(관할등기소) 시 구비서류

한편, 온라인으로 법인설립등기를 전자 신청할 수 있으며 절차는 다음과 같다.

인터넷등기소 법인등기 온라인 사용자등록은 등기소 방문없이 인터넷등기소에서 사용자등록을 할 수 있는 제도이다. 법인등기 온라인 사용자등록자의 법인설립등기신청은 인터넷등기소 '회사설립등기신청' 메뉴 또는 중소벤처기업부 온라인법인설립시스템을 통하여 가능하다.

법인설립등기 전자신청 절차(출처 : 대한민국 인터넷등기소)

개인기업 vs 법인기업

개인기업과 법인기업에 대한 전반적인 내용을 비교해 보면 다음과 같다.

구분	개인기업	법인기업
세금 부담	• 최하 6%에서 최고 45%까지 초과 누진세율 적용	• 최하 10%에서 최고 25%까지 세율 적용
장부 신고 방식	• 일정규모 이하의 경우 • 간편장부 허용	• 복식부기 장부 의무화
설립절차	• 사업자등록으로 간편한 절차	• 복잡한 법인설립 절차
경 영	• 경영활동 단독 무한 책임 • 신속한 의사결정 • 경영능력의 한계	• 회사의 형태에 따라 분류(유한책임, 무한책임) • 의사결정의 저속성 • 소유와 경영의 분리 가능
기업주 활동	• 기업주 활동의 자유	• 기업주 활동의 제약(상법 등)
자본조달	• 개인의 전액 출자로 자본조달 한계	• 다수의 출자자로부터 거액의 자본금 조달 가능
이윤분배	• 이윤의 전부를 개인이 독점	• 출자자의 지분에 의해 분배
기업영속성	• 기업의 영속성 결여	• 기업의 영속성 유지
기타	• 대인 접촉과 비밀유지에 유리 • 대외 신용도 취약 • 창의 노력의 극대화	• 출자금의 유가증권화 가능 • 대외적인 신용 유리 • 경영관리의 효율성

개인기업과 법인기업의 세금 및 장부 신고 방식 비교

세금부담 측면

개인기업의 종합소득세 세율은 최하 6%에서 최고 45%까지 초과 누진세율로 되어 있다.

과세 표준	세율	누진공제
1,200만 원 이하	6%	-
1,200만 원 초과 ~ 4,600만 원 이하	15%	108만 원
4,600만 원 초과 ~ 8,800만 원 이하	24%	522만 원
8,800만 원 초과 ~ 1억 5천만 원 이하	35%	1,490만 원
1억 5천만 원 초과 ~ 3억 원 이하	38%	1,940만 원
3억 원 초과 ~ 5억 원 이하	40%	2,540만 원
5억 원 초과 ~ 10억 원 이하	42%	3,540만 원
10억 원 초과	45%	6,540만 원

2021년 종합소득세율 기준표

가령, 1년간 벌어들인 총소득에서 필요경비를 공제한 후 계산 된 과세표준액이 4천만 원이라고 가정할 때, 4천만 원을 구간별로 쪼개서 세율을 곱한 후 더하여 종합소득세를 계산할 수 있다.

1,200만 원 x 6% = 72만 원

2,800만 원 x 15% = 420만 원

따라서, 종합소득세 총계는 72만 원 + 420만 원 = 492만 원이다.

그리고 개인기업의 경우에는 사업주 본인에 대한 급여 및 퇴직금은 필요경비(비용)로 인정되지 않으며 일정규모 이하의 사업자는 간편 장부로 기장할 수 있다. 간편장부란 소규모사업자나 영세사업자를 위해 국세청에서 만든 간략한 형식의 장부를 의미한다.

반면, 법인기업의 법인세율은 최하 10%에서 최고 25%의 세율이 적용된다.

과세 표준	세율	누진공제
2억 원 이하	10%	-
2억 원 초과 ~ 200억 원 이하	20%	2,000만 원
200억 원 초과 ~ 3,000억 원 이하	22%	4억 2,000만 원
3,000억 원 초과	25%	94억 2,000만 원

2021년 법인세율 기준표

법인세 과세표준 금액 계산법은 다음과 같다.

법인세 과세표준 금액 = 직전년도 소득금액 - (이월 결손금 + 비과세 소득 + 소득공제액)
산출세액 = 과세표준 × 세율
총 부담세액 = 산출세액 - (세액공제 + 세액감면)

모든 법인기업은 복식부기에 의한 장부를 기장하여야 하며 세법상의 규제가 개인기업보다는 법인기업이 엄격하다. 복식부기란 간편장부와 같이 장부에 거래에 대해 기록을 하는 형태이나, 간편장부에 비해 그 형식이 복잡하다. 기업 자산과 자본의 증감과 손익변동에 대한 내용을 계정과목이라는 형태로 거래가 발생할 때마다 차변과 대변으로 나누어 기록한다. 이렇게 차변과 대변을 나누어 기록하기 때문에 복식부기라고도 칭한다.

창업절차 측면

개인기업은 사업을 개시할 경우 관할 세무서에 사업자등록만 하면 설립이 가능하다. 또한 홈택스(www.hometax.go.kr)에 가입되어 있고 공인인증서가 있으면 세무서에 방문하지 않고 인터넷을 통하여 사업자등록 신청 및 구비서류 전자제출이 가능하며 사업자등록이 완료되면 사업자등록증 발급도 가능하다.

법인기업은 먼저 관할법원에 설립등기의 절차를 밟아야 하는데, 법인설립을 위한 등록

면허세, 공증료, 법무사 수수료 등의 비용이 추가로 소요된다. 최근에는 자본금 10억 미만 법인 설립 시 온라인 법인설립시스템을 이용하여 보다 간편하게 법인을 설립할 수 있다. 온라인 법인설립시스템은 법인설립을 위해 30개 이상의 구비서류를 작성하여 7개 기관을 방문해 처리하던 법인설립 업무를 온라인으로 쉽고 빠르게 처리할 수 있는 시스템이다.

온라인 법인설립시스템(출처 : https://www.startbiz.go.kr)

온라인 법인설립시스템을 통해 법인기업의 유형별로 회사 설립을 미리 체험해 볼 수 있다. 법인 설립을 위한 기본정보 및 구비서식들을 작성하면 등기 보정 최소화 및 법인 설립 진행이 가능하다. 가장 먼저 법인 설립 회사기본 정보를 작성하면 되며 도움말 정보로 유의사항 등을 확인할 수 있다.

법인설립 기본정보 작성 예시

회사 기본정보 입력 시에는 같은 지역 내 같은 사업 목적의 같은 상호가 있는지 확인이 필요하다.

- 동일한 특별시, 광역시, 군에 존재하는 동일한 상호
- 동일 또는 동종의 업종을 하는 동일한 상호 (사업의 목적을 비교하여 판단)
- 영문 상호는 한글 상호와 발음상의 동일성이 있어야 함

동일한 상호 등기 금지 및 주의사항

그리고 공고 방법은 전국지(서울특별시) 또는 본점 주소지 해당 지역의 공고매체를 선택하고 발행지역을 선택하면 해당 지역의 공고매체 리스트가 나오며 희망하는 매체 등을 선택하면 된다.

다음은 주식 정보 작성 화면이다.

자본금은 회사설립 초기 자본금으로 설립 시 발행하는 주식총수 x 1주의 금액으로 자동계산 되며, 발행할 주식의 총수는 회사가 발행할 수 있는(발행예정 주식) 수권주식(授權株式)을 말한다. 그리고 설립 시 발행하는 주식의 총수는 회사를 설립할 때에 발행하는 주식의 총 수로 회사 설립 시 주주들에게 할당된 출자지분(주식수)의 총수로 자동으로 계산된다.

주식정보 입력 화면

최소 구성원의 작성기준은 [발기인대표 - 사내이사]와 [지분없는자(감사 또는 사내이사)]
이고, 외국인/재외국민(주민등록번호 미발급 경우)는 외국인투자촉진법 제5조"와 상업등
기규칙 제37조에 적용되어 참여할 수 없다.

법인설립 구성원 입력 화면

다음으로는 법인설립 사업목적 및 기타사항을 입력하고 법인설립 구비서류를 작성하고
업로드해야 한다. 이 때 사업의 목적을 구체적으로 작성하여야 한다.

법인설립 사업목적 및 기업형태 작성 화면

법인기업의 유형으로는 합명회사, 합자회사, 유한책임회사, 주식회사, 유한회사가 있다.

구 분	주식회사	유한회사	합자회사	합명회사
규 모	대중소 규모	중소기업	가족기업	가족적 기업
출자의 종류	금전 또는 현물 (주식)	금전 또는 현물 (지분)	금전 또는 현물 (지분)	금전, 현물, 노무, 신용(지분)
구성원 책임	유한 책임	유한 책임	유한 또는 무한 책임	무한 책임
출자금	최저자본금 제도 폐지	자본금 1,000만 원 이상	출자한도 없음	출자한도 없음
발기인수	3인 이상	2인 이상 50인 이하	2인 이상	2인 이상
합병	자유	유한회사 상호 간, 주식회사 가능	전사원의 동의 필요	전사원의 동의 필요
장 점	자본조달 증대, 소유권 이전 용이	- 동업자의 자금과 재능의 활용 - 소유권자의 과세 분담		
단 점	설립의 복잡성 의사결정 지연 세무 보고 의무	- 동업자와의 불화발생 가능성 - 투자시기의 지연		

법률형태에 따른 법인기업 유형

법인기업의 상호는 문자로 표시되어 발음할 수 있어야 하므로 기호·도형·문양 등은 상호로 사용할 수 없으며, 회사의 상호에 반드시 주식(유한, 합명, 합자)회사라고 표시해야 한다. 그리고 동일한 영업에는 동일한 상호를 사용해야 하며, 설립하려는 주식회사에 지점이 있는 경우에는 지점의 상호에 본점과의 종속관계를 표시해야 하는데 상호 검색은 대법원 인터넷등기소(www.iros.go.kr)를 이용하여 온라인에서 할 수 있다.

자금조달 측면

개인기업은 창업자 한사람의 자본으로 만들어진 기업이므로 자본 조달에 한계가 있다. 그러나 사업자금이나 사업에서 발생한 이익을 사용하는데 제약사항이 적으며 회계 처리 시에는 개인 용도를 구분하여 회계 처리를 하면 된다.

법인기업은 주주를 통해서 자금을 조달하므로 대자본 형성에는 유리하나, 법인은 주주와 별개로 독자적인 경제주체이므로 일단 자본금으로 들어간 돈과 기업경영에서 발생한 이익은 적법한 절차를 통해서만 인출할 수 있다. 즉, 주주총회에서 배당 결의를 한 후 배당이라는 절차를 통해서만 인출이 가능하고, 주주가 법인의 돈을 가져다 쓰려면 법인은 대여금으로 처리하고 주주는 적정한 이자를 내야한다. 따라서 대표자 개인의 충동적인 회사 자금 운용을 방지할 수 있어 안정적인 회사 경영이 가능하다.

사업의 책임과 신인도 측면

개인기업은 경영상 발생하는 모든 문제와 부채, 그리고 손실에 대한 위험을 전적으로 사업주 개인 책임, 신인도는 사업자 개인의 신용과 재력에 따라 평가를 받으므로 법인기업보다는 현실적으로 낮을 수 밖에 없다.

그러나 법인기업의 주주는 출자한 지분의 한도 내에서만 책임을 지므로 기업이 도산할 경우 법인기업 채무에 대하여 개인자격으로 연대보증을 서지 않았으면 피해를 최소화 할 수 있다. 또한 은행 및 중진공, 보증기금을 통한 자금조달과 정부의 각종 지원시책 참여시 신인도 평가에 있어 유리하다.

협동조합 스타트업 넘어 스케일업으로

협동조합(Cooperative)은 경제적으로 약한 지위에 있는 소생산자(小生産者)나 소비자가 서로 협력, 경제적 지위를 향상시켜 상호복리를 도모할 목적으로 공동출자에 의해 형성된 기업을 의미한다. 협동조합기본법에서는 재화 또는 용역의 구매·생산·판매·제공 등을 협동으로 영위함으로써 조합원의 권익을 향상하고 지역 사회에 공헌하는 사업 조직으로 정의하고 있다.

협동조합 창업 스토리가 궁금해

협동조합을 설립하려면 발기인 5인 모집, 정관 작성, 설립동의자 모집, 창립총회 의결, 관할 시·도지사에 설립신고, 이사장에게 사무 인계, 출자금 납입(현물 출자 가능), 설립등기 등의 단계를 거쳐야 한다. 설립신고까지는 발기인이, 설립등기까지는 이사장이 업무를 책임지고, 협동조합은 설립신고가 아니라 설립등기를 함으로써 성립한다.

한편, 사회적 협동조합은 비영리 법인으로 공익사업 40% 이상을 수행하고 지역사회 재생, 주민 권익 증민, 취약계층 사회서비스 등의 사업을 목적으로 하는 법인이다. 기획재정부의 인가를 받아 설립할 수 있으며 법정 적립금 규모는 잉여금의 30/100 이상이고 배당은 할 수 없다.

구분	내용
사업 범위	• 공동의 목적을 가진 5인 이상이 모여 조직한 사업체로서 그 사업의 종류에 제한이 없음(금융 및 보험 제외)
의결권	• 출자 규모에 무관하게 1인 1표제
책임 범위	• 조합원의 출자 자산에 한정한 유한책임
가입 및 탈퇴	• 자유로운 가입과 탈퇴
배당	• 전체 배당액의 100분의 50 이상을 협동조합 사업 이용 실적에 따라 배당

협동조합 조직 형태(출처 : 한국사회적기업진흥원)

협동조합의 국내 사례를 살펴보면 다음과 같다.

금융 협동조합 동작신협	돌봄 협동조합 아이쿱인천생협어린이집	주민 보건의료 협동조합 살림의료소비자협동조합
• 노량진 수산시장 상인이 중심이 되어 설립 • 힘을 모아 살맛나는 동네만들기	• 인천 생협 교육사업의 일환으로 어린이집 운영 • 지역사회 연대를 통해 더 건강하고 공익적인 육아시설 만들기	• 은평구 주민 참여형 마을 중심 의료복지 활동 • 여성, 아동, 청소년, 노인, 경제적 약자, 이주민, 장애인 등이 함께 살아가는 건강한 마을공동체 만들기

협동조합 국내 사례(이미지 출처 : 각 조합 홈페이지)

최근 기획재정부에서는 사회적 경제 활성화 대책의 일환으로 협동조합 기본계획을 수립하였으며 스케일업(Scale-up)을 위한 Coop 2.0시대로의 도약을 발표하였다.

이제는 미래 인구 변화, 4차 산업혁명 시대 대응해 특화모델 발굴이 요구되며 협동조합 간 연대 및 지역에 기반 한 성장을 통해 협동조합의 정체성을 강화하려는 노력이 필요한 것이다.

협동조합·사회적 협동조합뿐만 아니라 생협·신협까지 참여하는 연합회 설립이 가능하도록 제도를 개선하고 돌봄 협동조합, 프리랜서 협동조합, 노동자 협동조합 전환모델 등 협동조합 특화모델을 육성하고, 사업연합·합병과 성공모델의 복제·확산 등을 통해 규모화할 수 있도록 성장 지원을 강화하였다.

협동조합 연대 강화	지역사회 중심 체계 개선	제도 개선, 교육·홍보 강화
• 협동조합 스케일업 성장 지원 • 협동조합 간 연대 촉진	• 자치단체 사업 참여 확대 • 자치단체 추진체계 공고화	• 차별해소 제도 개선 • 사전교육, 현장·참여형 교육 확대

협동조합 스케일업 정책과제(출처 : 기획재정부)

협동조합 vs 주식회사

협동조합은 조합원 중심으로 지분거래가 없고 1인 1표의 의결권 구조를 가진다. 반면 주식회사는 소유자는 주주로 지분 거래가 가능하고 주식수에 비례하여 의결권을 보장받는 구조이다. 따라서 협동조합은 주식처럼 배당이 아닌 서비스 이용이 목적이고 이윤 창출이 직접적인 사업의 목적이 아니기 때문에 사업 유지가 가능한 최소한의 이윤을 더하여 사업 운영이 가능하다.

구분	협동조합	주식회사
소유자	조합원	주주
지분 거래	없음	지분거래 가능
투자 상환	상환 책임 있음	상환 책임 없음
의결권	1인 1표 다수의 평등한 지배구조	1주 1표 대주주 중심의 지배구조
경영기구	조합원에 의해 선출된 이사회	주주에 의해 선출된 이사회
수익 내부 유보	내부 유보 강하게 선언 사회적 협동조합은 100% 유보	내부 유보 제한적

협동조합 vs 주식회사

스타트업 연습문제 STORY, 둘

1. 창의력을 높이기 위해서는 새로운 것을 생각하는 습관을 들이는 것이 중요하다. 그리고 도전적이고 재미있는 일을 생각할 때 몰입도를 높일 수가 있다. 각자가 생각하는 몰입도를 높이기 위한 방법은 무엇이며, 실천 전략을 2가지 이상 생각해 보세요.

2. 최근 SNS 채널의 다양화로 기업들이 소비자와 커뮤니케이션 할 때 소셜미디어를 활용하는 사례가 증가하고 있다. 알고 있는 SNS 채널을 3기지 이상 기술하세요.

3. 개인사업자는 공급대가에 따라 간이과세자와 일반과세자로 구분되므로 자기에게 맞는 올바른 과세유형을 선택할 수 있다. 간이과세자와 일반과세자의 차이점은 무엇일까요?

4. 일반적으로 제조업 창업 시 창업 절차를 설명하고 최근 4차 산업혁명으로 인한 제조 환경의 변화를 설명하세요.

5. 개인기업과 법인기업의 차이점에 대해 설명하세요.

 Steve Jobs

가끔은 새로운 것을 시도할 때 실수를 한다. 그 실수들을 빠르게 인정하고
다른 새로운 것을 시도하고 개선해 나가는 것이 최선의 방법이다.

MEMO

Startup

Part 3

인사이트와 브랜드,
사업타당성 분석

인사이트 보물찾기, 아이디어 발상기법

　창업 아이디어를 도출하기 위한 습관으로 메모를 얘기하고 싶다. 창의적인 아이디어는 순식간에 얻을 수도 있지만, 어젯밤에 갑자기 생각났던 아이디어가 오늘 아침에는 전혀 생각나지 않기도 한다. 따라서 스마트폰, 태블릿 PC 등을 통해 생각나는 즉시 메모를 해두는 습관을 들이면 좋다. 또한 창업아이템과 유사한 기술 또는 신기술 정보를 인터넷으로 입수하는 즉시 관련 정보를 자신의 이메일로 전송시키고 이들의 자료를 모아 사업 전략 수립 시 검토하는 습관을 들이면 유용하다.

브레인스토밍 : 창의적 아이디어 자유연상

　브레인스토밍(Brainstorming)은 미국의 알렉스 오스본(Alex Osborn)으로부터 개발되었는데, 서로의 아이디어를 연결하여 다양한 아이디어를 창출하는 방법이다. 실제 현업에서는 사용을 하는데 어려움을 겪는데 그 이유는 주입식 사고방식, 체면을 중시하는 문화, 상대방의 따가운 비판을 두려워하는 마음, 부정적인 분위기 등을 들 수 있다.

그런데 한국의 경우에는 특히나 주입식 교육과 타인의 말을 경청하는 것을 미덕으로 여기는 문화가 있다. 대학생과 얘기 중에 들은 얘기를 인용하자면 학창시절 의견을 말하는 활동이 자칫 뻐기는 행동으로 인식되어 왕따를 경험한 사례가 있어 대중 앞에서 자신의 의견을 말하는 활동을 기피한다는 이야기를 들은 적이 있다.

그렇다면 브레인스토밍을 원활하게 진행하기 위해서는 어떻게 해야 할까?

1991년 데이비드 켈리(David Kelley)가 설립한 디자인 회사인 아이디오(IDEO)에서 제시한 브레인스토밍 7원칙은 다음과 같다.

원칙	내용
판단을 뒤로 미루자	• 좋은 아이디어는 다양성에서 나오는 경우가 많으므로, 평가는 뒤로 미뤄서 많은 아이디어가 나올 수 있는 분위기를 만드는 것이 중요하다.
거친 아이디어도 환영하자	• 현실적으로 말이 안 되거나 장난 같아 보여도 비판하지 말고, 어떤 아이디어든 칭찬해주고 격려해주어야 많은 아이디어가 나올 수 있다.
이미 나온 아이디어를 이용하자	• 사람의 아이디어나 기존에 있던 아이디어를 발전시켜 새로운 아이디어를 내면 새롭고 창의적인 아이디어가 나올 수 있다.
주제에 집중하자	• 주제에 집중하면 연관된 아이디어가 많이 나오고 목적에 부합하는 아이디어가 나올 수 있다.
시각적으로 표현하자	• 포스트잇에 아이디어를 적어 벽이나 화이트보드 등에 붙여 시각화하면 더 명확하게 의사를 전달할 수 있다.
다른 사람의 말에 귀를 기울이자	• 집중해서 들으면 아이디어의 이해도도 높아지고 그 아이디어를 통해 더 많은 아이디어를 낼 수도 있다.
가능한 아이디어를 많이 내자	• 아이디어를 많이 낼수록 좋은 아이디어가 나올 가능성이 높아지며, 실제 좋은 브레인스토밍 세션에서는 평균 1시간에 100개 정도의 아이디어가 나온다고 한다.

브레인스토밍 원칙

그리고 브레인스토밍 진행을 위해서는 상호존중, 비판금지, 자유연상, 질보다 양, 결합

개선의 원칙을 준수하고 회의를 진행하여야 하고 직급, 나이, 성별 등의 차이에서 벗어나 서로 동등하게 여기며 존중하는 태도로 임해야 한다. 그리고 회의가 끝난 이후, 인력, 자본, 시간 등의 자원 활용에 따라 가능성이 높은 아이디어와 그렇지 않은 아이디어로 구분하여 서로를 결합해 보기도 하고, 아이디어를 개선하는 과정 속에서 새로운 아이디어를 창출해보는 노력이 필요하다.

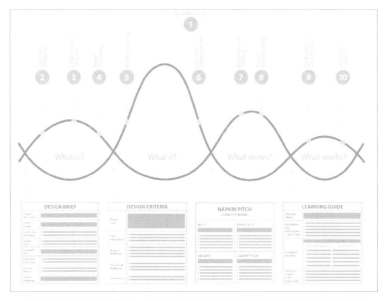

디자인 씽킹 캔버스(출처 : 디자인씽킹, 경영을 바꾸다, 진 진드카,팀 오길비)

브레인스토밍과 유사한 방법론으로 비즈니스 모델 관점의 디자인 씽킹(Design Thinking) 방법론이 있다. 디자인 씽킹은 디자인의 사고를 비즈니스에 접목하려는 시도에서 시작된 개념이다. 시각화, 저니 맵핑, 가치 사슬 분석, 마인드 맵핑, 브레인스토밍, 콘셉트 개발, 가설 검증, 신속한 프로토타이핑, 고객과의 공동 창조, 학습을 위한 론칭이 도구로 활용된다.

구분	도구	내용
전체	시각화 (Visualization)	시각적 이미지를 활용하여 상상 속의 가능성을 그림으로 표현하고 이들을 실존하는 장면 속으로 끌어들인다.
무엇이 보이는가? (What is?)	저니 맵핑 (Journey Mapping)	고객들의 현재 경험을 그들의 눈을 통해 평가한다.
	가치사슬 분석 (Value Chain Analysis)	고객들의 경험과 관련 있는 현존하는 가치사슬을 평가한다.
	마인드 맵핑 (Mind Mapping)	각종 탐색활동을 통해 통찰력을 얻고 이를 토대로 디자인 기준을 정립한다.
무엇이 떠오르는가? (What if?)	브레인스토밍 (Brainstorming)	새로운 가능성과 기존의 것을 대체할 수 있는 새로운 비즈니스 모델을 만든다.
	콘셉트 개발 (Concept Development)	혁신적인 요소들을 조합하여 실험이 가능하고 타당성 평가가 가능한 완성된 형태의 새로운 해결방안을 만든다.
무엇이 끌리는가? (What wows?)	가설 검증 (Assumption Test)	해당 콘셉트의 성패에 중요한 영향을 미칠 수 있는 핵심 가설들을 추출하고 이를 검증한다.
	신속한 프로토타이핑 (Rapid Prototyping)	분석과 검증, 개량을 위해 새로운 콘셉트를 실존하는 형태로 표현한다.
무엇이 통하는가? (What works?)	고객과의 공동창조 (Customer co-creation)	고객의 니즈에 가장 부합하는 해결책을 창조하는 과정에 고객들을 직접 참여시킨다.
	학습을 위한 론칭 (Learning Launching)	핵심 가설들을 검증하기 위하여 실제 시장의 데이터를 이용해 고객들이 새로운 해결방안을 상당 기간 경험하게 하는 실험을 회사가 감당할 수 있는 만큼 진행한다.

디자인 씽킹 10가지 도구(출처 : 디자인씽킹, 경영을 바꾸다, 진 진드카, 팀 오길비)

한편 SCAMPER(스캠퍼)기법은 브레인스토밍 기법의 하나이며 오스본(Alex Osborn)의 체크리스트를 7개의 키워드로 재구성한 것으로 새로운 아이디어를 생성한 뒤 실행 가능한 최적의 대안을 골라내기 위해 활용할 수 있다.

구분	방법
Substitute(대체하기)	다른 것으로 대체해보기, 다른 방식으로 해보기
Combine(결합하기)	다른 것과 조합해보기
Adapt(적용하기)	다른 아이디어를 적용해보기, 비슷한 다른 것 찾기
Modify(수정하기)	모양, 색상, 의미 등을 바꿔보기
Magnify(확대하기)	더 크게, 더 높게, 더 길게, 더 빨리 해보기
Minify(축소하기)	더 작게, 더 낮게, 더 짧게, 더 천천히 해보기
Put to other uses (다르게 사용하기)	다른 용도로 사용해보기
Eliminate(제거하기)	뭔가를 제거해보기
Rearrange or Reverse (순서 바꾸기)	순서를 바꾸거나, 요소를 재배치하거나, 역할을 바꿔보거나

SCAMPER 9가지 체크리스트

브레인라이팅 : 짧은 시간에 수많은 아이디어 모으기

브레인라이팅(Brain Writing)은 독일의 베른트 로르바흐(Bernd Rohrbach) 교수가 창안
안 아이디어 발상법이다. 브레인스토밍과 유사하지만 전원이 참여할 수 있다는 장점이 있
어 직급이나 나이 차이가 많은 경우, 소극적인 사람이 많은 경우, 인원이 많은 경우에 활용
하기가 적합하다. 즉, 짧은 시간에 수많은 아이디어를 모을 수 있는 조용한 아이디어 프레
임워크라고 할 수 있다.

구분	브레인스토밍	브레인라이팅
특징	• 대화를 통한 발상	• 글쓰기를 통한 발상
방법	• 비난금지, 무조건 수용, 질보다 양, 아이디어 재활용 가능	• 6명, 3개 아이디어, 5분 간 쓴 후 전달하는 롤링페이퍼 방식
장점	• 단시간에 다양한 생각을 한눈에 볼 수 있음 • 아이디어의 질 보장 • 마인드 맵으로 정리 가능	• 모두에게 평등한 의견제시 기회 제공 • 침묵 유지로 편안한 분위기 조성
단점	• 특정 아이디어로 의견 매몰 • 분위기에 따라 양의 차이 발생 • 특정 인물에 의한 발언권 독점 가능	• 전체적인 흐름을 읽기 어려움 • 아이디어의 유목화 어려움 • 분위기가 침체될 수 있음

브레인스토밍 vs 브레인라이팅

브레인라이팅은 6명이 참가하여 각자 한번에 3개 아이디어를 5분 내 발상하는 진행방식을 취하므로 '6.3.5 기법'으로 불리기도 한다.

브레인라이팅 진행 방법은 사회자를 선발하고, 사회자가 1장의 시트에 1개의 주제를 작성해 참여자들에게 배분한다. 시트는 쉽게 구할 수 있는 A4 용지를 사용하고 주제를 상단에 적는다. 주제가 여러 개일 경우에는 여러 개의 시트에 각각 주제를 적어 참석자들에게 순차적으로 시트를 돌려서 작성하도록 하면 된다.

1. 브레인라이팅 양식을 준비하고 진행할 주제를 정한다.
2. 6명을 한 조로 구성한다. (반드시 6명일 필요는 없다)
3. 5분 이내에 1번 참여자가 3개의 아이디어를 적고 2번 참여자에게 전달한다.
4. 2번째 참여자도 5분 이내에 3개의 아이디어를 적고, 위 과정을 계속 반복한다.
5. 내용이 채워지면 함께 얘기하면서 해당 아이디어를 발전시킬 방법에 대해 얘기한다.

635 브레인라이팅 진행방법

브레인라이팅의 원칙은 전원 참여, 최소한의 발언, 구체적인 내용 작성, 타인의 아이디어에 내용을 첨부, 결합, 개선하는 활동을 들 수 있다. 이 활동의 경우에는 말이 아닌 글로 아이디어를 나타내기 때문에 표현의 제한이 있을 수 있고, 내용에 따라 의도를 다르게 이해할 수 있어 아이디어 제안자는 최대한 구체적으로 작성하는 것이 좋다.

창업에 있어서 활용할 수 있는 브레인라이팅 주제로는 "고객의 니즈는 무엇일까?, 고객이 가장 불편하게 생각하는 것은 무엇일까?" 등이 있을 수 있다.

< 주제			>
구분	A	B	C
1			
2			
3			
4			
5			

브레인라이팅 용지 예시

마인드맵 : 마인드맵으로 아이디어 정리하기

마인드맵(Mind Map)은 지도를 그리듯이 매핑(Mapping)하는 기법으로 마음의 지도라고도 한다. 단어·이미지·색상·기호·심벌을 방사형으로 펼침으로써 머릿속의 복잡한 생각과 다양한 정보를 시각화한다. 이미지와 핵심 단어를 시각화해 창의력 개발과 학습능력을 높여주는 기법이다. 마인드맵은 좌뇌와 우뇌를 동시에 사용하여 두뇌의 개발과 가능성을 느끼게 하며, 사고력과 창의력을 신장시킬 수 있다.

마인드맵 프로그램은 포털사이트 검색을 통해 프로그램을 다운받아 사용할 수 있다. 대표적으로 알마인드 프로그램을 다운받아 활용하면 좋다.

좌뇌	우뇌
학문적이고 일차적인 행동을 담당	상상력이 필요한 행동을 담당
- 주지적이다. - 언어적인 지시와 설명에 잘 반응한다. - 문제를 부분으로 나누어 논리적으로 해결한다. - 합리적인 문제 해결을 한다. - 객관적으로 판단한다. - 계획적이고 구조적이다. - 확고하고 확실한 정보를 좋아한다. - 분석적으로 독서한다. - 사고와 기억 활동에서 주로 언어에 의존한다. - 말하고 쓰는 것을 좋아한다. - 주의 깊게 계획된 연구나 작업을 좋아한다. - 선택형 질문을 좋아한다.	- 직관적이다. - 시범, 그림 등의 상징적인 지시에 잘 반응한다. - 문제에 대해 전체적인 패턴을 보고 해결한다. - 직관적인 문제 해결을 한다. - 주관적으로 판단한다. - 유동적이며 자발적이다. - 알쏭달쏭하고 확실하지 않은 정보를 좋아한다. - 종합적으로 독서한다. - 사고와 기억 활동에서 주로 심상에 의존한다. - 그림 그리기나 조작하기를 좋아한다. - 자유롭고 개방적인 연구나 작업을 좋아한다. - 주관식 질문을 좋아한다.

좌뇌 vs 우뇌 두뇌 담당 사고력

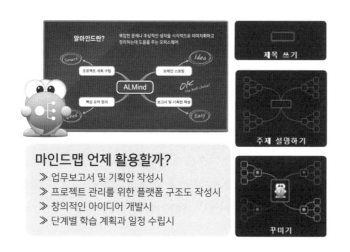

마인드맵 활용 방법

마인드맵을 창업 비즈니스에서 활용하고자 한다면 가령, 창업아이템, 기술개발 아이디어, 마케팅 전략 등 아이디어를 도출하고자 하는 주제를 정하고 각자가 마인드맵을 작성해 오도록 한다. 이후 2~3명 소그룹을 만들어 멤버들에게 일정 시간 동안 자신의 아이디어를 교환하게 하고 각자의 마인드맵에 다른 멤버들이 만든 아이디어를 첨가해서 작성해 보도록 하면 좋다. 이후 전체적인 내용을 기호, 색깔 등으로 구분하고 주제별, 내용별 위계에 맞도록 자료를 통합 정리하면 된다.

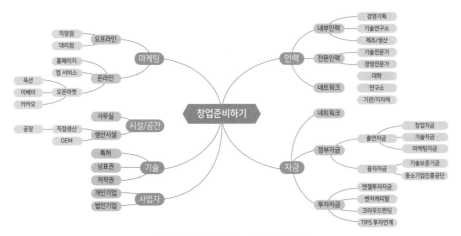

마인드맵 활용 사례 : 창업준비하기

집단지성 : 집단지성으로 스타트업 혁신 이끌기

집단지성 모델은 많은 사람이 문제해결을 위해 함께 노력하는 가운데 최적의 해결방안을 찾는 활동이다. 집단지성 모델은 다수를 대상으로 진행되기 때문에 짧은 시간에 다양한 의견을 얻을 수 있고, 전혀 생각지도 않았던 문제 해결 방안을 찾을 수 있는 장점이 있으며 집단지성의 대표 사례로는 위키피디아(Wikipedia), 구글(Google) 등이 있다.

집단지성 사례(출처 : (좌)위키피디아 위키데이터, (우)네이버 지식iN)

국내 사례로 S전자의 경우 모자이크(MOSAIC) 플랫폼을 구축하였고 아이디어를 발굴하는 아디이에이션(Ideation)과 아이디어의 실현을 돕는 콜라보레이션(Collaboraton)으로 구성되며, 이는 기존의 상품기획 프로세스를 벗어나 다양한 경로로 혁신 아이디어를 찾는 데 활용하고 있다.

L전자의 경우 사내 포털을 오픈하고 직원들의 혁신적인 아이디어를 적극 발굴해 사업화에 도전할 수 있는 장을 마련하고 있다. Big Questions와 자유 주제로 시장을 선도하기 위한 아이디어를 제안할 수 있으며 다양한 직군과 직급으로 구성된 사내 아이디어 컨설턴트에 의해 매달 평가하고 보완하여 사업화 단계까지 연결하고 있다.

단계	집단지성	주요 활동
기획	소비자 집단	• 획기적인 아이디어 제안 • 소비자가 직접 상품화까지 결정
개발	전문가 집단	• 기술적 문제 해결 • 국내외 기술 정보 활용
평가	프로슈머	• 제품의 문제점과 개선사항 평가
상용화	프로유저	• 전문 지식과 정보를 통합하여 제품 생산에 기여 • 독자적 발명품 개조

제품개발 집단지성 활용 단계

그러나 자칫하면 집단지성이 집단사고로 변질될 수 있다는 점도 있기 때문에 집단지성이 언제나 효과를 발휘하는 것은 아니며 진정한 의미있는 집단지성이 나오기 위해서는 개인의 뛰어난 아이디어가 우선적으로 나와야만 가능하다.

만다라트 : 스타트업 성공 목표 설정

만다라트(Mandal-art)란 일본의 디자이너 이마이즈미 히로아키가 1987년 개발한 발상 기법으로 Manda(본질의 깨달음)+la(달성·성취)+art(기술)의 합성어로 본질을 깨닫는 기술, 목적을 달성하는 기술을 의미한다. 자기개발, 자기관리에 도움이 되는 자기관리 목표 세우기의 용도로 많이 활용되고 있으며 창업 아이디어 도출을 위해서도 활용하면 유용한 방법이다.

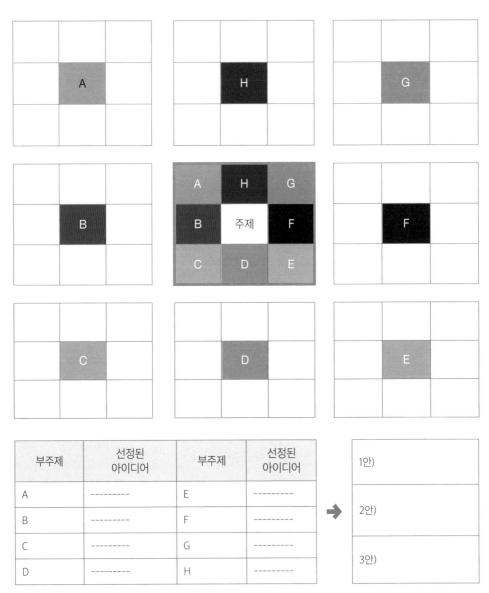

부주제	선정된 아이디어	부주제	선정된 아이디어
A	---------	E	---------
B	---------	F	---------
C	---------	G	---------
D	---------	H	---------

만다라트 활용 양식

만다라트 표는 9x9 표로 총 81칸을 기준으로 하며 실제 칸을 채워가는 방식은 다음과 같다. 그렇다고 해서 81개 칸을 모두 채워야 한다는 강박관념을 가질 필요는 없다.

① 자신의 핵심 목표 또는 아이디어를 도출하고자 하는 핵심 키워드를 가장 중심에 적는다.
② 핵심 목표를 이루기 위한 8개의 세부 목표 또는 하위 키워드를 핵심 목표 주변에 적는다.
③ 이번에는 적어 놓은 세부 목표를 8개를 바깥 3X3 표의 중심에 적는다.
④ 핵심 목표에 따른 세부 목표를 적었던 것처럼 세부 목표별로 달성하기 위한 방법 8가지를 주변에 적는다.

만다라트 활용 방식

창업 아이디어 도출에 활용한다면 5명 내외의 인원으로 구성하여 만다라트를 통해 아이디어를 확장하고 아이디어와 아이디어를 서로 융합하는 과정에서 도출된 아이디어를 팀별로 발표하며 공유하는 시간을 가지는 것이 좋다. 이후 세부 목표별로 우선순위를 정하고 각 목표별로 세부 전략을 수립하는 회의로 이어나가면 창업 아이디어 도출에 도움이 된다.

우리나라 차(티)	독립영화 상영	얼리어답터 위한 상품	잠깐의 잠과 커피	마사지	여성화장	외국어만 가능한	스터디룸	악기를 잠깐씩
새로운 음료	홍보	지역관광 소개	여러 종류의 담배	휴식	명상	시사토론	스터디	독서 토론
개인카페	엔터테인먼트	역사	촛불만 켜져있는	눈을 편안 하게 하는 인테리어	스트레칭	면접& PPT	악기	그림
학교 (교복)	교도소	자동차	홍보	휴식	스터디	스트레스 해소	다양한 오락기기	각 나라의 전통 의상 입어보기
귀신의 집	컨셉	예능 세트	컨셉	카페	Play	내기 카페	Play	레크리에이션
병원	칼라	공연	관계	주부	체험	연예인 밀랍인형	낚시	동물 의상
기념일 이벤트	새로운 친구 사귀기	그녀/그를 찾습니다	드라마	뷰티	가족모임	나만의 티백 만들기	개인의 찻잔 만들기	마시고 싶은 차재배
가면 무도회	관계	소개팅 전문	뽀로로 라바	주부	놀이방 설치	과일청 만들기	체험	개발커피 레시피 등록
관계 상담	외국인 교류	동호회 전문	부부동반	육아상식	이유식	커피 방향제 제조하기	향초 만들기	빵 굽기

부주제	선정된 아이디어	부주제	선정된 아이디어
홍보	---------	체험	---------
컨셉	---------	PLAY	---------
관계	---------	스터디	---------
주부	---------	휴식	---------

1안)

2안)

3안)

만다라트를 활용한 카페 아이디어 도출 사례

크리에이티브 아이템 개발과 잘나가는
스타트업 브랜딩하기

크리에이티브 아이템 발견

창업을 한다면 가장 먼저 무엇을 고민할까? 그것은 창업 아이템일 것이다. 어떤 사업을 하고 어떤 비즈니스 모델을 구축해야 성공한 창업가가 될 수 있을지가 가장 궁금하기도 하고 중요하기도 하다.

창업 아이템에 있어서 창업 전문가들이 강조하는 부분은 내가 관심을 가지고 있는 일, 내가 좋아하는 일, 내가 잘할 수 있는 일에서부터 아이템을 찾아야 한다는 점이다.

내가 가장 잘 아는 분야이기 때문에 전문성을 가지고 시작할 수 있다는 장점이 있고 해당 산업에 대한 이해가 있고 경쟁사가 누구인지 누가 고객이 될 수 있는지 산업의 특징이 무엇인지를 이해하고 있기 때문일 것이다. 그리고 시장과 고객 분석을 통해 유망 아이템을 찾아야 한다. 고객이 원하는 시장을 고민하고 고객이 불편해하는 것, 시장의 기회가 있는 것을 찾아내어야 하며 어느 정도의 수익성과 시장성이 있는 것을 선택해야 한다.

즉, 창업 아이템을 결정하기 위해서는 대표자의 경험과 특징을 잘 활용할 수 있으면서 일시적인 유행에 그치는 것이 아닌 성장가능성이 있는 아이템인지를 살펴야 하고 고객 수요와 시장성이 충분하여 단기간 내에 수요가 형성되고 매출이 발생될 수 있는지를 고려해야 한다.

고객 요구 측면	제품/서비스 활용 측면	창업자 특성 측면
• 소비자 가격을 낮출 수 있는가? • 기능을 개선할 수 있는가? • 디자인, 맛, 멋 등 감각적인 면이 돋보이는 상품인가? • 품질 개선 또는 품질이 우수한 제품/서비스 공급이 가능한가?	• 성공한 창업가의 노하우를 전수받을 수 있는가? • 국내외 동향 조사를 통해 새로운 신시장 또는 사업 기회 발견을 하였는가? • 전문전시회 참관을 통해 신제품, 특정 분야의 기술동향 파악을 기초로 제품이나 아이템을 구했는가?	• 내가 가장 즐기는 일의 일부인가? • 내가 가장 잘 아는 사업 분야인가? • 제품/서비스 수요-공급자 네트워크를 보유하고 있는가? • 내 주변의 인적 자원을 활용하여 할 수 있는 사업인가?

창업 아이템 창출을 위한 발견 요소

스타트업 핵심 KEY, 비즈니스 모델 캔버스

비즈니스 모델(Business Model)은 기업 업무, 제품 및 서비스의 전달 방법, 이윤을 창출하는 방법을 나타내는 모형이다. 창업 기업이 지속적으로 이윤을 창출하기 위해 제품과 서비스를 생산, 관리, 판매하는 방법을 나타내는 것으로 사업 아이디어 전략 수립 시 작성해 보는 것이 일반적이다. 비즈니스 모델 전략 수립 회의 시에는 모든 구성원들이 비즈니스 모델의 개념을 이해하고 있어야 한다. 실제 창업 관련 정부지원 사업의 제출 양식에 비즈니스 캔버스를 작성하여 제출하도록 요구하고 있으며 여기에는 고객, 주문, 인프라, 사업 타당성 분석 등의 내용을 포괄하고 있다.

핵심 파트너십 (Key Partnerships)	핵심활동 (Key Activities)	가치제안 (Value Positions)	고객관계 (Customer Relationships)	고객 세그먼트 (Customer Segments)
연계기업 네트워크 아웃소싱 전략적 제휴 공동대응	연구개발 서비스 혁신 플랫폼 구축 마케팅 활동 제품생산	고객 만족도 고객 문제해결 편의성, 유용성 접근성 창의성, 새로움	신규 고객 확보 기존 고객 유지 판매 확대 고객 서비스	고객 선정 고객 니즈 파악 고객 관계 고객 수익구조 고객 홍보채널
	핵심자원 (Key Resources)		채널 (Channel)	
	내부자원 물적/인적/ 지적자원 정보, 경험 노하우		가치 전달 경로 고객 피드백 A/S 서비스 상품 전달 상품 이해도 증진	
비용구조 (Cost Structure)			수익원 (Revenue Streams)	
비용 유형, 종류 고정비, 변동비 비용 예측			수익 유형 수익 규모 지속적 발생 수익	

비즈니스 모델 캔버스(Business Model Canvas)

고객 세그먼트 : 고객 조각내기, 핵심 타깃 고객 찾기

고객 세그먼트(Customer Segments)의 핵심은 비즈니스에 있어 고객이 없다면 비즈니스 자체가 형성될 수 없다는 점이다. 그래서 기업은 고객의 만족을 최대한으로 높이기 위해 고객을 특성에 따라 분류하고 적절히 대응하는 전략을 수립해야 한다. 핵심 타깃(Target) 고객과 비교적 집중하지 않아도 되는 고객으로 구분하기 위해서는 고객별로 요구사항이 다른지, 고객에게 접근하는 유통 채널이 다른지, 고객별로 수익성에 차이가 있는지를 고려하여 고객을 분류하는 것이 바람직하다.

가치제안 : 내 제품 어떤 가치가 있나?

가치제안(Value Positions)은 고객에게 어떤 가치를 전달하고 그 가치가 고객이 처한 문제를 해결해 주는지에 초점을 둔다. 기업이 제공하는 가치는 해당 고객 세그먼트가 가진 니즈에 부합하는 상품 또는 서비스일 것이며 고객에게 줄 수 있는 그 자체가 가치제안이라고 할 수 있다. 고객에게 줄 수 있는 가치는 가격, 디자인, 고객 경험, 브랜드 지위, 편리성, 접근성, 안전 또는 안정감 등으로 다양하다.

고객에게 주는 가치를 창출해내기 위한 방법으로는 새로운 니즈를 찾고, 제품과 서비스의 퍼포먼스(성능)를 새롭게 창조하고, 고객별로 특화된 요구에 맞춤형 프로모션을 하는 것을 포함할 수 있다. 쉽게는 가격경쟁력이 있는지, 성능이 개선되었는지, 디자인이 우수한지 등을 들 수 있다.

채널 : 내 제품 어디에 소개할까?

채널(Channel)은 기업이 제공할 수 있는 제품과 서비스의 가치를 고객에게 제안하거나 전달하기 위한 소통 방법을 의미한다. 이를 통해 고객이 기업의 제품과 서비스를 구매하게 되고 기업은 구매 고객에게 A/S를 제공하고 전달된 가치에 대해 고객의 평가를 받을 수 있다.

채널은 다양한 온·오프라인 판매처, 파트너사를 활용한 채널 발굴 등 온·오프라인 마케팅 활동을 포괄하며 결국은 고객 경험을 향상시키고 수익을 최대한 이끌어 낼 수 있는 방식을 채택하는 전략을 수립해야 한다.

고객 관계 : 고객 만족을 넘어 고객 감동으로

고객 관계(Customer Relationship)는 특정한 고객 세그먼트별 어떤 형태의 관계를 맺느냐의 문제인데, 이는 고객 확보, 고객 유지, 판매 촉진을 위한 요소이다.

고객 관계 형성을 위한 방식으로는 사람 간 교류가 필요한 직접 응대 서비스, 고객별 전담직원 응대 서비스, 인공지능(AI)과 챗봇(Chatbot) 등 비대면 자동화 서비스, 고객 스스로 니즈를 해결할 수 있도록 하는 셀프 서비스 혹은 키오스크(Kiosk), 고객 간 혹은 기업 간 상호 관계를 활용한 커뮤니티 활용 기회 제공 등을 들 수 있다. 사례로는 쿠폰, 뉴스레터, 이벤트, 업그레이드 등의 활동이 있다.

수익원 : 스타트업 수익 모델

수익원(Revenue Streams)은 기업이 고객 세그먼트로부터 창출하는 수익(매출-비용)을 의미한다. 기업은 고객으로부터 수익원을 창출할 수 있어야 하며, 고객으로부터 비교적 연속적인 지출이 가능하도록 유도하는 반복적인 수익 창출을 위한 노력이 요구된다. 수익원은 제품/서비스 판매 대금과 판매 수수료, 서비스 이용료, 서비스 가입비와 유지관리비 또는 기간별 라이선스(Licence), 물품 대여료, 광고 수익금 등을 들 수 있다.

핵심자원 : 스타트업 비즈니스에 필요한 모든 것

사업유형별로 핵심자원(Key Resources)은 다양하며 크게 인적 자원, 지식 자원, 물적 자원, 재무 자원 등으로 나뉠 수 있고 자원은 경우에 따라 사업 파트너사로부터 임대하여 활용될 수도 있다. 눈에 보이는 물적 자원으로 생산시설, 기계장치, 시스템 장치, 물류 창고, 대형 장비 등이 있다. 특히 인적 자원은 지식 집약적이고 창조적인 창업아이템에서는 우수한 인력 확보가 가장 중요한 자원 중 하나이다. 지식 자원은 특허권, 저작권, 디자인권, 상표권, 영업권 등 다양하며 콘텐츠 창작을 주로 하는 창업아이템의 경우에는 저작권 확보가 무엇보다 중요한 자원이 될 수 있다. 기업 브랜드, 독점적 지식, 고객 데이터베이스 등의 자산도 비즈니스 모델에 있어 중요한 핵심자원이다.

핵심활동 : 우리 조직이 힘써야 할 중요한 활동

핵심활동(Key Activities)은 기업을 성공적으로 운영하기 위해서 필요한 가장 중요한 행동들을 의미한다. 사업 유형별로 차이가 있는데 주요 핵심활동으로는 생산 활동, 연구개발 활동, 공급 채널 확보 활동, 플랫폼 구축 및 네트워크 구축 활동 등이 있다. 업무 활동별로는 고객 관리 활동, 수익 개선 노력 활동, 설계/제작/배송 활동 등이 있다.

핵심 파트너십 : 전략적 제휴, 아웃소싱

핵심 파트너십(Key Partnerships)은 쉽게 말하면 공급자-파트너 간의 네트워크를 의미한다. 비즈니스 모델을 최적화하거나 리스크를 줄이거나 자원을 얻기 위한 상호 간의 관계라고 할 수 있다. 파트너십은 비경쟁자들간의 동맹일 수도 있고, 경쟁자들 간의 전략적 관계 구도라고도 할 수 있고 혹은 안정적 생산/공급/판매 등을 위한 구매자-공급자 간의 관계라고 할 수도 있다.

비용구조 : 비즈니스 모델 운영에 발생하는 모든 비용

비즈니스에 있어서는 어떤 핵심자원과 핵심활동을 수행하는 데 가장 많은 비용이 들것인가에 대한 비용구조(Cost Structure)에 대한 고민은 필수적이다. 최소의 비용이 중요하지만, 반대로 비즈니스 가치를 최적화하는데 필요한 비용 구조가 무엇보다 중요하다. 비용은 크게 고정비(인건비, 생산비, 임대료 등)와 변동비(제품/서비스 개발/생산/판매 등 수반 비용)로 구분된다.

핵심파트너	핵심활동	가치제안	고객관계	고객군
통신사 게임개발자 투자자 콘텐츠개발자	모바일 서비스 모바일 응용 프로그램	무료사용 서비스제공 공유 서비스 모바일 플랫폼(게임, 스토리, 콘텐츠 등)	커뮤니티 콘텐츠 제공자 마케팅 관리업체	스마트폰 사용자 플랫폼 사용자 광고주 제휴사
	핵심자원		**채널**	
	자사 플랫폼 플랫폼 사용자 캐릭터 브랜드		모바일 앱 웹	
비용구조			**수익원**	
데이터 유지관리비 광고홍보비 인건비			판매 수수료 콘텐츠 사용료 광고료	

비즈니스 모델 캔버스 '포털 사이트 플랫폼 사업자' 예시

스타트업을 위한 아이템 브랜딩

브랜딩(Branding)이란 소비자로 하여금 그 브랜드의 가치를 인지하게 해 브랜드의 충성도와 신뢰를 유지하는 과정이라 할 수 있으며 창업 비즈니스를 준비할 때 기술 개발, 제품 디자인, 영업망 구축보다 선행되어야 하는 것이 브랜딩이다.

브랜딩을 위한 관계 구축은 소비자와 브랜드의 만남에서 비롯되는데, 새로 출시한 브랜드를 알리기 위해 광고나 홍보, 프로모션 등 다양한 마케팅 활동을 통해 소비자와 커뮤니케이션하게 되고 커뮤니케이션 전략과 제품이 가진 속성과 디자인에 따라 소비자들의 인식 속에 새로운 브랜드의 첫인상이 각인된다. 결과적으로 성공적인 브랜드란 브랜드 충성도를 정립하여 소비자로 하여금 본능적인 브랜드 소속감을 유발시켜 지속적인 구매로 이어지게 하는 것이라 할 수 있다. 한마디로 브랜드와 소비자가 그 가치를 공유하는 전 과정이 브랜딩의 과정이라고 할 수 있고 초기 스타트업 브랜딩의 목표는 적은 예산으로 빠른 시간 안에 자사 브랜드를 타깃 고객에게 인식시키기 위한 것이다. 그리고 브랜딩의 시작은 기업의 이름과 디자인이라 할 수 있다.

명확한 방향성 제시	소비자-공급자 소통 창구	인적 네트워크 확보
• 사업의 비전과 목표 수립 • 전략 수립의 기준 제시	• 누구에게, 어떤 매체를 통해, 어떤 내용을 전달하는지에 대한 구체적인 소통방식 제시	• 기업의 신뢰도 향상을 통해 대내외 네트워크 구축 도움 • 전략적 인재 확보 시 도움

스타트업 브랜딩 필요성

과연 창업 기업의 브랜드란 무엇일까? 혹은 어떤 것을 브랜딩 해야 하는 것인가?

크게는 기업명, 회사 로고, 슬로건, 앱 명칭 또는 디자인, 제품/서비스명, 제품 디자인 등이 있을 수 있다. 브랜드를 준비하기 위해서는 각 주제별로 아이디어를 언어 및 비주얼 아이덴티티와 같은 가시적인 형태로 변환하는 작업이 필요하다. 이름, 어조, 메시지와 같은 언어 아이덴티티와 함께 로고, 색상, 종류, 사진과 같은 비주얼 아이덴티티에 대한 개발을 하게 된다.

기업명	브랜드명	주력 사업	이미지
한국카카오은행(주)	카카오뱅크	은행업	**B** kakao**bank**
㈜우아한형제들	배달의 민족	배달주문서비스	세상은 넓고 맛잡은 **배달의민족**
㈜직방	직방	부동산 정보플랫폼	🏠 **직방**
㈜야놀자	야놀자	공유숙박플랫폼 온라인 여행사	yanolja

기억하기 쉬운 독특한 브랜드명과 이미지 예시(이미지 출처 : 각사 홈페이지)

　최근에 유행하고 있는 린브랜딩(Lean Branding)의 MVB(Minimum Viable Brand: 최소 요건 브랜드)는 에릭 리스(Erik Ries)의 린스타트업(Lean Startup)에서 소개된 MVP(Minimum Viable Product: 최소 요건 제품)를 차용한 개념이다. 이들이 제시한 린브랜딩 요소는 프라미스(Promise), 스토리(Story), 가치(Values), 커뮤니케이션 아이덴티티(Communication Identity)이다. 즉, 불필요한 요소는 제거하고 작고 빠른 실행을 통해 고객과의 관계를 만들어 가는 방법인데 사업을 왜 시작했는지, 매력적인 스토리와 상징 요소는 무엇인지, 고객과 꾸준하게 관계를 맺는 방법은 무엇인지에 집중하는 것이다.

린 브랜딩의 최소요건브랜드(MVB : Minimum Viable Brand)

한편, 기존 기업에서도 리브랜딩(Re-branding)으로 효과를 보기도 하는데 오래된 점포명, 매장 인테리어 개선 등을 통해 기존의 노후 이미지를 탈피하고 서비스를 개선해 시장 경쟁력을 키우는 것이다.

구분	내용
국내 사례	
해외 사례	

리브랜딩 국내외 사례

리브랜딩 시 브랜드의 고객 및 시장을 재확립하기 위해 실제 시장과 고객에 맞는 전략을 수립해야 하고, 브랜드를 바꾸는 동안 비전, 사명, 가치관이 변화함을 전달하는 방식의 변화가 필요하다. 기업명을 바꿔야 한다면 비전, 사명, 가치에 부합하도록 브랜드명을 고려해야 하고 슬로건, 로고, 색상, 타이포그래픽 등에 대해서도 올바른 판단이 필요하다.

아이디어의 힘, 스타트업 검증 사업타당성 분석

성공 창업, 아이디어로 승부하기

스타트업은 창업 아이디어를 발견하고 실현시키는 과정에서부터 시작된다. 창업 기회를 발견한다는 것은 무엇일까? 창업 기회란 창업자의 경험이나 지식을 토대로 포착할 수 있어야 하고 시장성과 성장성 관점에서 매력적인 시장이 존재하는 상황이 주어지는 것이라 할 수 있다. 그리고 지속적으로 수익을 창출할 수 있는 지속가능한 사업인지가 고려되어야 하는데, 이 과정에서 구매자나 소비자에게 가치를 제공하는 제품과 서비스가 전제되어야 한다.

스타트업은 창업 아이디어와 기회 발견을 위해 거시환경분석(PEST : Political, Economic, Social and Technological analysis)기법을 주로 활용한다.

구성	변화 요인
정치적(Political) 요소	국가적 차원에서 중앙정부가 보건, 교육, 인프라 구축 등에 끼치는 영향 정도 예) 법 개정, 저작권 강화 정책, 민영화 등
경제적(Economic) 요소	경제성장률, 금리, 환율, 인플레이션을 포함하는 경제지표 예) 환율, 금리, 최저임금제 등
사회적(Social) 요소	문화적 요소, 안전 요소, 인구 성장률, 원격근무 등 노동력 관련 변화 정도 예) 여성 경제활동 인구, 전염병, 소비자 인식 변화, 고령화 등
기술적(Technological) 요소	기술의 품질 및 혁신과 관련된 사항 예) 4차 산업혁명 기술발전 속도, 자동화, 신기술 혁신 등

PEST 분석 요소

스타트업 사업타당성 분석 어디에 초점을 두어야 할까?

창업 아이디어를 발견하고 창업 아이템 후보를 결정한 후에는 이 아이템을 대상으로 관련 정보와 전문가의 조언을 구한 뒤에 창업자는 창업 업종에 대한 타당성 분석을 실시하여야 한다. 특히 사업타당성 분석은 그 결과에 따라 창업을 결정하게 되는 최종적인 분석인 만큼 어느 것 하나에도 소홀함이 없이 정밀 분석을 실시하되, 그 내용에는 사업아이템의 적합도, 입지의 타당성, 시장성과 판매전망, 수익성, 성장성과 투자의 위험성 및 경쟁 서비스 업체를 포함한 관련 요소에 대한 비교 분석을 실시해야 실패 확률이 적어진다. 즉, 자신이 선택하려고 하는 업종이 성장가능성은 있는지, 시기적으로 신규 창업이 적합한 것인지 등을 살펴야 한다. 신규 창업을 하기에는 성장기에 있는 업종이 가장 적합한데, 만약 수명주기가 성숙기 후반인데 창업을 하게 되면, 창업에 실패할 가능성이 커질 수 있다. 이 모든 과정을 거쳐 작성된 사업타당성 분석 결과를 토대로 하여 창업자는 자신에 맞는 업종 및 사업아이템을 최종적으로 선택하게 되며, 전문가의 자문(멘토링)을 받는 것이 바람직하다.

단계	내용
창업자 및 사업수행능력 적합성 평가	• 창업자 적성과 자질 • 창업자 경험과 지식 • 업무수행 능력 • 자금조달 능력
기술성 평가	• 창업기술 아이디어 탁월성 • 기술 경쟁력 • 특허, 디자인 등 지식재산권 보유 여부 • 연구개발 자원 보유 (인적, 물적 인프라)
사업(시장)성 평가	• 국내외 시장규모 적절성 • 국내외 시장구조 • 가격 경쟁력 • 원재료 조달 능력 • 수익 구조 • 기업가치평가
수익성 평가	• 매출액 추정 • 매출원가 추정 • 판매관리비 추정 • 추정재무제표 작성
위험요소 및 성장성 평가	• 각종 규제 및 법적 제도 • 인허가 • 환경 규제 • 글로벌 무역 규제

사업타당성 분석 프로세스

창업자 사업수행능력 및 적합성 평가 : 스마트한 창업가 되기

기업의 성공과 실패는 그 일을 추진하는 참여인력에 따라 달라질 수 있다. 특히 참여인력의 중심인 경영자의 적성과 자질, 사업수행능력, 해당업종에 대한 적합성은 사업의 성패를 좌우한다. 특히 창업자의 사업수행능력 및 적합성에 대한 판단은 본인뿐만 아니라, 주변의 전문가의 충분한 토의와 검토를 거쳐 최종 결론을 짓는 것이 바람직하다.

1) 적성 및 자질

모험심, 신념과 의지, 스케일, 리더십, 체력 조건, 성격, 책임감, 결단력, 창조성, 승부욕

2) 경험 및 지식

창업관련 분야에서의 경험, 지식, 사회적 지위와 신용, 인간관계의 폭과 깊이, 네트워크

3) 업무수행 능력

창업멤버 구성 및 통제력, 서비스 및 기술혁신 능력, 환경적응능력, 경영분석 및 판단력, 산업동향 파악 및 예측 능력

기술성 평가 : 기술혁신 스타트업 AAA 기술성 통과

기술성 분석의 평가요소는 계획 제품의 용도와 품질 경쟁력, 입지의 적합성, 생산능력, 생산 공법 및 공정, 시설계획, 생산자원, 시설 소요자금 등을 폭넓게 고려해야 한다.

	응용기술형	원천기술형
특허기술	일반적인 기술의 조합 특허 기술 경쟁력 보유 독점가능성 어려움	개발기간 길고 성공가능성 낮음 모방가능성 낮음 성공 시 장기간 큰 수익 가능
	요소기술형	핵심기술형
노하우기술	다양한 기술이 조합된 기술 모방이 용이, 장기간 수익 어려움 마케팅 전략, 시장선점이 중요	다년간 집약된 노하우의 기술적 전환이 요구됨 목표시장 규모에 따른 수익 결정

기술형식 (세로축)

복잡도 높은 기술 ← 기술내용 → 난이도 있는 기술

기술형식과 기술내용에 따른 기술독점력

특히 기술성 분석에서는 기술의 비교우위 기술적 차별성과 독창성이 확보되어야 한다.

구 분	내 용	
기술 경쟁력	• 제품의 용도, 주요 소비처 및 제품의 특성 • 기술보유 내용, 기술의 수준, 대체기술 여부 등 기술의 장래성 • 기술개발 진척도, 제품의 성능 및 특성, 기술의 독창성 및 경쟁력	
개발 실적	• 특허, 실용신안 등 품질 및 기술의 수준	• 기술개발 수상(인증) 실적
개발 환경	• 우수한 연구진, R&D 개발능력 등 • 기술개발 전담조직	• 기술개발 수상 실적

기술성 평가 주요 내용

사업(시장)성 평가 : 사업 실패 방지하기 위한 시장 검증하기

아무리 좋은 기술이라도 소비자를 위해 상품화되지 않으면 많은 판매를 기대할 수 없다. 그래서 계획된 제품과 서비스를 소비자들이 얼마만큼 사줄 것인지를 평가를 해야만 한다. 새로운 아이템일 경우 특히 소비자들에게 낯선 상표나 제품으로 취급될 수 있으므로 시장성 평가가 쉬운 것은 아니다. 그럼에도 불구하고 시장성과 판매전망에 대해 검토하는 것은 사업타당성 검토의 핵심적인 요소이다.

구 분	내 용	
시장 동향	• 국내외 수요와 공급실적 및 향후 전망에 대한 자료 • 국내 및 해외에서의 투자 및 생산 규모, 생산기술 동향에 관한 자료 • 대체상품, 유사제품의 동향, 경쟁제품에 관한 자료 • 소비자의 구매동기, 일반적인 취향에 관한 자료	
시장 구조	• 유통구조 및 특성 파악, 경로별 마진, 고객의 특성, 거래방식 • 판매조직 검토, 경쟁회사 분석 • 생산계획의 검토, 생산방식과 공정, 생산능력, 원자재 및 기타 자재 소요량 산정, 구매처 등	
소비자 구성	• 인구통계학적 분석 • 표적시장에 대한 고객 세분화	• 잠재 수요 분석
수요 예측	• 판매전략, 가격전략, 유통전략 • 해외 시장 가능성	• 제품 수요 예측, 시장점유율 예측

사업(시장)성 평가 주요 내용

수익성 평가 : 매출 추정, 꼭 해야 할까? BACK to BASIC

계획사업에 대한 경영자의 수행능력, 시장성 및 기술성 분석이 완료되면 구체적인 수익성 분석에 들어가야 한다. 새로운 사업(또는 투자안)의 수익성 평가는 새로운 사업으로부터 얻을 수 있는 미래의 현금흐름이 그 사업을 시작하는데 필요한 투자액보다 얼마나 많은지를 비교하는 것이다. 즉, 미래현금흐름의 현재가치와 투자액의 차이가 기대되는 기업가치 창출이 되기 때문이다. 주요 평가요소는 수익전망, 소요자금의 규모 및 조달가능성, 자금운용 계획, 사업의 위험 요소, 성장가능성 등이 있다.

이익	=	가격 x 수량 (=매출액)	-	단가 x 수량 (=매출원가)
비즈니스 모델		어떻게 많이 비싸게 팔 것인가?		어떻게 싸게 많이 만들 수 있을까?
Business Model		How to sell?		How to Make?

이익 창출 산식

매출액 추정

수익성 평가의 첫 단계는 시장성 분석 결과에 기초하여 향후의 매출액을 예측해야 한다. 왜냐하면 매출액 예측 자료가 나와야 이에 상응하여 생산시설 규모를 얼마로 할 것인지, 생산에 필요한 인원 및 조직은 어떻게 배치할 것인지 또는 자금은 얼마를 어떻게 조달할 것인지 등에 관한 모든 예산을 짤 수 있기 때문이다.

구 분	내 용
수요 예측 분석	인구, 소득, 경기, 내수, 수출 등의 동향을 종합적으로 분석, 수요 예측
시장점유율 분석	시장점유율은 유통망의 구축, 제품의 고객 만족도 및 기업의 신인도 예측
생산능력 분석	업계 전체의 공급능력을 비롯하여 해당 업체의 생산능력을 분석하여 공급가능 수량을 추정
판매단가 분석	각 품목별 판매단가를 시계열로 정리해 보고, 각 연도별 변동요인을 추출, 앞의 수요 추정과 연동하여 판매단가를 추정
제품 매출액 분석	각 제품별로 판매수량과 판매단가를 곱하여 제품매출액을 구하며, 상품매출액도 제품매출액과 동일한 방법에 의하여 추정

매출액 추정 방법

매출액 추정식 사례를 살펴보면 다음과 같다.

- 통행인구수 x 내점율 x 1인 구매단가 = 추정매출액
- 1일 방문객수 x 월간영업일수 x 1인 구매단가 = 추정매출액
- 목표(추정)매출액 = 월 고정비용 / 마진율
- 예상시장규모 x 예상시장점유율 = 추정매출액
- 테이블 수 x 회전율 x 1인 구매단가 = 추정매출액
- 점포 면적 x 평당 매출액 = 추정매출액

매출액 추정식 사례

매출원가 추정

매출(제품)원가는 크게 재료비, 노무비, 제조경비 등으로 구성된다.

구 분	내 용
재료비	• 재료비는 판매량에 연동하여 사용되는 원재료의 소요량을 산출하고 구입단가를 곱하여 산정 • 원재료의 소요량은 과거 실적의 분석을 통하여 도출
노무비	• 노무비는 급료와 임금, 퇴직금충당금전입액 등으로 구성 • 제조경비 부문의 복리후생비는 성격상 임금에 연동되는 것이므로, 노무비와 함께 추정
제조경비	• 제조경비 중에서 가장 큰 비중을 차지하는 부문은 감가상각비 임 • 기타 전력비, 수도광열비, 소모품비, 소모공구비, 여비교통비, 포장비, 수선유지비, 교육비, 운반비, 지급수수료, 임차료, 도서 인쇄비, 연구개발비, 세금과 공과, 보험료, 교육비 등은 고정비와 변동비로 구분하여 추정
판매관리비	• 광고선전비, 판매장려금 등은 경쟁상황, 업체의 마케팅 정책을 감안하여 추정 • 운반비, 보험료, 통신비, 수선비, 접대비, 지급수수료, 기밀비, 임차료, 교육비, 소모품비, 도서인쇄비, 해외시장개척비 등

매출원가 추정을 위한 검토 항목

매출 원가를 기초로 하여 미래의 재무제표를 작성한다. 이를 추정재무제표라고 한다.

구분	활용
기업	목표 사업의 타당성을 검토할 수 있는 기초 자료로 활용
금융기관	지원사업의 자금규모와 대출금의 회수정책을 수립하는 자료로 활용
투자기관	투자금에 대한 적정 수익률과 회수시점 등을 예측할 수 있는 자료로 활용

추정재무제표 활용

추정재무제표는 추정대차대조표, 추정손익계산서 및 추정현금흐름표로 구성된다.

1) 대차대조표 : 일정시점에서 기업의 재무상태를 표시하는 재무제표로 기업이 소유하고 있는 경제적 자원(자산), 경제적 자원에 대한 부채와 자본에 관한 정보를 제공

  - 자산 = 부채 총합 + 자본 총합

자산		부채		자본		
유동자산	고정자산	유동부채	고정부채	자본금	자본잉여금	이익잉여금
자금의 활용 상태		자금의 조달 상태				

자산 구조

2) 손익계산서 : 일정기간에 있어서 기업의 경영성과를 나타냄(매출, 수익, 비용, 이익)

항목	내용
매출액	판매 계획에서 추정
매출원가	원가 계획에서 추정
매출총이익	매출액 - 매출원가
판매관리비	인건비, 광고선전비, 감가상각비, 일반관리비
영업이익	매출총이익 - 판매관리비
영업 외 비용	지급이자
경상이익	영업이익 + 영업 외 수익 - 영업 외 비용
법인세	법인세, 주민세 등
당기 순이익	경상이익 - 법인세

손익계산서 항목 내용

3) 현금흐름표 : 일정기간 동안의 현금의 유입, 유출 등 현금 변동 내역을 나타내며, 현금흐름표는 영업활동, 투자활동, 재무활동으로 구분

구분	내용
영업 활동	• 영업 활동과 관련된 현금흐름 • 재무 활동에 따른 현금흐름 • 매년 빈번하게 발생되는 비용
투자 활동	• 투자 부동산 및 유형 자산 등 취득과 처분 내용 • 자산 계정에 관련 흐름
재무 활동	• 현금 차입, 주식 발행 등과 관련된 활동 내용 • 부채 및 자본과 관련 흐름

현금흐름표 주요 내용

위험요소 및 성장성 평가 : 내 회사는 얼마짜리인가?

기업경영은 경영환경 변화에 따라 수시로 변화하며, 추정재무제표 뿐만 아니라 사업타당성 분석에서도 각종 규제 및 국내외 경제 환경 등의 변화에 대응할 수 있는 전략을 포함하여야 한다. 상황 변화에 따른 새로운 대응책이 나오지 않으면 경영 위험 상황에 이르게 된다.

구 분	내 용
인허가 및 법적규제, 환경변화 위험요소	• 도시계획, 국토이용계획, 공장설립 시 제한사항 • 정부정책변화, 환경규제, 금리 및 환율 제한 • 시장경쟁 격화, 판매가격 변화, 원자재 파동
기타 사항	• 부지 상태, 공업용수 사정, 배수, 매연, 기타 폐기물, 공해물질 처리 • 원자재 조달의 용이성, 전기, 연료의 조달과 충분성, 물류/운수, 통신 등 인프라 구축 문제, 지원기관과의 유기적인 관계

위험요소 및 성장성 평가 주요 내용

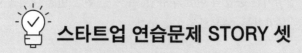

스타트업 연습문제 STORY 셋

1. 아이디어 정리 방법의 하나인 마인드맵 기법을 활용하여 창업 아이템을 '텀블러 또는 머그컵'을 선택하여 아이디어를 자유롭게 도출해 보세요.

2. 비즈니스 모델(Business Model)은 기업 업무, 제품 및 서비스의 전달 방법, 이윤을 창출하는 방법을 나타내는 모형이다. 비즈니스 모델 수립 시 많이 활용되는 것이 비즈니스 모델 캔버스 작성인데, 이 중 핵심 파트너십 구축과 핵심자원의 활동을 각각 3가지 이상 제시해 보세요.

3. 새로운 제품 개발 또는 창업을 하는 데 있어서 CEO는 기술성 분석과 사업(시장)성 분석을 기초로 한 사업타당성 분석을 해야 한다. 기술성 분석 요소와 사업(시장)성 분석 요소를 각각 3가지 이상 제시해 보세요.

4. 자산, 부채, 자본의 관계를 사칙연산을 활용하여 등식으로 표현해 보세요.

Tom Monaghan

성공의 비결은 단 한가지, 잘할 수 있는 일에 광적으로 집중하는 것이다.

MEMO

Untact

언택트 위기를 온택트 마케팅으로, 온·오프라인 마케팅 플랫폼
아마존, 이베이 오픈마켓 활용하기
AI와 디지털 마케팅 트랜스포메이션
스타트업 연습문제 STORY 넷

Part 4

온택트 시대 쌍방향 소통으로
재미를 더한 유통과 마케팅

언택트 위기를 온택트 마케팅으로,
온·오프라인 마케팅 플랫폼

마케팅 바로알기

마케팅(Marketing)이란 마켓(Market)과 고객(Customer)을 의미하는데, 시장에서 상품을 구매하는 고객 또는 소비자를 뜻하는 것이다. 따라서 마케팅은 고객의 니즈를 만족시키는 제품이나 서비스를 개발함으로써 고객의 욕구 충족과 기업의 이윤을 동시에 추구하려는 시도이다. 즉, 생산자로부터 소비자 또는 사용자에게로 제품 및 서비스가 흐르도록 관리하는 기업의 제반 활동이다. 미국의 경영학자 피터 드러커는 마케팅의 목적을 소비자들의 충족되지 못한 욕구를 발견하고, 그것을 충족시킬 방법을 마련하여 판매를 필수불가결하게 하는 것이라고 하였다.

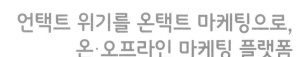

Marketing = Market + ing = Customer

21세기 이전까지의 마케팅은 수요를 관리하는 사회과학적 측면에서 언급이 되었다면,

이제는 고부가가치 시장 개척, 틈새시장 공략, 크라우드펀딩 기반의 스타트업이 떠오르면서 수요를 창출해내고, 보이지 않는 혹은 존재하는 수요를 찾아내서 공급을 충족시키면서 경쟁자들을 시장에서 배제시키는 행위도 마케팅에 포함되고 있다.

마케팅 전략

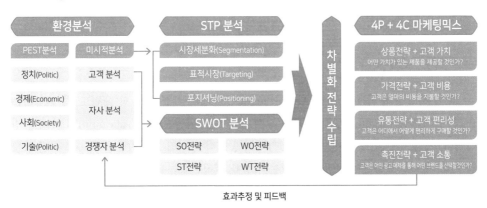

마케팅 전략 수립 단계

PEST 분석 : 기업을 둘러싼 환경 분석

PEST 분석은 기업의 거시환경, 즉 기업을 둘러싼 넓은 외부환경을 분석하는 기법으로 정치(Politic), 경제(Economic), 사회(Society), 기술(Technology)의 기업 환경을 분석하는 것을 의미한다.

정치(Politic)	경제(Economic)
• 정책 변화, 국제무역 규제, 여론, 민영화, 조세, 안전 규제, 에너지 등 환경 규제, 고용법 등	• 환율, 금리, 무역수지, 취업률, 인플레이션, 실업률, 임금 수준, 소비동향, 실업 정책, 소비자 신뢰 등
사회(Society)	기술(Technology)
• 인구통계, 사회문화, 교육수준, 행동규범, 사회전반의 가치, 라이프 사이클, 소득분배, 교육 등	• 보유 특허, 저작권, 정부 R&D 예산, 기술변화 속도, 기술정보, 지역특화산업, 기술 수명주기 등

PEST 항목 및 고려사항

STP 분석 : 스타트업 STP 제대로 하기

　STP는 시장을 분석하는 시장 세분화(Segmentation), 세분 시장의 매력도 평가를 하는 표적 시장 선정(Targeting), 각 세분 시장에 대응하는 위상 정립(Positioning)의 마케팅 전략이다. 제품 범주와 소비자 욕구에 근거하여 동질적인 여러 고객집단을 나누고 경쟁 상황과 여러 자원을 고려하여 가장 자신 있는 시장을 선정한다는 것이 주요 내용이다.

Segmentation	Targeting	Positioning
시장 세분화	표적 시장 선정	포지셔닝(위상 정립)
• 시장 세분화 기준 변수 파악 • 지리적/인구통계학적/심리형태별/구매행동별 등의 기준으로 세분화	• 세분시장 매력도 분석 • 목표시장 선정	• 세분시장별 포지셔닝 콘셉트 파악 • 세분시장별 마케팅 믹스 개발
고려할 사항	고려할 사항	고려할 사항
- 기업목표와의 부합성 - 자원동원 가능성 - 실현 가능성	- 기업 규모, 제품의 특성 - 가용 자원 - 경쟁사 전략	- 기업의 제공 가치 - 경쟁제품과의 제품 특징 비교, 차별화 전략

STP 전략

　디지털 정보화 시대에 맞는 시장 세분화 전략을 예를 들면 소비자의 가치관, 개성, 라이프 스타일 등을 고려하는 소비자 가치 체계에 따른 고객 세분화 전략이 있다. 혹은 기술적 세분화 관점에서 기술에 대한 태도, 능력, 동기로 구분할 수 있으며, 인터넷 사용시간, 제품 구매 빈도, 사용하는 모바일 기기, 접속 방법 등으로 구분한 행동변수를 이용한 세분화 방법도 있다. 다음으로 표적 시장 선정에 있어서는 시장 규모와 잠재적인 소비자들의 성장 가능성을 종합적으로 판단하여 진행할 수 있다.

한편, 소비자들이 더 많은 정보에 접근할 수 있는 능력을 갖추게 되고 제품 선택의 폭이 늘어나면서 구매 의사결정을 하는 것이 어려워졌다. 이에 포지셔닝 전략은 브랜드의 경험을 바탕으로 구매 후보군을 정하고, 정보의 수집 및 비교를 통한 제품 평가 후 구매 결정을 하는 구조를 갖추어야 한다. 여기에서의 경험이라는 것은 제품뿐만 아니라 제품을 사용하면서 얻을 수 있는 직·간접적 경험의 총합을 의미한다.

4P+4C 마케팅 믹스 : 디지털 시대 마케팅 믹스 전략 바꾸기

마케팅 믹스(Marketing Mix)는 일정한 환경적 조건과 일정한 시점 내에서 여러 가지 형태의 마케팅 수단들을 경영자가 적절하게 결합 내지 조화해서 사용하는 전략이다.

전통적 마케팅 믹스 전략은 1960년 미시간 주립대학의 제롬 맥카시(Jerome McCarthy) 교수에 의해 주창된 개념이다. 기업의 효율적인 관리를 위한 요소인 제품, 가격, 유통, 촉진의 영문 첫 글자를 따서 4P라고 불린다. 이후 미디어의 혁신적 변화로 불리는 디지털 정보화 사회 등장으로 인터넷 환경에서 중시되는 소비자 관점의 요소인 고객관점, 비용, 편리성, 고객과의 대화로 변화되었고 영문 첫 글자를 따서 4C라고 불린다.

구분	4P	4C
시대적 배경	산업사회(1960년~)	정보화 사회(1993년~)
학자	제롬 맥카시	로버트 로터본
가치 제공	기업 입장	고객 입장
전략	4P	4C
	• 제품(Product) • 가격(Price) • 유통(Place) • 촉진(Promotion)	• 고객 가치(Customer Value) • 고객이 쓰는 비용(Customer Cost) • 편리성(Convenience) • 고객과 대화(Communication)

마케팅 믹스 전략

이후, 매체 시장의 세분화 및 수동적 소비자에서 능동적 참여형 소비자로의 변화에 따라 마케팅 전략도 환경에 맞춰 변화하고 있다. 특히, 데이터베이스를 활용한 마케팅 활동이 증가하고 기업과 소비자 간 상호작용이 가능한 마케팅 커뮤니케이션 활동이 중요한 마케팅 수단으로 자리를 잡고 있다. 시간적, 물리적, 공간적 제약 없이 개개인에 맞춤화된 마케팅을 전개하게 된 것이다.

SWOT 분석 : TOWS 전략 도출

SWOT 분석은 Strength, Weakness, Opportunity, Threat의 약자로 기업역량의 강점과 약점, 기업의 외부환경을 통한 해당기업의 기회와 위협을 파악하는 분석 기법이다.

SWOT 분석의 목표는 자사와 경쟁사를 완벽히 분석하는 것으로 기업을 직관적으로 파악하는 도구로 활용된다. SWOT 분석은 단순히 강점, 약점, 기회, 위협을 파악하는 것이 아니라, SWOT의 4가지 카테고리를 결합해 SO(강점+기회), ST(강점+위협), WO(약점+위기), WT(약점+위협) 등으로 전략을 수립하는 것이 중요하다.

		외부환경			
		Opportunity(기회) 외부환경의 비즈니스 기회는 무엇이며, 자사와의 관련성이 있는가		**Threat(위협)** 외부환경의 비즈니스 리스크는 무엇이며, 자사와의 관련성이 있는가	
내부 환경	**Strength(강점)** 타사와 비교하여 자사의 강점은 무엇인가	SO 전략		ST 전략	
		어떻게 하면 기회와 강점을 극대화할 것인가		어떻게 하면 강점으로 위협을 돌파할 수 있나	
	Weakness(약점) 타사와 비교하여 열위에 있는 점은 무엇인가	WO 전략		WT 전략	
		기회를 활용하여 약점을 최소화하는 전략		어떻게 하면 위협을 피하고 약점을 최소화할까	

SWOT 분석

　최근에는 리서치를 기반으로 한 전략 수립의 표준 모델인 TOWS 전략도출 모델로 진화하였다. TOWS 분석은 내부분석(S, W)을 앞에 세운 SWOT 분석에 비해서 외부 분석(T, O)을 앞에 놓는다. 즉, 회사 내부를 살피는 것에 우선해서 외부의 환경을 먼저 살펴야 한다는 것이다.

		외부환경			
		Threat(위협)		**Opportunity(기회)**	
내부 환경	**Weakness(약점)**	TW 전략		OW 전략	
		철수 전략 제품/시장 집중화 전략		핵심역량 강화전략 전략적 제휴	
	Strength(강점)	TS 전략		OS 전략	
		시장 침투 전략 제품 확충 전략		시장기회 선점 전략 제품/시장 다각화 전략	

TOWS 분석

크리에이티브 온·오프 마케팅 플랫폼

　전 세계 신종 바이러스로 인해 언택트(Untact) 소비가 각광을 받고 있는 추세로 온라인 쇼핑 경험이 전 연령층으로 확대되고 온라인 쇼핑으로의 전환은 애프터 코로나 시대를 준비하기 위한 필수 사항이 되고 있다. 언택트 소비가 확산되면서 전통 e-커머스 사업자뿐만 아니라 대형 포털 사이트나 오프라인 유통 강자들도 e-커머스 시장에 뛰어들며 경쟁이 본격화되고 있다.

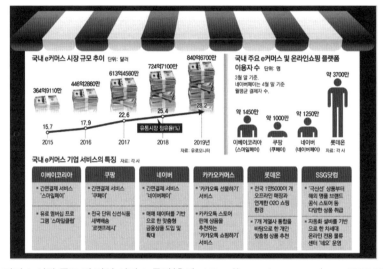

e-커머스 시장 규모 및 기업 서비스 특징(출처 : https://www.donga.com/news2020.05)

O2O 커머스 : 스타트업이 알아야 할 O2O 전략

　O2O(Online to Offline Service)는 오프라인과 온라인이 융합해 통합 판촉 효과를 높이는 서비스로 온라인으로 소비자를 모아 오프라인 상거래를 유발하는 것을 의미한다. 온라인으로 음식을 주문하면 오프라인 식당에서 그 음식을 배달해주는 서비스를 포함하여 숙박, 사무실, 인테리어, 쇼핑, 세탁, 일자리 등 우리 생활의 많은 부분에 활용되고 있다.

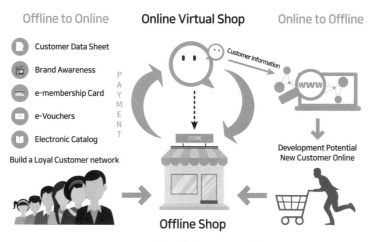

O2O 개념도(출처 : Clarity.fm)

O2O 커머스는 시장 참여의 기회를 넓혀 주면서 상거래의 효율성을 한 단계 끌어올리고 있는 중요한 마케팅 플랫폼으로 자리를 잡고 있고, 라이프 스타일에 맞는 각 분야에서 플랫폼의 질과 역량이 점점 늘어나고 있다. 시장의 크기뿐만 아니라 산업분야별로 다양한 특화된 서비스를 선보이고 있는 추세이다.

구분	주요 전략	장점
온라인 기업	• 오프라인 사업자와의 사업 연계 • 오프라인 시장 확대 전략 수립	• 회원 DB 구축 • 온라인 플랫폼 활용
오프라인 기업	• 모바일 신규 사업진출 • SNS활용 마케팅 강화	• 오프라인 인프라 활용 • 오프라인 프로모션

온·오프라인 기업의 O2O 전략

O2O 커머스는 소비자 주문형 서비스로서 고객의 행동과 결정이 무엇보다 중요해졌음을 의미하고 온·오프라인 전반에 걸쳐 고객의 선택권이 많아지고 고객의 행동과 결정에 기업은 민감하게 반응할 수밖에 없다. 이제 스타트업은 시장을 이끌 새로운 전략이 필요하며 온·오프라인의 두 시장을 모두 이해한 융합형 마케팅 전략을 수립해야 한다.

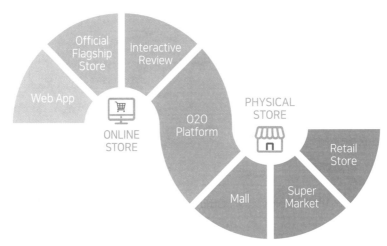

O2O 플랫폼(출처 : https://www.o2oplatform.com/blog/o2o-marketing)

O2O 플랫폼은 웹 공간과 실제 매장 사이에서 온라인으로 대상 고객과 연결하고 고객 위치까지 추적할 수 있는 매체인 동시에 디지털 세계의 잠재 고객이 매장에 들어가 제품이나 서비스를 구매하도록 유도하는 시스템이라고 할 수 있다. 이에 고객의 신뢰와 안전한 서비스 제공은 필수적인 요소이다. 편의성이 높은 만큼 소비자와의 정보의 불균형 문제를 해결하는 것이 중요하다.

쇼루밍과 역쇼루밍 : 브랜드 경험 설계하기

쇼루밍(Showrooming)은 오프라인으로 매장에서 사고 싶은 상품을 미리 탐색한 뒤, 가격이 싼 온라인으로 구매하는 소비자의 행동이다. 쇼루밍은 매장의 진열대인 쇼룸(Showroom)에 진행형(ing)이 결합된 신조어로 백화점 같은 오프라인 매장이 마치 온라인 쇼핑몰의 진열대처럼 변했다는 의미를 지닌다.

쇼루밍은 온라인에서 대체할 수 없는 오프라인 쇼핑 고유의 장점인 상품의 비교, 평가, 상담 등 직접적인 경험과 쇼핑시간의 감소, 다양한 쿠폰, 마일리지 적립, 저렴한 가격 등의 온라인 장점을 믹스한 현상이라 할 수 있으며 이제는 오프라인 매장의 개념을 소비자가 상품을 체험하는 공간으로 활용하는 전략이 필요하다.

실제, 오프라인 매장에서는 임대료, 인건비, 각종 관리비 등 고정비가 필요하다. 온·오프라인에서 같은 물량으로 판매한다고 가정했을 때 제품의 가격이 온라인 쇼핑몰 대비 오프라인에서의 가격이 비쌀 수밖에 없다. 그러나 오프라인 매장에서는 소비자와의 직접적인 대면 접촉이 가능하기 때문에 다양한 경험을 제공할 수 있는 장점이 있다. 이처럼 오프라인 매장에서는 오프라인 매장 고유의 특별 서비스를 제공하려는 노력이 필요하다.

쇼루밍 이미지
(출처 : https://www.antevenio.com/blog)

기업명	서비스	내용	장점
월마트 Walmart	인-스토어 라커 (In-Store Locker)	• 온라인 쇼핑몰에서 산 물건을 주위의 오프라인 상점에 방문하여 수령하는 서비스	• 쇼루밍족을 위한 서비스를 제공하여 오프라인 상점으로 유인할 수 있고, 보다 많은 상품 노출이 가능함
아디다스 adidas	인터랙티브 월 (Interactive Wall)	• 상점에 진열할 수 없는 제품을 3D 이미지로 만들어 터치스크린을 통해 상품 정보 노출	• 고객이 상품에 집중할 수 있으며 오프라인 상점의 매출 증가 효과가 있음

쇼루밍 마케팅 사례(이미지 출처 : 각사 홈페이지)

역(逆)쇼루밍(Reverse-Showrooming)은 온라인에서 마음에 드는 물건을 고른 후 오프라인 매장에서 구매하는 것을 의미한다. 온라인 매장을 제품 구경만 할 수 있는 쇼룸(Showroom)처럼 여기고 정작 구매는 백화점이나 상점에 가서 물건을 구입하는 소비자를 뜻한다. 즉, 온라인에서 상품 정보와 가격을 비교한 다음 오프라인 매장에서 써보고 만져보고 나서 구매하는 경우로 웹루밍(Webrooming)이라고도 불린다.

역쇼루밍은 품질 상태를 직접 확인할 수 없는 온라인 쇼핑의 단점을 오프라인 매장에서 해결하고, 쿠폰이나 할인 이벤트를 통해 저렴한 가격으로 제품을 구매할 수 있는 장점을 내세우게 된다. 또한 고객 체험 마케팅을 통해 고객의 감각을 자극하는 체험을 창출하는 서비스를 제공하는 노력도 필요하다. 많은 선택지에서 한 가지 제품을 선택해 구매해야 할 경우 이 제품을 왜 사야하지? 이런 측면에서 차별화된 특징을 바로 인지할 수 있도록 하는 체험마케팅으로 즐거움, 행복감, 만족감을 줄 수 있고 제품에 대한 가치를 높게 느껴 구매로 이어지게 할 수 있다. 최근에는 브랜닉 마케팅(Brannic Marketing)이 등장하였는데, 브랜드(Brand)와 피크닉(Picnic)을 결합한 용어로 소비자가 자연스럽게 브랜드, 제품, 기업 문화를 느낄 수 있는 체험 공간을 제공하는 마케팅이다.

라이브 커머스 : 모바일 라이브 커머스로 밸류에이션 높이기

홈쇼핑과 라이브 커머스(출처 : IBK)

최근에는 오프라인 매장에서 대화하듯이 온라인에서 실시간으로 판매자와 소통하며 쇼핑하는 라이브 커머스가 주목받고 있다. 라이브 커머스(Live Commerce)는 라이브 스트리밍(Live Streaming)과 커머스(Commerce)의 합성어이다. 라이브 커머스는 실시간 동영상 스트리밍을 통해 시청자들에게 제품을 소개하고 판매하는 방식이며, 소비자와 판매자 간

양방향 소통이 실시간으로 가능하다는 점이 매력적이다. 실제 제품 정보나 경험을 공유하는 방식도 직관적이고 실감나는 라이브 영상을 중심으로 바뀌고 있다.

구분	전통적 온라인 커머스	라이브 커머스
소비자와 판매자 간 실시간 소통	• 실시간 소통 욕구 충족 못함	• 쌍방향 실시간 소통 가능
콘텐츠 제공 방식	• 텍스트, 이미지, 동영상의 순으로 콘텐츠 제공	• 실감 라이브 영상으로 콘텐츠 제공

전통적 온라인 커머스 vs 라이브 커머스

지금까지는 소셜커머스에 뿌리를 둔 쿠팡과 이베이코리아, 티몬 등 전통 e-커머스 업체가 온라인 쇼핑 시장을 주도해 왔으나, 이제는 온라인, 모바일 쇼핑의 중심축이 라이브 커머스로 이동하고 있다. 또한 소비자들이 점점 언택트 문화의 편리함을 경험하고 있는 만큼 라이브 커머스 플랫폼의 앞으로의 성장이 더욱 기대된다. 사례로, Nav**사는 쇼핑라이브를 통해 셀렉티브를 이용한 판매에 주력하고 있으며, 국내 백화점, 홈쇼핑, 포털사이트 등에서도 라이브 커머스 서비스를 제공하고 있다. 11번**, 롯데**, 티** 등 e-커머스 업체들은 라이브 커머스 사업을 본격화하였는데 실시간 채팅을 통해 상세한 제품 정보를 확인할 수 있고 쇼핑 자체를 재미있는 콘텐츠로 즐길 수 있어 유튜브 세대를 사로잡고 있다.

구분	그립(Grip)	티비온(TVON)
서비스	라이브 커머스 플랫폼	라이브 방송 채널
내용	• 모바일에서 라이브 방송을 통해 판매자와 소비자를 이어주는 플랫폼 구축 • 인스타그램 등 소셜미디어를 통해 인플루언서들이 라이브 커머스에 참여	• 전문 쇼 호스트 및 연예인 게스트 출연으로 단순히 상품을 판매하는 것뿐만 아니라 다양한 재미와 볼거리도 제공하며 채팅을 통해 실시간으로 소통하는 라이브 방송 • 판매자용 개인방송 앱인 티몬 셀렉트를 론칭하고 티비온을 소상공인을 위한 판매채널 확대
이미지		

라이브 커머스 사례(이미지 출처 : 각사 홈페이지)

해외의 사례로는 싱가포르의 온라인 쇼핑 플랫폼 쇼파비전(Shopavision)이 있으며 기업 백엔드 방식의 시스템을 구축하고 라이브스트리밍 동영상 기술과 전자상거래 기술, 고객 프로파일링, 데이터 분석기법 및 현지 지불 방식을 통합하여 서비스하고 있다. 또한, 특히 쇼파비전은 갑각류 및 생선 양식장과 협업을 진행하고 있어 소비자들이 쇼파비전 페이스북에서 상품을 주문할 수 있도록 제공하고 있다.

싱가포르 SHOPAVISION 메인 화면(출처 : SHOPAVISION)

중국의 경우는 라이브 커머스 시장규모가 2019년 기준으로 약 75조 원에 육박했고 중국의 e-커머스 대표 기업으로는 알리바바, 텐센트, 바이두 등이 있다.

중국 왕홍 라이브 커머스 사례 (출처 : https://brunch.co.kr/@yoojs8512/53)

중국 라이브에 등장하는 인물의 대다수는 연예인이 아니라 왕홍(网紅)이라고 불리는 콘텐츠 크리에이터이며 아프리카 TV, MCN(Multi Channel Network) 크리에이터와 유사하다고 보기도 한다. 그들은 강력한 팬덤을 형성하고 있고 소비자들에게 자신의 신뢰로 물건을 판매한다. 브랜드나 상품의 규모에 따라 판매할 수 있는 다양한 왕홍이 존재하고 있는 것이다.

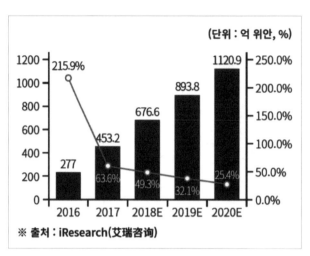

(단위 : 억 위안, %)

2016-2020년 중국 온라인 라이브 방송 시장 규모 및 성장률

　　중국은 미디어커머스가 가장 발달한 국가로 손꼽히며, 숏클립 플랫폼과 소셜커머스 등이 인기를 끌면서 미디어커머스 플랫폼이 점차 다양화·세분화되고 있으며, 라이브 방송의 주 소비층인 90허우(90년 이후 출생자)의 사회 진출 증가에 따라 폭발적으로 증가할 것으로 예측하고 있다.

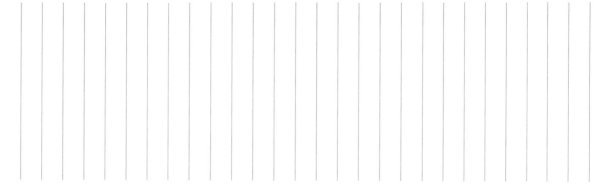

아마존, 이베이 오픈마켓 활용하기

　해외 시장 개척을 위해 현지에서 회사를 설립하지 않고 별도의 유통 채널 없이 판매할 수 있는 방법은 없을까? 스타트업은 오픈마켓을 통한 비대면 온라인 마케팅을 고려해야 한다.

　오픈마켓은 상품 선정부터 배송까지 모든 책임을 져야하는 일반 종합쇼핑몰과는 달리 물건을 파는 사람과 사는 사람의 거래를 중개하는 역할을 하는 플랫폼으로 대표적으로는 옥션(Auction), 이베이(eBay), 아마존(Amazon), 알리바바(Alibaba), 타오바오(Taobao), 라쿠텐(Rakuten) 등을 들 수 있다. 다양한 온라인 판매 채널을 활용하여 기업이 글로벌 셀러가 되기도 하고 공급자를 찾을 수도 있다.

구분	아마존	이베이
마켓 플레이스	• 로컬 마켓 - 셀러와 고객에게 해당 마켓을 이용하도록 권고	• 글로벌 마켓 - 전 세계 구매자와 셀러 간 건래
노출 방식	• 카탈로그 방식을 통한 상품 노출 - Sell yours 개념을 도입하여, 동일 상품, 동일 　모델은 하나의 상품페이지를 가지고 모든 셀 　러가 공유하여 사용하도록 함	• 스토어 방식을 통한 상품 노출 - 셀러 각자가 스토어를 운영하고 각자의 상품 　페이지를 만들어 상품 노출
배송 방식	• 셀러가 직접 고객에게 배송하는 셀러 직배송 　시스템과 아마존이 셀러 대신 배송해주는 시 　스템	• 셀러가 직접 배송하거나 3PL 업체를 통한 배송
CS 주체	• 아마존이 셀러를 대신하여 대고객 서비스 진행	• 셀러가 대고객 서비스 진행
상품 페이지 제작	• 텍스트로만 상품 페이지 제작 - 아마존에 브랜드 등록을 한 기업은 영상, 이미 　지 삽입 가능	• 텍스트, HTML, 테그, 이미지 활용 가능함
상품판매 수수료	• Referral Fee라고 하여 카테고리 별로 상이하 　나 일반적으로 15% 수준임	• Final Value Fee라고 하여 카테고리 별로 상 　이하나 일반적으로 10% 수준임

아마존 vs 이베이

아마존 : 아마존과 경쟁할까, 제휴할까?

아마존몰은 종합몰에 오픈마켓이 존재하는 쇼핑몰이다. 그런데 아마존몰에는 아마존이 직접 판매하는 상품보다 제3자 셀러가 판매하는 비중이 더 크다. 즉, 오픈마켓 형태로 판매하는 비중이 늘어났다는 것이고 플랫폼 사업자로 변화한 것이란 추측도 가능하다.

아마존 사이트를 통해 글로벌 셀링이 가능한데 개인 셀러, 혹은 기업 셀러가 Amazon. com에서 상품을 해외에 판매할 수 있다. 셀러가 되기 위해서는 상호, 주소, 연락처, 판매 제품, 해외 결제 가능 신용 카드, 신원 확인용 신분증 등을 준비해야 한다. 그리고 아마존 사이트를 통해 판매할 경우에는 아이템 당 상품 판매 수수료를 납부해야 한다.

셀러 계정 생성	상품 리스팅	주문처리 및 배송	리스팅 최적화
아마존 셀러 계정 등록	상품 이미지 업로드 상품 정보기입	고객 주문 후 알림 배송 처리	상품에 대한 고객 리뷰 반영

아마존 글로벌 셀러 가입 절차

아마존 회원 가입을 위해서 반드시 사업자등록증이 필요한 것은 아니다. 그러나 전문적으로 아마존에서 판매를 해야겠다는 계획이 있다면 사업자등록을 하고 시작하는 것이 좋다.

아마존에서 판매를 시작하면 공지사항, 등록사항, 판매사항, 변경사항 등 업무 관련 메일을 많이 받게 되므로 기존의 이메일과는 별도의 이메일 계정을 사용하는 것이 편리하다.

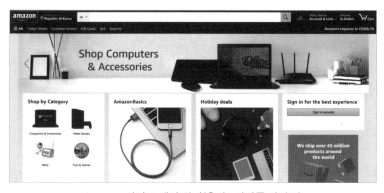

Amazon 사이트 메인 화면(출처 : 아마존 사이트)

아마존 플랫폼을 활용한 마케팅 방법으로는 쇼핑 기능과 광고 배너를 효과적으로 연동한 다이나믹 이커머스 광고(Dynamic e-Commerce Ads)가 있다. 이는 리뷰, 평점, 상품 이미지와 함께 장바구니 담기(Add Cart) 같은 쇼핑 기능이 배너에 연동되어 고객의 즉각적인 행동을 유도할 수 있는 장점이 있다. 그리고 광고를 활용한 공격과 방어 전략(Product Display Ads)으로 아마존 상품 상세 페이지에 노출되는 배너 광고인데 경쟁 브랜드의 상세 페이지에 자사 상품을 노출하는 방식으로 타 브랜드 고객의 관심을 유도하거나 내 제품의 상세 페이지에 경쟁사가 광고할 수 없도록, 해당 위치에 자사 상품이 노출 되도록 광고 지면을 선점하는 방법이다. 또는 사전 리뷰 서비스 제도인 Vine을 활용하여 신상품에 대한 프리미엄 리뷰를 사전에 확보할 수도 있다. 이 제도를 통해 객관적인 리뷰를 받을 수 있고 신상품에 대한 프리미엄 리뷰를 사전에 확보할 수 있다.

글로벌 셀러의 판매 활동은 B2C 수출 활동으로 간주되어 영세율을 적용받아 부가세를 환급받을 수 있다. 월별 아마존 매출 내역을 다운로드 받고 매입 내역을 증빙할 서류를 갖추어 국세청에 신고하면 된다. 그리고 스타트업이 아마존 입점을 준비하고자 한다면 정부에서 지원하는 무료 교육과 입점 컨설팅을 활용하는 것도 바람직하다.

이베이 : 데이터 기반 고객 디자인으로 성공하기

이베이는 소비자 간의 경매를 통한 판매로 잘 알려진 쇼핑사이트이다. 이베이는 미국 캘리포니아 주에 본사가 있는 다국적 전자상거래 기업으로 이베이 웹사이트에서 소비자 대 소비자 그리고 비즈니스 대 소비자 판매를 중개하고 있다.

이베이 계정은 무료로 개설이 가능하고 판매자 혹은 구매자로 선택할 수 있다. 이베이는 자사의 제품을 판매하지 않아 판매자들 간의 투명한 경쟁이 가능하다.

이베이는 저렴한 상품부터 자동차, 비행기, 선박 등 고가의 상품까지 판매가 가능한 광범위한 시장이며 전 세계인을 대상으로 판매를 할 수 있는 장점이 있다.

셀러 회원가입	페이팔 가입	이베이 계정 생성	이베이와 페이팔 연동
ebay.com 일반회원 가입, Register 클릭	paypal.com 가입 신용카드 등록	이베이 셀러 본인 확인절차 진행	이베이 셀러 계정과 페이팔 연동

이베이 글로벌 셀러 가입 절차

이베이에서 상품을 판매하기 위해서는 sell 메뉴에서 List your item을 눌러 리스팅을 할 수 있고, 상품 판매 전에 What's it worth? 칸을 눌러서 팔고 싶은 상품에 대해 최근 3주간 이베이에서 해당 아이템이 몇 개가 판매가 되었고, 평균 단가는 얼마인지, 리스팅 된 가격이 얼마부터 얼마까지인지를 파악해 본 후 제품 판매 가격을 결정하는 것이 좋다. 가령, 가격 결정은 제품의 특성과 브랜드에 따라 상이하겠지만 비슷한 제품의 평균 가격 정도로 설정하는 것이 바람직하다. 상품을 판매하는 상세페이지 제작에 있어서 브랜드, 색상, 제조사 등의 정보를 꼼꼼하게 입력하고 상세 이미지를 삽입하고자 할 경우에는 미리 웹호스팅을 미리 해두고 HTML 용어를 사용하여 준비하도록 한다.

차별화된 마케팅 전략으로 국내 우수기업의 제품을 해외 리뷰어들에게 객관적인 데이터의 영상리뷰와 함께 제공하고, 유튜브를 통해 전 세계 바이어들에게 소개되도록 하는 것도 좋은 방법이다.

ebay.com 상품판매 페이지 예시(출처 : 이베이 사이트)

한편, 이베이 사이트에서 키워드 검색을 통해 아이템 검색과 시장조사를 할 수 있고, 탑 레이티드셀러(Top-Rated seller)의 상품만을 검색해서 볼 수도 있다. 자신이 판매하고자 상품이 시장에서 어느 정도 판매가 되고 있고 경쟁은 치열한지, 어느 정도 퀄리티 있는 상품이 판매가 되고 있는지에 대한 정보를 얻을 수 있는 장점이 있다.

AI와 디지털 마케팅 트랜스포메이션

　과거에는 브랜드의 수가 적었기 때문에 불특정 다수에게 브랜드의 이미지 각인만으로도 특정 시장을 독점할 수 있었다. 취급되는 물품은 눈에 보이는 유형의 제품으로 눈으로 확인할 수 있는 상품에 이미지와 개성을 부여하고 상품의 구매로 이어지도록 할 수 있었다.

　그러나 스마트폰의 등장과 디지털 미디어 채널의 다양화로 소비자에게 좋은 인식을 각인시키는 과거의 방식에서 소비자 스스로 직접 욕망을 파악하고 찾아가는 방식으로 흐름이 변화되었다.

　특히, 4차 산업혁명 인공지능 기술 혁신은 디지털 마케팅 패러다임으로의 변화를 가속화시키고 있으며 소비자가 원하는 서비스가 무엇인지, 사용자 혹은 소비자의 미래 데이터가 어떻게 변화할 것인지 등을 예측하는 것도 마케팅의 일부가 되고 있다.

4차 산업혁명 시대의 마케팅 변화, 디지털 마케팅

디지털 마케팅 미래의 발견

디지털 마케팅은 디지털 기술을 마케팅에 접목시켜 기업과 고객 간 쌍방향 소통과 인터 랙션을 실현함으로써 지속적 관계 유지·발전을 지향하는 마케팅이라고 할 수 있다. 즉, 디 지털 기술을 활용하여 고객의 니즈와 욕구를 충족시키는 제품과 서비스를 개발하고 적절 한 시간, 장소, 가격을 통해 고객과 상호 작용하고 소통하는 프로모션의 전 과정이다.

디지털 마케팅은 인터랙티브 미디어를 활용하여 다른 마케팅 믹스 요소들과 통합해야 하고, 타깃 고객의 표적화와 측정 가능한 커뮤니케이션을 창출하기 위해 디지털 기술을 활 용해야 한다. 여기에서 인터랙티브 미디어(Interactive Media)란 사용자(소비자)의 동작에 반응하는 디지털 매체이며 가령, 스마트폰, 터치스크린, 디스플레이 광고판 등이 그 예이 다. 사용자가 음성이나 동작에 반응하고 사용자가 참여자 역할이 되어 매체의 중요한 역할 을 담당하고 사용자의 흥미를 유발하고 몰입을 통해 광고 효과를 볼 수 있다.

인터랙티브 미디어 활용 사례(이미지 출처 : 각사)

디지털 마케팅 트렌드와 디지털 경험 플랫폼

디지털 기술의 진화에 따른 마케팅 환경 변화는 피해갈 수 없는 트렌드가 되었다.

가장 먼저 모바일 기기는 중요한 마케팅 커뮤니케이션 도구이며 즉시성, 위치성, 상황성 을 토대로 기업과 소비자가 상호 커뮤니케이션 할 수 있는 중요한 매체이다. 소비지가 원하는 정보를 바로 찾아보고, 구매하는 욕구를 모바일 디바이스를 통해 충족하는 시대가 된 것이다. 인터랙티브 광고에 콘텐츠, 엔터테인먼트, 브랜드가 결합하여 메시지가 자연스럽게 노출되는 방식의 커뮤니케이션 수단이 증가하였다. 그리고 동영상에 브랜드 스토리를 포함하여 드라마나 웹툰 형태로 배포할 수도 있고, 가상현실(VR), 증강현실(AR) 기술을 접목하여 소비자가 직접 기기를 조작하고 콘텐츠에 참여하면서 브랜드를 경험할 수 있는 체험형 콘텐츠의 활용이 중요한 마케팅 수단이 되었다.

스타트업은 인공지능과 디지털 마케팅을 어떻게 활용해야 할까?

미래의 디지털 마케팅을 이끌 기술은 인공지능, 챗봇, 딥러닝, 사물인터넷, 빅데이터, 가상현실, 증강현실, 센서 기술 등이 있다. 그리고 이미 대중은 스마트폰, 노트북, 데스크톱 등 두 개 이상의 스마트 기기를 사용하고, 성별이나 연령에 따라 주로 사용하는 기기는 물론, 각 기기를 통해 소비하는 정보와 콘텐츠도 다르다. 즉, 각 기기를 사용하는 소비자의 성향과 기기의 특성을 파악하고 각 매체에 맞는 형식의 광고가 필요하다.

결국은 이제 사용자 유입을 위해서는 SNS나 포털 사이트 등을 이용한 광고가 필요하며, 이 과정에서 소비자 기기나 계정에 내장된 광고 ID나 쿠키를 활용할 수도 있다. 그리고 이를 활용하여 자사의 앱이나 사이트에 접속하도록 유도하고 어떤 상품 페이지에 얼마나 오래 머물렀는지의 정보를 파악해야 한다. 그리고 인공지능 기술을 활용하여 소비자가 원하는 정보를 제공하고, 니즈를 파악하고, 판매로 이어지도록 하는 마케팅 전략을 수립해야 한다.

스타트업은 자사가 확보한 데이터를 통해 차별화된 정보를 추출하고 이를 경영활동에 접목시킬 수 있는 비즈니스 분석/예측 역량을 강화해야 하며 빅데이터 분석에 필요한 시스템 구축 및 데이터 수집 그리고 분석 결과의 활용의 추진을 위해 기술력을 갖춘 기업과의 제휴에도 관심을 갖고 대응해야 한다.

온택트 사회의 핵심, 빅데이터 디지털 마케팅

디지털이라는 의미의 확장성과 모호함 덕에 온라인상에서 벌어지는 다양한 마케팅이 디지털 마케팅에 포함되고 있다. 디지털 마케팅 영역은 구글, 네이버, 다음과 같은 포털 사이트를 통한 검색엔진의 검색 광고와 배너 광고와 페이스북, 유튜브, 인스타그램 등 소셜미디어를 활용한 고객들과의 관계 구축과 타깃 광고, 배너 광고 등을 들 수 있다.

특히, 빅데이터 기술은 마케팅 측면에서 새로운 소비자를 찾고 창출하는 데 중요한 영역을 담당하고 있다. 빅데이터에 포함되는 데이터는 일상생활의 기록물, 소셜미디어 사용에 따른 데이터 및 소비 행위 등 모든 디지털 기록물까지를 포함한다.

빅데이터 활용 마케팅 사례(이미지 출처 : 각사 홈페이지)

그렇다면 기업은 더 많은 매출과 수익 창출을 위해 어떻게 고객 데이터, 즉 소비 경험에 대한 정보를 수집하고 활용할 수 있을까?

데이터 기반 추천 마케팅 사례(이미지 출처 : 각사 홈페이지)

데이터를 기반으로 한 타깃 마케팅의 단계를 살펴보면 가장 먼저 웹사이트에 콘텐츠 내용과 맥락을 활용한 정보 제공과 웹사이트의 서버에 저장된 쿠키(Cookies) 파일을 분석하기, 소비자의 프로파일 데이터 분석을 기반으로 한 행동 패턴 예측, 데이터베이스 마이닝에 의한 타깃, 소비자의 실제 구매행동에 근거한 행동 타깃으로 정리할 수 있다.

구분	내용
웹사이트에 내용과 맥락을 기반으로 한 타깃 광고	• 웹사이트에 콘텐츠 내용과 맥락에 따른 제품 광고 배치 • TV 프로그램과 연관성 있는 제품 광고를 프로그램 전후에 노출
쿠키를 활용한 인터넷 광고	• 쿠키 파일에 의한 행동추적(로그화일 분석을 통한 경로 등) • 잠재 고객의 성향 분석을 통한 특화된 광고 상품 노출
사용자 등록 정보 활용 광고	• 웹사이트 회원가입 정보 등 활용 - ex) 최근 구매 내역, 관심 상품 등록 정보, 웹사이트 기록 정보 등 • 고객이 요구하는 적절한 정보 제공으로 소비자 스스로 정보 제공을 할 수 있는 기회 마련
데이터베이스 마이닝 활용 광고	• 소비자 행동의 패턴 분석 활용 - ex) 고객들의 구매 목록 중 상관도 높은 품목을 엮어 제품 진열
개인화 메시지 타깃 광고	• 온오프라인 소비자 프로필을 활용한 개인화 메시지 전달 - ex) 추천 메시지, 추천 광고 등

데이터 활용 타깃 마케팅 전략

인터랙티브 미디어 광고

인터랙티브 미디어는 텍스트, 이미지, 그래픽, 소리 등이 복합적으로 포함되는 디지털 미디어의 통합된 멀티미디어로 네트워크를 기반으로 하는 미디어를 의미한다.

여기에서 인터랙티브(Interactive)는 사람들로부터 입력을 받는 것 자체이며 컴퓨터 시스템을 통해 사용자가 정보를 입력하는 활동이라고 할 수 있다. 따라서 인터랙티브 미디어 광고에 있어서의 핵심은 개별 사용자와의 상호작용이며 소비자와 기업 간의 상호적인 행동을 통해서 상품이나 서비스에 대해 프로모션 하는 활동이라고 할 수 있다.

미디어의 일방향 정보 전달 매체	사용자와 미디어의 상호작용 매체
• 우편, DM, 카탈로그 • 라디오, 과거 TV	• 페이스북, 유튜브, 트위터 등 소셜미디어 활용한 미디어 광고 • 온라인 매체 활용 인터랙티브 캠페인

사용자와 미디어 일방향 매체 vs 상호작용 매체

가령, 대중이 모이는 공공장소를 활용한 옥외광고를 들 수 있으며 대중에게 흥미와 관심을 끌만한 콘텐츠를 제공하거나 콘텐츠에 참여를 유도하도록 하는 방법이 있다. QR코드가 부착된 포스터를 부착하고 스마트폰으로 스캔하면 소리와 함께 광고물이 움직이도록 하는 옥외광고도 있다.

인터랙티브 옥외광고 마케팅 사례(이미지 출처 : 각사 홈페이지)

한편, AR/VR 기술을 활용한 인터랙티브 광고는 그래픽, 소리, 동영상이 어우러져 복합적인 다감각적 정보를 전달할 수 있다는 장점이 있다.

AR/VR 인터랙티브 광고 마케팅 사례(이미지 출처 : 각사 홈페이지)

스타트업 모바일 광고 마케팅

TV와 PC에서 모바일로의 광고 시장의 흐름이 변하면서 모바일 광고가 새로운 디지털 마케팅 수단으로 자리를 잡았다. 모바일 광고는 무선통신이 가능한 모바일 기기를 통해 텍스트, 이미지, 동영상 형태의 상업적인 메시지를 소비자에게 전달하는 마케팅 방법이다.

종류로는 전통적 디스플레이 광고 방식의 배너 광고, 사용자가 다운로드 받아 설치하는 앱에 노출되는 인 앱(in-App) 광고, 동영상 광고, 네이티브 광고 등이 있다.

구분	개요	특징
배너 광고	• 모바일 디스플레이 광고의 일반적인 형태	• 고정된 이미지가 모바일 기기 스크린에 노출 • 비교적 낮은 단가
인앱 광고	• 스마트폰의 보급으로 광고 비중 점차 증가 • 앱을 다운로드 받아 사용할 때 배너 형태로 광고	• 배너 광고, 텍스트 광고가 일반적 • 모바일 광고 플랫폼 사업자와의 제휴 형태로 서비스
동영상 광고	• 모바일 기기에서 동영상 형태로 인스트림 형태로 제공	• 플레이 되는 동영상 내에서 배치되는 위치에 따라 구분 • 사용자 몰입도 증가 및 CVR(전환율)과 CTR(클릭률) 높음
네이티브 광고	• 앱 내의 콘텐츠 환경과 유사한 형식으로 녹아든 형태의 광고	• 광고 노출 매체의 환경에 따라 사용자들의 거부감 최소화 기대

모바일 광고 종류

한편, 모바일 광고의 과금 방식을 정리하면 다음과 같다.

구분	과금 방식	특징
CPM (Cost Per Mille)	• 광고 1,000번 노출됐을 때 과금하는 방식	• 적은비용으로 많은 노출을 목적으로 할 때 사용
CPC (Cost Per Click)	• 광고를 클릭했을 때 과금하는 방식	• 노출 대비 클릭률로 광고의 효율성을 평가
CPI (Cost Per Install)	• 앱을 설치했을 때 과금하는 방식	• 캐시 슬라이드 등 리워드 광고 등에서 사용

모바일 광고 과금 방식

저비용 고효율 SNS 마케팅

SNS 마케팅이란 페이스북, 인스타그램, 트위터와 같은 소셜미디어 플랫폼 상에 고려한 브랜드 혹은 제품을 홍보하는 콘텐츠를 제작하여 업로드 하는 것이다. 소셜미디어 마케팅의 궁극적인 목적은 타깃 고객과 잠재 고객이 애용하는 소셜미디어 플랫폼에서 그들과 활발히 소통함으로서 전환율과 브랜드 인지도를 개선하는 것이며, 지극히 개인적이고 직접적인 소통 방식이다.

모바일 앱 이용시간 등을 기준으로 한 국내에서 인기 있는 SNS 앱은 페이스북이 있고, 인스타그램과 트위터, 네이버 카페가 시장 내 영향력이 확대되고 있다. 그리고 동영상 및 인스턴트 스토리를 기반으로 한 콘텐츠는 인기가 지속적으로 상승할 것이며 구전 효과를 강점으로 한 SNS 콘텐츠 마케팅 시장은 당분간 성장을 거듭할 것이다.

SNS(Social Networking Service) 등장으로 바이럴 마케팅이 증가하였고 한 번 입소문을 타면 많은 사람들이 퍼 나르게 되고 훨씬 더 파급력이 커질 수 있는 기회로 활용할 수 있게 되었다. 바이럴 마케팅(Viral Marketing)은 바이러스(Virus)의 형용사형으로 바이러스가 전염되듯이 소비자들 사이에 소문을 타고 물건에 대한 홍보성 정보가 끊임없이 전달되도록 하는 마케팅 기법을 뜻하며 파워 블로거를 활용하거나, 페이스북, 트위터 등의 SNS 매체를 활용한 입소문 마케팅, 지식in 포스팅 등이 이에 해당된다.

페이스북 : 페이스북 마케팅으로 매출 쑥쑥

페이스북을 통한 마케팅에서는 기업의 페이스북 계정에서 소비자와의 친근감 형성을 위해 일상형 메시지를 많이 올리는 것이 특징이다. 페이스북 광고 플랫폼은 가입자의 프로필 정보를 통해 타깃을 설정할 수 있다는 특징이 있다.

광고 방법으로는 모바일이나 데스크톱 뉴스 피드, 칼럼 광고 등의 방법으로 상품을 판매할 수 있고 고객을 세분화하여 각각의 세그먼트에 특화된 콘텐츠를 개발하는 것이 효과적이다. 그리고 스토리가 담긴 영상을 제작해서 노출시키는 전략도 필요하다.

최근 국내의 제품도 페이스북 비즈니스를 활용한 성공 사례가 등장하고 있다. CJ제일**은 페이스북과 인스타그램에 동시에 캠페인을 진행하면서 페이스북 머신러닝 기반의 게재면 최적화 방식으로 각 채널별 최적의 광고면에 동영상 콘텐츠를 게재하고 다양한 제품과 메시지가 담긴 영상을 배열하는 방식으로 동시에 많은 제품군을 보여주는 전략을 택하였다.

유명한 해외 사례로는 코카콜라가 디지털 마케팅의 일종으로 페이스북 등의 SNS 채널을 통해 홍보하였고 대표적인 캠페인은 Share a coke 캠페인(그 나라에서 가장 인기 있는 이름들을 뽑아, 해당 이름을 코카콜라 병에 인쇄해서 판매하는 캠페인), 스타와의 콜라보레이션을 통한 코카콜라 굿즈(Goods) 이벤트, Coke PLAY(관련한 게임, 카메라 필터, 비디오 영상 제공) 제작 등을 들 수 있다.

페이스북 활용 마케팅 사례(이미지 출처 : 페이스북)

유튜브 : 채널 키우기, 인플루언서 활용하기

바야흐로 유튜브 전성시대임은 부정할 수 없으며 기업들은 이제 유튜브 채널 개설을 통한 자사 제품과 서비스 홍보는 필수인 시대가 되었다. 유튜브 계정을 활용한 대기업으로는 삼성전자를 들 수 있고 글로벌 기업답게 해외 법인에서 나라별로 직접 공식 채널을 운영하고 있다. 삼성전자의 유튜브 채널 활용의 목적은 유튜브에 익숙한 세대에 삼성 제품과 기업에 대한 이해도를 높이는 것이라고 한다. 이외에도 LG전자, 현대자동차, GS, 한화 등 B2B 회사들의 유튜브 채널 경쟁이 치열하다.

국내 사례로, 삼양**의 불닭볶음면은 유튜브 덕분에 대박이 났는데 먹방을 통해 해외 소비자들 사이에서 입소문이 퍼져 해외 매출이 증가하였고, 키즈 콘텐츠 키즈**의 아기상어는 외국인 시청자 증가로 빌보드 차트 상위권에 오르기도 하였다.

유튜브 채널 사용자는 젊은 차세대 소비자가 많고 최근에는 중장년층의 구매력 있는 소비자도 증가하고 있다. 트루뷰 광고(Trueview Ads, 5초 후 건너뛰기 광고)를 활용할 수 있으며 광고 시 유의점은 영상을 제작할 때는 소비자와 브랜드의 연결고리 인 스위트 스폿(Sweet Spot)을 발굴하여 반영하는 것이 중요하다.

글로벌 기업들도 유튜브를 핵심 마케팅·홍보 수단으로 활용하고 있으며 대표 기업으로는 애플, 구글, 넷플릭스 등이 있다.

유튜브 활용 마케팅 사례(이미지 출처 : 유튜브)

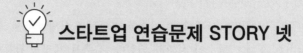

스타트업 연습문제 STORY 넷

1. 전통적인 마케팅 전략의 분석 방법을 2가지 이상 제시하고 각 전략의 세부 분석 요소를 설명해 보세요.

2. O2O 커머스란 무엇이며, O2O 커머스를 활용한 산업 분야를 5가지 이상 제시해 보세요.

3. 전통 방식의 온라인 커머스와 라이브 커머스를 비교하여 설명하세요.

4. 오픈마켓의 의미를 설명하고 대표적인 온라인 판매 채널을 국내 1개, 해외 1개 이상 제시해 보세요.

5. 4차 산업혁명 시대에 걸맞게 마케팅 전략에도 많은 변화가 일고 있다. 이 중 디지털 마케팅에 대한 관심이 증가하고 있는데, 디지털 마케팅의 의미는 무엇이며, 활용되는 디지털 마케팅 방법을 2가지 이상 제시해 보세요.

Eric Emerson Schmidt

당신의 컴퓨터와 핸드폰을 끄고 진정으로 우리들 주위에 있는 사람들을 발견하십시오.

MEMO

Startup

Part 5

창업 자금 확보로
행복한 스타트업 만들기

스타트업 창업 자금조달 기초

창업을 하고 싶은데, 돈이 없다면?

스타트업은 창업을 하기에 앞서 돈에 대한 계획을 세워야 한다는 것을 명심하여야 한다. 창업에 소요되는 비용과 자기 자본 조달가능 규모를 점검하고 필요한 자금이 얼마인지 확인해야 하고, 계획성 없이 자금을 조달한다면 실패와 직결이 되기 때문이다.

스타트업 CEO와 경영 상담을 해보면 창업에 있어 가장 큰 애로사항으로 자금이 부족하다, 자금조달 방법을 모르겠다고 이야기들을 한다. 창업 애로사항은 여러 가지가 있겠지만, 창업 시 누구나 화두로 삼는 것이 돈 이야기이다. 그리고 벤처기업의 경우에도 경영 애로사항 1순위는 자금조달과 운용 등 자금관리로 조사된다.

물론, 창업자 스스로가 자금 여유를 가지고 창업을 하면 좋겠지만, 현실적으로 자금은 늘 부족하기 마련이고, 실제로 창업하는 CEO의 대다수는 사업계획 시 작성한 소요자금과 비교하면 실제 경영 시 소요되는 사용자금이 계획된 자금보다 훨씬 부족함을 느끼는 경우가 대다수이다.

스타트업 창업자금 추정과 자금관리

CEO는 조달할 수 있는 창업 자금의 종류와 금액을 정확하게 알고 있어야 한다. 창업 시 소요될 자금에 대해서는 총 투자되어야 할 금액을 계산할 수 있어야 하는데, 사업장 임차 시 소요되는 비용과 인테리어 비용, 그리고 향후 6개월~1년 정도의 인건비, 전기요금, 수도세, 각종 공과금, 식비 그리고 마케팅비, 홍보비, 전산관리비 등 꼼꼼하게 하루하루 소요되는 비용을 고려하여 운영자금을 추산하여야 한다. 대부분의 창업자는 실제 투자되는 비용의 30% 정도로 소요자금을 추산하고 있어 보다 정밀하고 신중한 자금 분석이 필요하다.

구분	내용
자기자금 분석	• 보유하고 있는 순수 자기자금인 현금, 예금, 적금해약금 계산 • 회수 가능자금 중 창업기간에 맞추어 차질없이 회수될 수 있는지 확인 • 부채가 있을 시 상환기간이 창업시일과 겹치지 않는지 점검
소요자금 분석	• 창업에 필요한 총투자금액을 산출해보고 부족하다고 판단되면 필요한 만큼 차입규모 결정 • 대출(융자)가능 여부를 확인해야 하는데, 금융기관마다 대출 상품과 금리는 다르고, 본인의 신용도나 거래실적에 따라 대출 조건이나 금리가 달라지기 때문임 • 금융기관이나 지원기관의 정보 수집
매출 추정	• 순수 자기자금의 수익률 계산 • 매출 추정을 통한 추정 손익계산서 작성 • 손익분기점 산정 및 원리금 상환 계획 수립

창업자금 분석 기초

창업자금과 매출 추정을 통해 준비를 했다고는 하지만 자기자금과 융자자금 이외에 활용할 수 있는 자금조달 방법은 없을까?

정부에서는 R&D 자금을 비롯한 정책자금을 지원해주고 있어, 참신한 아이디어를 가지고 창업을 할 경우 정책자금을 활용하는 방법도 고민해 보아야 한다. 어찌 보면 직장인과 CEO의 가장 큰 차이점은 월급을 받는 입장과 월급을 주는 입장으로 바뀐다는 점일 것이다. 그 동안에는 들어온 돈을 가지고 어떻게 잘 쓰느냐에 초점을 맞추면서 살았다면 CEO가 됨과 동시에 돈을 쓰기 위해서 어디에서 돈을 잘 가지고 오느냐에 초점을 맞추어야 한다는 것이 큰 차이일 것이다.

스타트업 자금 조달 바로알기

기업의 정책자금 자금 조달 유형은 크게 투자자금, 융자자금, 출연자금으로 구분할 수 있다.

구분	투자자금	융자(보증)자금	출연자금
개요	• 벤처 캐피털, 엔젤투자가, 액셀러레이터 등의 주식 대가형 투자 또는 크라우드펀딩 자금	• 신용보증기관 등을 통한 담보(부동산, 기술, 신용, 매출)를 근거로 지원하는 자금	• 신기술 개발 등에 필요한 자금을 지원하는 자금
특징	• 투자 금액 상환 등은 협의에 의해 결정 • 지분, 스톡옵션 등 다양한 방식	• 원금과 이자 상환 의무 있음 • 기업 보유 담보를 근거로 저금리로 융자	• 기술개발 자금을 과제 형태로 수행 • 개발 성공 후, 지원금의 일부 기술료 상환 의무
단점	• 스타트업에게 돌아오는 미래 수익이 낮아질 수 있음	• 금융비용의 부담이 높음	• 의존도가 높을 경우 기업 성장에 방해가 될 수 있음
종류	• 주식(투자유치), 엔젤투자매칭 펀드, 크라우드펀딩	• 부동산 담보대출, 순수신용대출, 기술보증대출	• 정부 R&D 지원 자금
용도	• 경영자금	• 시설/운전자금	• 연구개발자금

스타트업 정책자금 자금 조달 유형

투자자금 : 투자받아 스마트한 창업가 되기

투자자금은 액셀러레이터, 벤처 캐피털 등 벤처투자자와 증권사, 자산운용사, 엔젤투자가 등 자본시장 투자자가 투자하는 방식의 투자유치(IR, Investor Relations)와 소셜 네트워크 서비스를 이용해 소규모 후원을 받거나 투자 등의 목적으로 인터넷과 같은 플랫폼을 통해 다수의 개인들로부터 자금을 모으는 크라우드펀딩(Crowdfunding) 투자방식이 있다.

융자자금 : 스타트업 융자 정책자금 받는 노하우

융자자금은 보통은 자금의 대출이나 대부와 거의 같은 뜻으로 사용된다. 여기에서 다루고 있는 융자의 의미는 대체적으로는 우수한 기술력과 사업성은 있으나 자금력이 부족한 중소·벤처기업의 창업을 활성화하고 고용창출을 도모하기 위해 지원하는 정책자금 형태의 융자자금을 예로 들고자 한다. 스타트업과 중소기업을 위한 정책자금 융자를 가장 많이 활용할 수 있는 기관은 중소벤처기업진흥공단, 소상공인진흥원, 신용보증기금, 기술신용보증기금 등이 있다. 융자 내용은 기술담보나 신용담보를 통해 지원이 되며 개인과 기업의 신용도, 매출액 등에 따라 차이가 있다.

출연자금 : 스타트업 초기 재원 마련 어떻게 할까?

출연자금은 국가가 해야 할 사업으로 국가가 직접 수행하기 어렵거나 민간에 대행하는 것이 효과적이라고 판단될 경우 법령에 근거해 민간에게 금전적으로 행하는 출연을 의미한다. 매칭 펀드 형태로 기업이 아닌 과제 수행을 목적으로 자금이 지원되고 과제 수행 능력 등을 고려하여 경쟁을 통해 지원이 된다. 지원금보다는 규모가 크고 융자와는 달리 갚을 필요가 없는 자금이다. 그리고 출연자금은 흔히 정부에서 주는 공짜 돈으로 오인되기 쉬운데, 세상에 공짜는 없듯이 실상은 정부에서 담보물 없이 지원이 되는 자금이지만 지원을 받기 위해서는 상당한 노력과 준비가 필요하다. 그리고 일부 과제의 경우에는 최종 평가 후 성공과제에 대해 결과물을 실시하는 권리를 획득한 대가로 20~25% 내외의 기술료를 납부하여야 하며, 불성실하게 과제를 수행하여 과제 실패 등으로 판정 시 사업비 전액 환수 등의 제재 조치가 있다.

스타트업 돈의 흐름, 투자 트렌드

스타트업 크라우드펀딩 플랫폼 활용하기

크라우드펀딩 A to Z

크라우드펀딩은 군중(Crowd)으로부터 자금조달(Funding)을 받는다는 의미로 후원, 기부, 대출, 투자 등을 목적으로 웹이나 모바일 네트워크 등을 통해 다수의 개인으로부터 자금을 모으는 방식을 의미한다. 크라우드펀딩은 창업 자금이 부족하거나 신상품 출시에 앞서 해당 프로젝트를 소셜 네트워크 서비스를 통해 공개하고 목표 금액과 모금 기간을 정하는 경우가 대부분으로 소셜 펀딩이라고도 불린다. 대표 사이트로는 인디고고, 킥스타터, 와디즈, 텀블벅, 유캔스타트, 키다리펀딩 등이 있다.

구분	리워드(후원) 방식	투자(증권) 방식
내용	• 새로운 상품을 발명한 사업가나 문화예술 프로젝트를 진행하는 예술가 등이 인터넷에 사업을 게시하고 후원을 받는 방식	• 벤처기업 등이 자신의 사업 목표를 제시하고 비상장 공모주를 파는 방식, 개인투자자가 기업 지분이나 채권에 투자하는 방식
예시	• 와디즈, 텀블벅, 크라우디, 킥스타터, 인디고고	• 크라우디, 와디즈, 오픈트레이드

크라우드펀딩 유형

크라우드펀딩을 위해서는 약 4~5개월 정도의 사전 준비 기간이 소요되며 다음의 단계별 검토사항을 체크하여 준비해야 한다.

단계	검토 사항
제품 기획 및 컨셉	• 제품 기획 및 컨셉을 통한 캠페인 스토리 수립 • 시제품 제작 및 완성 스케줄 수립 • SNS 계정 등록
콘텐츠 제작 및 마케팅 파트너 선정	• 동영상 제작 및 SNS 페이지 제작 • 크라우드펀딩 사이트 페이지 작업 • 론칭 행정 준비 • 마케팅 파트너 확정
론칭 및 후원자 요구사항 대응	• 캠페인 론칭 및 언론 보도 • 각종 미디어 광고 및 고객 대응팀 가동 • 지속적 캠페인 관리 및 후원자 요구사항 실시간 대응
캠페인 종료	• 캠페인 목표달성 프로모션 및 마무리 • 후원자들에 대한 감사의 메시지, 향후 계획 수립

크라우드펀딩 추진 단계

크라우드펀딩 투자의 대중화

크라우드펀딩 투자의 중요성은 이 플랫폼을 통해 단기간에 수요를 예측하고 시장성을 확인할 수 있는 테스트베드 역할을 할 수 있다는 점이다. 그리고 제품개발 단계에서도 소비자의 피드백을 반영할 수 있어 대기업의 크라우드펀딩 사례도 증가하고 있다는 점을 들 수 있다.

크라우드펀딩 플랫폼은 소비자들이 자금을 모아
기존 시장에 없던 제품 생산으로 연결시키는 리워
드형이 주목받으면서 시장 성장을 이끌었다. 그러
나 투자금을 모집하면서 설명했던 내용과는 다른
상품이 배송되거나 투자금을 유치 목적과 다르게
사용하는 사례가 이어지고 있어 각 플랫폼별로 투
자자 신뢰를 강화하기 조치가 요구되고 있다. 이에
스타트업이 이들의 플랫폼을 활용할지를 결정 시
리스크에 대해서도 신중하게 따져봐야 한다.

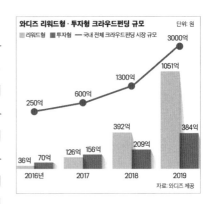

구분	인디고고 INDIEGOGO	킥스타터 KICKSTARTER
설립	2008년	2009년
용도	• 낮은 목표금액을 가진 모든 분야의 프로젝트	• 예술, 음악, 영화, 기술 등 창의적 프로젝트
비용	• 플랫폼 사용료, 카드수수료, 페이팔 수수료	• 펀딩 성공 시 전체 금액의 일정 부문
특징	• 목표금액과 상관없이 펀딩 가능	• 목표금액 100%를 달성해야 펀딩 성립
후원자	• 참여와 동시에 무조건 결제됨	• 목표금액 100% 이상 확보되고, 펀딩 기간이 끝 나야 결제됨
장점	• 캠페인에 성공하지 못해도 모금된 금액 수령 가능	• 창의적 프로젝트를 제작할 수 있는 자원 제공 가능
단점	• 평균적으로 낮은 모금액, 적은 후원자 수	• 펀딩 성공시 높은 수수료 • 온/오프라인 캠페인 통합 어려움

인디고고 vs 킥스타터

크라우드펀딩 플랫폼은 스타트업 창업자들이 테스트 마켓으로 활용할 수 있는 플랫폼이
다. 아이디어 제품을 상품화시키기 위한 창업 초기 자금조달 창구의 역할과 제품에 대한
시장의 반응을 즉각적으로 알 수 있는 장점이 있다.

창업자들은 아이디어 제품을 크라우드펀딩 플랫폼에 런칭하기 전에 타인의 아이디어를 도용하거나 지식재산권을 침해한 부분이 없는지를 사전에 검토해야 하고 자신의 아이디어 제품에 대해 특허, 디자인 등의 권리 보호에 대한 전략도 수립해야 한다. 펀딩 후에는 진정성 있는 제품 개발과 완성도 높은 품질의 신상품을 투자자들에게 제공하고 양질의 평가를 받는 것을 목표로 크라우드펀딩 플랫폼을 활용해야 할 것이다.

한국 스타트업 중 미국 크라우드펀딩 플랫폼을 통해 성공한 사례는 이놈들연**, 놀리디**, 정글팬**, 브릴리**, 불스** 등이 있다. 국내 핀테크 스타트업 브릴리**는 스마트 멀티카드 '퓨즈(FUZE)'를 인디고고에 올려 캠페인 1주일 안에 199만 달러(투자자 약 1만2000명)의 투자 유치를 달성한 성과가 있다. 정글팬**는 골전도 스피커를 부착한 선글라스를 개발하여 킥스타터에서 194만 달러 투자 유치에 성공하기도 하였다. 그리고 바이오 헬스 전문 업체 올리브헬스**는 복부 측정기 '벨로'로 최근 약 31만 달러의 크라우드펀딩 모집에 성공하였다. 세계 60국의 1600명 후원자들이 모금에 참여했는데, 전체 모금자 중 70%는 북미 소비자가 차지했다.

해외 크라우드펀딩을 활용하는 국내 스타트업이 늘고는 있지만 목표 금액을 넘어선 캠페인을 위해서는 창작 아이디어, 제품 소개 글, 메이커의 신뢰도, 리워드 제품에 대한 신뢰도 등에 대한 철저한 준비가 요구된다. 최근에는 Indiegogo 파트너 및 Kickstarter Expert로 등록된 자격을 갖추고 크라우드펀딩 캠페인 홍보를 대행하는 전문기업을 통해 캠페인에 참여하는 기업도 증가하고 있다.

미국 크라우드펀딩 한국기업 성공 사례(출처 : 한국경제)

킥스타터 : 스타트업 투자유치 등용문

킥스타터(Kickstarter)는 문화 예술 분야의 크라우드펀딩 사이트로 시작해서 현재는 창의적(크리에이티브) 아이디어 제품까지 프로젝트에 참여할 수 있는 대표적 크라우드펀딩 플랫폼이다.

킥스타터는 창의적인 프로젝트를 지원하기 만들어진 플랫폼으로 그 목적에 맞게 새로운 프로젝트를 등록하려면 킥스타터의 리뷰 담당자들의 기준을 통과해야 한다. 그리고 킥스타터에서 창작자들이 자신의 첫 프로젝트 후원에 성공할 경우 다음 프로젝트의 후원 유치에 성공할 가능성이 높아진다고 한다.

제품군으로는 하이테크적인 첨단기술보다는 현재 생활에 편의성을 가미해줄 수 있는 단순한 아이디어가 오히려 성공률이 높고 프로토타입이 어느 정도는 존재해야 영상, 이미지를 통해 무슨 제품인지, 어떤 기능이 있는지를 설명할 수가 있다.

먼저 킥스타터 계정은 킥스타터 계정 생성을 서포트 해주는 업체를 통하여 계정 생성을 하는 방법 또는 해외 법인 설립을 설립하는 방법이 있으며 한번에 하나의 프로젝트만 진행할 수 있다.

킥스타터는 100% 이상 펀딩이 완료되지 않으면 펀딩 금액을 수령할 수 없고, 100% 이상 펀딩 달성 시, 총 펀딩 금액의 일정 금액을 수수료로 지불해야 한다.

킥스타터를 통한 프로젝트 진행시에는 캠페인 론칭 후 첫 48시간 동안 잠재적 후원자들로부터 초기 관심을 받는 것이 중요하다. 그리고 캠페인에 대한 빠른 답변과 이메일을 보내거나 소셜미디어에 댓글을 남기는 것이 필요하다. 특히 SNS 채널로 캠페인 런칭부터 시청자들을 후원자로 바꿀 수 있도록 화제를 불러일으키고 더 많은 관심을 불러일으키는 데 활용할 수 있다.

또한 페이스북 라이브와 마찬가지로 실시간으로 청중에게 스트리밍을 할 수 있게 되어 상호작용을 할 수 있으므로 이에 대한 노력도 요구되는데, 이때의 영상은 2~3분 사이의 영상이면 되고, 평균적으로 30초의 영상이면 좋다.

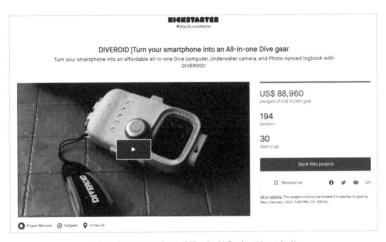

킥스타터 프로젝트 제품 예시(출처 : 킥스타터)

인디고고 : 창작자를 위한 크라우드펀딩 활용

인디고고(Indiegogo)는 크라우드펀딩 서비스 플랫폼으로 펀딩을 위해서는 사이트에서 회원가입을 하고 제품에 대한 설명과 제작에 필요한 금액을 설정해서 올려 펀딩을 할 수 있다.

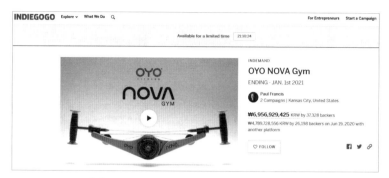

인디고고 프로젝트 서비스 예시(출처 : 인디고고)

　인디고고 크라우드펀딩 프로젝트 준비를 위해서는 소셜 네트워크(페이스북, 링크드인, 트위터, 유튜브 등) 구축이 선행되어야 하고 제품에 대한 세부요소, 동영상 소개 자료 준비 등이 중요하다. 실질적인 프로토타입 이상의 제품이 필요하며 대규모 금액의 후원을 수용할 수 있는 프로세스 셋업을 위한 충분한 시간을 확보하기 위해 30~60일 정도의 기간 설정도 필요하다. 자칫 잘못하면 높은 성공 잠재력을 지녔음에도 불구하고 실패한 프로젝트가 될 수도 있다. 그리고 초기 후원자들을 대상으로 권장소비자가격 이하로 리워드를 제공해야 하며, 달성 실패의 리스크를 최소화하기 위해서는 초기 단계 리워드의 가격을 약간 더 낮게 설정할 필요도 있다. 그리고 미디어 노출을 위한 전략을 수립해야 하는데 프로젝트의 가치, 무엇이 다른지에 대해 간결한 메시지를 준비해야 한다.

와디즈 : 투자자와의 만남부터 투자 유치까지

　와디즈(Wadiz)는 2012년에 설립한 국내 크라우드펀딩 플랫폼 기업으로 증권형 크라우드펀딩(투자)과 보상형 크라우드펀딩(리워드)을 운영하고 있다. 와디즈는 2016년 국내 최초로 증권형 크라우드펀딩 라이선스를 받았다. 보상형은 스타트업이 출시한 특정 신제품에 투자자들이 투자를 하고 그 보상으로 싼값에 해당 제품을 받는 방식이다.

와디즈 펀딩 홈페이지 메인 화면(출처 : 와디즈)

　최근에는 단순 크라우드펀딩 플랫폼을 넘어 마케팅 및 수요 조사 수단으로서의 역할도
확대되고 있으며, 대기업도 마케팅과 수요 예측 플랫폼으로 활용하는 사례도 증가하고 있
다. 펀딩이라는 매개체를 활용해 소비자와의 만남이라는 접점에서 새로운 시도를 해보고
자 하는 기업들이 증가하고 있는 것이다.

　와디즈에서 전략적 펀딩을 위해서는 콘텐츠가 매력적이어야 하고, 스토리 구성에 있어
가독성과 배열도 중요한 부문이며, 펀딩 프로젝트 진행시에는 후원자들의 댓글에 반응하
는 것이 무엇보다 중요하다.

와디즈 크라우드펀딩 예시(출처 : 와디즈)

한편, 투자사 설립으로 와디즈와 연계하여 와디즈 트레이더스를 통한 해외 진출 지원, 와디즈 스페이스를 통한 오프라인 공간 제공 등 컨설팅과 투자 프로그램을 제공하고 있다.

사례로 ㈜업드림코**는 소셜 벤처 스타트업으로 사회적 가치를 가진 산들산들(생리대) 제품으로 와디즈 투자형 크라우드펀딩(WPO)으로 투자자들을 모아 1억 3천만 원 펀딩에 성공하고, 리워드형 펀딩으로는 1,894명의 서포터가 참여하고 9천만 원이 넘는 펀딩을 달성하였다.

㈜블루레**는 스스로 양칫물을 뱉지 못하는 사회적 약자를 위한 전동 흡입 칫솔을 개발하여 전동 흡입 칫솔 S100을 첫 리워드 펀딩으로 1,900%의 달성률을 기록한 바 있고, 이후 증권형 크라우드펀딩을 통해 3억 6천6백만 원 펀딩에 성공하였다. 최근에는 12억 원 이상의 Pre-Series A 투자 유치로 성공 가도를 달리고 있다.

| 소비를 통한 기부문화 조성 산들산들 생리대 | 사회적 약자를 위한 전동 흡입 칫솔 |

와디즈 크라우드펀딩 성공사례(출처 : (좌)SK스토어, (우)와디즈)

투자자금 유치 왜 어려운가?

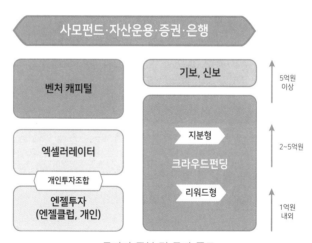

투자자 구분 및 투자 규모

엔젤 투자 : 엔젤 투자를 통한 스타트업의 성장

엔젤은 기술력이 높지만 자본과 경영 여건이 취약한 창업 초기 단계의 기업에게 필요한 자금을 투자 형태로 제공하고 경영에 대한 자문을 통해 기업의 가치를 높인 후 일정한 방법으로 투자 이익을 회수하는 개인투자자를 의미한다. 엔젤이 투자 지분 등을 회수하는 방법은 지분 매각과 IPO를 통해 회수하는 방법이 있으며, M&A를 통해 회수하기도 한다.

　엔젤투자는 개인이 가능성 있는 기업을 골라내 직접 투자하는 방법과 개인투자조합(펀드)에 가입하는 간접 투자 방식이 있으며, 한국엔젤투자협회를 통해 등록하여 활동하는 클럽이 240여개 이상에 달한다.

엔젤투자지원센터 홈페이지 메인 화면(출처 : https://www.kban.or.kr)

　엔젤 투자 진행과정은 투자 대상 기업의 정보를 수집·분석하고 투자 대상 기업에 대한 평가, 기업 현장 실사, 투자조건 협상 등의 과정을 거친다.

투자대상 기업정보수집	기업평가 및 실사	투자계약	투자집행 사후관리	투자금 및 수익금 회수
창투사 경영컨설팅회사 엔젤투자클럽	정량평가 정성평가 CEO평가 지분구조	투자조건 투자금액 법률자문	주주명부 등재 실적보고 경영지원	기업공개 (IPO) 인수합병 (M&A)

엔젤 투자 과정

엔젤 투자를 위해서는 창업팀의 전문적 기술 역량과 경영 능력을 제시하고, 사업계획의 참신성과 사업의 경쟁우위 정도를 보여줘야 한다. 창업팀이 기획하고 있는 사업 진전 가능성에 대해 면밀히 분석하고 논리적이고 객관적인 자료를 준비하도록 해야 한다.

반대로, 엔젤 투자에 있어서는 엔젤의 전문성이 기업의 사업 분야에 맞는지 파악하여 기업이 원하는 역량을 보완해 줄 수 있는지를 살펴야한다. 그리고 엔젤투자자와 협력을 통해 자사를 성장시킬 수 있을 것인지, 엔젤투자자의 투자 의도는 무엇인지, 투자된 금액을 어떻게 활용할 것인지 명확하게 정해야 투자를 통한 긍정적인 효과를 기대할 수 있다.

벤처 캐피털 : VC는 어떤 스타트업에 투자를 하는가?

벤처 캐피털(Venture Capital)은 잠재력이 있는 벤처 기업에 자금을 대고 경영과 기술지도 등을 종합적으로 지원하여 높은 자본이득을 추구하는 금융자본을 말한다. 즉, 벤처기업에 주식투자 형식으로 투자하는 기업 또는 기업의 자본으로 위험성은 크나 높은 수익이 예상되는 사업에 투자하는 기업 또는 자금이다. 주로 기술력은 뛰어나지만 경영이나 영업의 노하우 등이 없는 초기 벤처 기업을 대상으로 한다.

벤처 캐피털은 크게 창업투자회사(창투사)와 신기술투자금융회사(신기사)의 두 가지 형태가 있으며, 신규투자 유형은 우선주, 보통주, CB/BW, 프로젝트 파이넨싱의 순으로 투자되고 있다.

투자유형	내용
우선주	• 배당과 잔여 재산 분배에 대한 우선권, 상환 및 전환권을 행사할 수 있는 주식으로 가장 많이 이용되는 투자 형태
보통주	• 배당이나 잔여 재산 분배에 대해 우선권과 상환 및 전환권이 없는 주식 • 창업자에게 유리하나 투자자에게 투자금을 보호받을 수 있는 장치가 부족
CB/BW	• 전환사채(CB)/신주인수권부사채(BW)는 각각 주식으로 전환할 수 있는 권리와 신주를 인수할 수 있는 권리를 가진 사채
프로젝트 파이넨싱	• 매출이나 이익에 연계해 수익을 배분받는 투자 방식으로 게임, 음반/공연 등의 투자에 주로 쓰임

벤처 캐피털 투자유형

VC로부터 투자유치를 희망하는 스타트업은 자금이 필요한 시점으로부터 3~6개월 정도의 소요기간을 감안하여 투자유치 활동을 시작해야 한다.

최근에는 창업보육기관이 데모데이나 IR 피칭행사 등을 통해 투자자와의 접촉 기회를 제공하고 있으니 이 기회를 적극 활용하는 것이 좋다. 스타트업은 VC에 방문해 해당 VC의 대표이사를 포함한 모든 심사역을 대상으로 진행하는 IR(Investor Relations) 피칭을 준비해야 하는데 자료의 내용뿐 아니라 대표이사의 태도와 신뢰도를 판단하기 위한 자리인 만큼 발표과정에서 Q&A를 잘 소화해야 한다. 스타트업은 투자검토보고서 작성 시 심사역이 회사를 정확하게 이해할 수 있도록 돕기 위해 필요한 여러 자료를 제공해야겠다는 점에 초점을 두고 작성하도록 한다. 투자심위위원회의 주요 논의 포인트는 기업 경쟁력, 시장규모, 대표이사 및 핵심인력 구성, 재무 리스트 및 투자금 규모의 적절성, 기업 가치와 계약 조건 등이다.

벤처 캐피털 투자 과정

액셀러레이터 : 스타트업 액셀러레이터 준비하기

액셀러레이터(Accelerator)는 벤처 캐피털, 엔젤, 인큐베이터 등과는 차별적으로 초기의 벤처기업에 대한 투자와 다양한 형태의 지원을 제공하는 특징을 가지고 있다. 다른 용어로 창업기획자로 불리기도 한다.

액셀러레이터는 초기 스타트업을 선발해 보육·투자하는 전문회사이며 주로 수천만 원 단위의 초기투자와 공간·인력·경영 등을 지원해 창업 실패율을 낮추고 후속투자를 이끄는 역할을 한다. 대표적인 글로벌 액셀러레이터로는 실리콘밸리의 와이콤비네이터, 테크스타즈, 500스타트업스 등이 있다.

구분	인큐베이터 (보육센터)	액셀러레이터
지원기간	1~5년	3개월 내외
비즈니스 모델	임대, 비영리	투자
경쟁관계	비경쟁적	경쟁적
지원	사무실, 설비 등 제공	멘토링, 투자, 교육
기업성장 단계	초기 및 중기 단계	초기 단계 스타트업
자금원	정부	민간
업종	특정 분야 한정	제한 없음

인큐베이터 vs 액셀러레이터

액셀러레이터는 짧은 기간 동안 집중적인 성장을 위해 초기 벤처기업을 선발하여 멘토링, 교육, 컨설팅, 인적 네트워크 등을 통한 기업의 성장 도구의 역할 즉, 보육의 기능이 강조되며 이에 정부에서는 벤처기업의 성장을 위한 도구로써 액셀러레이터를 집중 육성하고 중소기업창업 지원법에 액셀러레이터에 관한 규정을 두고 있다. 벤처투자법에서는 일정한 요건을 갖춘 액셀러레이터는 벤처투자조합을 결성할 수도 있고, 중소벤처기업부에 액셀러레이터로 등록하는 것이 TIPS(민간투자주도형 기술창업지원)이다.

액셀러레이터는 스타트업에게 CEO로서의 부족한 경험, 네트워크, 전문성 등을 보완해주는 역할을 하고 팀 세팅, 아이템 보안 및 검증의 역할도 해준다. 그리고 기관 투자자의 후속투자 유치까지 버틸 수 있는 시드(Seed) 자금을 제공해준다.

그렇다면 액셀러레이터의 수익 모델은 무엇인가? 액셀러레이터는 투자 및 멘토링의 대가로 스타트업으로부터 일정 지분을 수취하게 된다. 즉, 지분 가치 상승에 따른 수익인데 시간이 오래 걸리고 규모가 불확실하다.

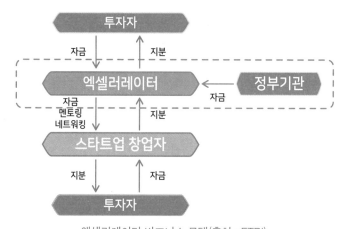

액셀러레이터 비즈니스 모델(출처 : ETRI)

최근에는 스케일러레이터(Scalerator)가 등장하였는데 이는 스타트업이 성숙한 회사로 성장할 수 있게 도와주는 시스템이며 투자자 연결을 넘어 고객 확보, 리더십, 조직문화 형성, 채용, 마케팅 등을 추진하고 해결해주는 역할을 담당하게 된다.

팁스(TIPS) : 세계 시장을 선도할 기술아이템을 보유한 창업팀 만들기

팁스(TIPS, Tech Incubator Program for startup Korea)프로그램은 이스라엘식 인큐베이팅을 모델로 한 민간주도의 창업지원 프로그램이다. 즉, 세계 시장을 선도할 기술아이템을 보유한 창업팀을 민간주도로 선발하여 미래유망 창업기업을 집중 육성하는 프로그램이다.

팁스 투자는 기술과 R&D 중심의 스타트업 창업을 장려하기 위한 정부 지원 정책의 일환이며, 팁스 프로그램은 투자사 입장에서는 가장 효과적인 투자 협상 카드이기도 하지만 대규모 투자사가 들어가 팁스 운영사가 되면 투자 경쟁 우위를 점하게 되는 구조를 갖고 있기도 하다.

팁스 투자에 신청이 가능한 창업팀 조건은 기술개발 계획을 가지고 있는 이공계 등 우수인력 중심 2인 이상으로 구성된 (예비)창업팀으로 창업한지 7년 이내 기업이면 된다.

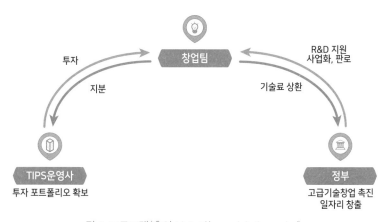

팁스 프로그램(출처 : http://www.jointips.or.kr/)

그리고 비R&D 사업(중소벤처기업부 예비기술창업자 육성사업 등)의 경우 중복 신청에 제한이 없으며, R&D 사업의 경우 중복 과제를 포함한 지원 제외사항에 포함되지 않는 사업의 경우 신청이 가능하다. 팁스 프로그램을 지원하기 위해서는 먼저, 운영사의 투자(또는 투자 확약)를 받아야 하며, 운영사 투자를 받기 위한 사업계획서는 일정한 양식이 존재하지 않으나 전문가의 도움을 받는 것을 권한다.

창업팀 접수	투자심사	창업팀 추천	창업팀 선정평가	사업수행 및 후속투자
수시모집 투자분야별 운영사 지정 및 심사	운영사별 자체 심사 통한 투자대상 창업팀 선정	관리기관에 투자 확약한 창업팀 추천	창업팀 심사 서면/대면 평가	투자, 멘토링, 교육 등 후속투자 실시
창업팀	운영사	운영사	관리기관 전문기관	운영사 관리기관

팁스 투자 절차

팁스 투자 프로그램을 통한 기술개발자금(R&D) 지원 기간은 2~3년이고, 창업팀당 최대 10억 원 내외(최장 3년 이내)가 지원되며 상세 지원내용을 살펴보면 다음과 같다.

창업사업화 자금	기술개발자금(R&D)			추가연계지원
엔젤투자금(운영사)	정부출연금	민간부담금		
		현금	현물	
1억 원 내외 (정부출연금 20%이상)	최대 5억 원	민간부담금의 50%이상	해당금액	창업자금 연계지원 1억 원 엔젤매칭펀드 2억 원 해외마케팅 1억 원
	기술개발자금의 80%이내	기술개발자금의 20%이상		

팁스 투자자금 지원 내용

팁스 투자 유치와 성공적인 기업 성장을 위해서는 무엇을 준비해야 할까?

구분	내용
관심 투자 업종	• IT 서비스(SW, 모바일, 인터넷) • 부품소재, 첨단제조(하드웨어) • 의료/바이오, 웨어러블, 헬스케어, 적정의료 • 커넥티드카, ICT 서비스, 스마트카 SW, BT 융합, 인공지능(AI) • 에듀테크, O2O, AR/VR, EV/AI, 빅데이터, 핀테크, 모바일인터넷
운영사 선택 시 고려사항	• 투자역량(재원성격, 규모, 실적 등) • 보육역량(멘토링, 전담조직, 글로벌 진출 인프라 및 실적 등) • 보육공간(보육시설, 지원프로그램 등)
단계별 지원 사업	• 창업성장기술개발(TIPS 과제/R&D) : 팁스 운영사로부터 투자 및 추천을 받은 업력 7년 미만의 (예비)창업팀 • 프리팁스(Pre-TIPS) : 액셀러레이터 등으로부터 1천만 원 이상 투자를 유치한 업력 3년 미만의 창업팀 • 포스트팁스(Post-TIPS) : 팁스 R&D 성공 판정을 받은 업력 7년 미만의 창업팀

팁스 투자 준비사항

투자 사업에 선정되기 위한 전략 수립과 기술창업 투자를 받는 목적에 대한 이해가 우선되어야 한다. 최근 팁스 사업의 관심 업종은 AI·헬스케어·빅데이터 등 4차 산업혁명 분야와 소재·부품·장비 산업 분야의 초기 투자 및 창업팀을 우선적으로 선정·지원하고 있다. 또한 성장단계별 사업 간의 연계 강화를 위해 프리팁스 성과 평가를 운영사 중심으로 운영함으로써 프리팁스 졸업기업에게 운영사의 투자 유치를 통한 팁스 참여 기회를 주고 있으니 투자 자금 확보에 대한 단계별 전략 수립이 필요하다.

팁스 프로그램을 거친 스타트업 중 대기업 등에 M&A되거나 해외 벤처 캐피털 등으로부터 후속 투자 유치에 성공하는 사례가 다수 보고되고 있고 성장 궤도에 오른 스타트업이 팁스 출신 기업을 인수하는 사례도 있다. 예를 들면 네이버, 카카오 등에서 리모트몬스터, 드라마앤컴퍼니, 브렉스랩 등 다수의 기업을 인수하였고, 쏘카, 마켓디자이너스, 알에프텍, 트우원 등의 기업도 팁스 출신 스타트업을 인수하였다.

그리고 2013년 창업한 수아랩은 포스트 팁스 프로그램을 거쳐 2,300억 원에 미국 나스

닥 상장사인 코그**사에 인수되는 성과를 거두었다. 본 기업은 AI를 적용한 머신비전을 제조업에 적용하겠다는 비즈니스 목표를 수립하고 수아키트 제품을 상용화하였고, 알파고 쇼크 이후 삼성, SK하이닉스, LG, 한화를 비롯해 도요타, 니콘 등 일본 기업도 수아키트를 적용하기 시작하였다. 팁스 프로그램 및 300억 원의 투자유치 성과를 기반으로 제품 상용화 실현과 창업 6년차에 글로벌 기업에 M&A되는 성과를 달성하게 된 것이다.

스타트업	성과 개요
SUALAB	• 설립 : 2013년 • 핵심기술 : 인공지능·머신비전(machine vision, 기계가 사람 눈처럼 사물을 인식)·슈퍼 컴퓨팅 기술 • 팁스 선정 : 2015년(포스트팁스 2018년) • 기타 성과 : 2017년 북미로봇자동화전(Automate 2017)에서 이노베이터 어워즈(Innovators Awards) 대상 수상
	→ 2019년 美 코그넥스에 인수 (2,300억 원)
REMOTE MONSTER	• 설립 : 2016년 • 핵심기술 : webRTC 기술 활용한 라이브 미디어 플랫폼 • 팁스 선정 : 2017년 • 기타 성과 : 바일 라이브 퀴즈쇼 통통팟, 라이브 커머스 보고사 등에 기술 제공
	→ 2020년 카카오엔터프라이즈가 지분 100% 인수 (56억 원)
POLARIANT	• 설립 : 2015년 • 핵심기술 : 빛의 편광 이용한 실내 정밀 위치측정 솔루션 • 팁스 선정 : 2016년 • 기타 성과 : 2016년 ICT 유망기업 및 K-글로벌 300 선정
	→ 2019년 쏘카에 인수 (30억 원)

팁스 프로그램 활용으로 성공한 스타트업 사례(이미지 출처 : 각사)

스타트업 정부지원 정책자금 도전

중소기업의 기술개발자금은 원칙적으로 중소기업기본법 제2조의 규정에 의한 중소기업을 주로 지원하고 있다. 신청방법은 최근에는 온라인을 통해 사업계획서를 접수하고 있는데, 중소기업 기술개발사업 종합관리시스템(www.smtech.go.kr) K-Startup 창업지원포털(www.k-startup.go.kr), 지원자금 정보는 기업마당(www.bizinfo.go.kr)을 리뷰하면 많은 도움을 받을 수 있다.

기업마당 비즈인포 메인 홈페이지(출처 : www.bizinfo.go.kr)

그리고 국가에서 지원하는 정부지원자금은 제조업과 지식기반서비스업 위주로 지원을 하고 있다. 그 이유는 벤처와 지식기반 사업은 부가가치가 높은 산업에 집중 투자함으로써 산업 전체의 기술기반 강화 및 기술 수준 향상에 기여하는 바가 크고, 기존의 산업분야와는 다른 새로운 분야를 주요 진출 대상으로 함에 따라 신규 고용창출 효과가 크고, 수입대체효과도 커서 국제수지 개선에도 긍정적 영향을 미치기 때문이다.

K-스타트업, 정부지원 정책자금

스타트업 정부지원자금(정책자금) 계획 세우기

스타트업은 연간 수입과 지출을 계획하고 부족분이 발생하지 않도록 유의해야 한다. 또한 재고자산이 과도하게 쌓이지 않도록 자산관리에도 신경을 써야 한다. 여기에는 시설투자와 인력 충원에 대한 계획도 포함하여 자금계획을 수립해야 한다. 기업 신용이 하락하지 않도록 국세와 4대 보험, 부가가치세 등을 철저하게 관리하여야만 한다.

구분	소요자금		구분	조달자금	
	내용	내역		내용	내역
시설자금	임대보증금	보증금, 월세 등	자기자금	예금, 적금	현금 보유 금액
	권리금	시설권리금 등		부동산	부동산 금액
	시설비	내외부 시설투자, 전기 등		기타	기타 자금
	기타	잡비			
운전자금	인건비	직원 인건비	타인자금	정부자금	융자자금
	재료비	제조/서비스 투입 재료비			투자자금
	유지관리비	관리비, 통신비, 수선비 등			R&D 지원금
	마케팅비	온오프라인 홍보, 앱/web 홍보, 광고 등		차입	금융권 등 차입
	기타	잡비		기타	기타 자금
예비자금	예비비	(시설+운전)자금의 10~20%	매출	매출	매출액

소요자금 vs 조달자금 내역

스타트업 정부지원자금(정책자금) 로드맵

자금조달계획 중 정책자금 활용을 위해서는 연간 자금 로드맵을 수립하고 이에 맞는 적절한 정책자금의 종류를 미리 조사해야 한다.

창업기업에게 유리한 자금을 살펴보기 위해서는 전년도 자금 공고 내역을 조사하여 기업에게 맞는 자금의 종류를 리스트업하고 사업신청서 양식을 다운받아 공고 전 2~3개월 전에는 작성을 시작해야 한다. 신청 과제별로 개발아이템을 선정하고 국내외 기술현황 조사와 시장규모 등을 미리 조사하고 대비하여야 한다.

창업지원사업	지재권 및 기술인증	투융자 자금
예비창업패키지지원사업 창업성장기술개발자금 산학연 Collabo R&D	특허, 디자인 출원/등록 벤처인증 연구소/전담부서 설립	기보/신보 융자자금 TIPS 과제 기보/중진공 벤처자금
예비창업자 창업 1~2년차	창업 1~2년차	창업 1~2년차

중견기업 기술개발자금	투자유치	기술개발자금
월드클래스 300 기술개발 중소기업 상용화기술개발사업 (구매조건부신제품개발 등)	벤처 캐피털 IPO M&A	중소기업기술혁신개발자금 지역특화사업육성사업
창업 5년차	창업 3~5년차	창업 2~4년차

자금 로드맵

기술 분야별로 전문사이트를 검색하여 시장과 기술을 조사하고 논문과 저널지도 참고하여 작성하면 도움이 많이 된다.

구 분	웹사이트 주소
중소벤처기업부	https://mss.go.kr/
중소벤처기업진흥공단	https://kosmes.or.kr/
기술보증신용기금	https://www.kibo.or.kr/
중소기업기술혁신센터	https://www.smtech.go.kr/
소재부품종합정보망	http://www.mctnet.org/
중소기업수출지원센터	https://www.exportcenter.go.kr/
서울산업진흥원	https://new.sba.kr/
창업진흥원	https://www.kised.or.kr/
대한무역투자진흥공사(코트라)	https://www.kotra.or.kr/
기업마당 비즈인포	http://www.bizinfo.go.kr/

주요 자금정보 사이트

과제별 사업계획서 양식은 내용별로 상이하므로 해당 사이트에서 다운받아 작성하여야 하며, 사업계획서 작성 시 유의할 사항은 평가 지표를 참고로 하여 작성을 하면 도움이 된다. 자금이나 과제 평가 시 주로 사용되는 평가 지표 항목을 요약하면 다음과 같다.

평가항목	세부항목	평가지표
사업계획 및 사업비의 적정성	사업계획 및 추진의 적정성	• 동 사업의 목적과 부합하는가? • 기술적 수준과 목표가 적정하고 목표 달성 정도를 명확히 측정할 수 있는가? • 기술 개발 방법 및 기간은 적정한가?
	사업비 산정의 적정성	• 동 사업 추진을 위한 사업비 산정의 구체성, 타당성 및 적정성 여부 등
기술성 및 개발 능력	기술의 혁신성과 차별성	• 개발기술이 국내.외 기존 기술과 비교한 연구내용 및 범위의 혁신성과 차별성은?
	과제책임자 및 참여 연구원의 능력	• 과제책임자의 해당분야 기술개발 및 실용화실적, 참여 연구원 능력과 역할분담, 전공, 구성의 적절성 • 연구소 유무, 연구개발전담부서 유무, 정부과제 수행 실적, NET 인증 등
	기업성장가능성과 추진여건	• 주생산품과의 개발과제 연관성, 부채비율, 최근 2년간 매출액 및 영업이익율, R&D 투자비율, 연구전담직원 인력수 • 벤처 및 이노비즈인증, 경영혁신형 인증 유무, 특허 등록수
	기술적 파급효과	• 당해 기술의 향상, 타 기술의 발전 등 산업발전에의 효과
경제성 및 사업화 가능성	개발기술의 활용 가능성	• 개발결과의 제품생산 가능성 등
	실용화 가능성	• 개발결과의 실용화 단계 진입 가능성 및 수준
	사업화 계획의적정성	• 기술·시장동향 파악의 수준 및 사업화 계획의 구체성과 실현 가능성
	시장진입가능성 및 성장성	• 개발결과의 상업화 소요기간과 난이도를 고려한 시장가능성, 시장규모에 따른 성장 가능성
	경제성 및 시장에 미치는 파급효과	• 미래형 산업여부, 시장창출, 매출발생, 수입대체 및 수출효과, 수입단가 인하효과 등

정책자금 사업계획서 주요 평가지표

대면평가 프레젠테이션 성공 노하우

정부지원 R&D 자금의 경우에는 대체적으로 서면평가 후 대면평가(발표평가)를 한다. 대면평가 심사위원은 5~6명 내외의 산학연 관계자로 구성된다.

대면평가를 준비하는 과정에서는 대면평가 평가지표를 숙지하고 정해진 발표 시간에 맞춰 프레젠테이션 자료를 준비해야 한다. 발표할 내용에 대한 스크립트(Script) 원고를 준비하고, 소리내어 연습하고, Q&A를 미리 준비하도록 한다.

정부지원 R&D 사업계획서 발표를 위해 준비하는 프레젠테이션 자료는 아래와 같이 작성을 하면 좋다.

- 발표 차트별 핵심내용 중심으로 개조식으로 작성
- 가능한 Flow chart 화하여 알기 쉽게
- 현장경영평가시의 반영내용은 가급적 피하기
- 회사 소개는 가급적 이미지화로 부각하기
- 기존 기술성 및 사업성에 95% 이상 집중 설명하기

프레젠테이션 자료 작성법

그리고 작성된 자료는 반드시 10번 이상 소리 내 읽고 발표하는 연습을 통해 자신감을 가지고 기술 아이템을 심사위원에게 어필하여야 한다.

1. 기술의 개요
2. 기술개발의 필요성 및 중요성
3. 국내외기술개발동향
4. 기존기술과의 차별성 도표화
5. 개발목표
6. 개발방법 및 추진체계
7. 개발품의 시장현황
8. 개발제품의 매출예상, 수출/수입대체효과/가격경쟁력
9. 개발품의 마케팅계획
10. 기타 사진자료 및 회사소개자료

프레젠테이션 세부 목차 예시

대면평가에서 발표하는 프레젠테이션 자료 내용은 기존에 제출한 사업계획서의 내용과 일치되도록 하여야 하며 변경된 내용이 있다면 서면평가에서 지적사항에 대해 보완하였다는 것을 얘기하거나 수정된 내용에 대해서는 심사위원에게 양해를 구해야 한다. 발표 내용에서 무엇보다 중요한 점은 기술성과 사업성이므로 현재 기술수준의 문제점, 해결방안, 본사가 가진 차별화 또는 강점 포인트 중심으로 발표하는 것이 중요하다. 심사위원과는 논쟁이 아닌 설득하려는 노력이 요구되고 최대한 간결하고 자신감 있는 답변을 준비하도록 한다.

융자자금 활용 전략

융자자금이란?

창업을 하는 기업 혹은 성장단계에 있는 기업이 공장이나 생산시설을 확충하기 위해서 많이 활용하는 자금이 융자자금이다. 대표적으로 중소벤처기업진흥공단에서 취급하는 정책자금 융자 신청 방식과 자금의 종류에 대해 살펴보고자 한다.

중소벤처기업진흥공단 메인 홈페이지(출처 : www.kosmes.or.kr)

정책자금 융자자금은 정책적 지원이 필요한 기술·사업성 우수 중소기업에게 장기저리의 자금을 공급하여 중소기업의 경쟁력 제고 및 성장촉진을 위해 지원하는 자금을 의미한다.

구분	내용
대상	• 중소기업기본법 상의 중소기업
융자 범위	• 시설자금과 운전자금으로 구분하여 융자
융자 한도	• 개별기업당 융자한도는 중기부 소관 정책자금의 융자잔액 기준으로 60억 원 이내(수도권을 제외한 지방소재기업은 70억 원)
융자 방식	• 중진공에서 융자신청·접수하여 융자대상 결정 후, 중진공(직접대출) 또는 금융회사(대리대출)에서 신용, 담보부 대출

중소벤처기업진흥공단 융자자금 개요

융자자금 절차 바로알기

융자 신청은 온라인 신청예약, 사전상담, 온라인신청 순으로 진행되며 당월 자금 희망기업은 전월말까지 신청을 해야 한다.

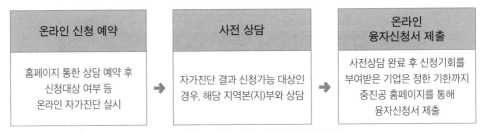

중소벤처기업진흥공단 융자자금 신청 절차

융자 사업계획서는 기업 현황을 상세하게 기술하고, 사업내용과 소요자금 내역을 명확하게 작성하여야 한다. 그리고 융자받은 자금을 어디에 어떻게 사용할 것인가, 그리고 융자는 언제 어떻게 상환이 가능할 것인가에 대한 내용을 포함하여야 한다.

목 차	포함내용
기업현황	• 개요, 연혁, 관계회사, 대표자 경력, 경영진, 주주상황, 매출현황 및 전망, 개발실적, 인증규격 획득 현황, 산업재산권 현황, 주요 보유시설, 주요 생산제품
사업계획	• 사업내용(사업내용 및 목적, 기대효과, 고용창출 계획), 자금소요내역(시설자금, 운전자금), 마케팅 추진계획

중소벤처기업진흥공단 융자자금 사업계획서 주요 내용

스타트업 벤처 연구개발자금 활용하기

스타트업 생존을 위한 R&D 자금 활용

정책자금의 핵심은 R&D 연구개발자금이다. 투·융자 자금과는 달리 기술개발 지원자금의 종류도 많고, 신기술과 아이디어 창업에 있어서 시드머니(Seed Money) 역할을 해주는 자금이 되기 때문이다.

중소기업 기술개발사업 종합관리시스템(출처 : www.smtech.go.kr)

스타트업 창업 정책자금 종류

창업지원 정책자금을 살펴보면 다음과 같다. 창업자금은 사업유형별로는 사업화, R&D,

창업교육, 시설·공간, 멘토링·컨설팅, 행사·네트워크를 지원하며 신청대상은 세부사업에 따라 창업자, 예비창업자 등으로 구분된다. 개별 사업별로 K-Startup(www.k-startup. go.kr), 기업마당(www.bizinfo.go.kr), 부처별 홈페이지를 통해 확인이 가능하다.

사업명	사업개요	지원내용	지원대상자
예비창업패키지	혁신적인 기술을 갖춘 예비창업자에게 사업화 자금과 창업교육 및 멘토링 등을 지원하는 예비창업단계 전용 프로그램	① 창업사업화에 소요되는 사업화 자금(최대 1억 원) ② 창업교육 및 멘토링 ③ 네트워킹, 후속지원 프로그램 등	예비창업자
초기창업패키지	창업인프라가 우수한 대학, 공공기관, 민간 등을 통해 창업 3년 이내 기업의 창업 아이템을 사업화할 수 있는 자금지원 및 아이템 실증검증 등으로 구성된 특화프로그램을 지원하여 기업의 안정화와 성장을 지원	① 사업화자금(고급기술 및 유망 창업아이템 보유, 초기창업기업의 시제품 제작, 마케팅 활동 자금) ② 초기창업 특화프로그램(사업화 자금을 지원받는 초기기업에 아이템 실증검증, 투자연계, 멘토링 등)	창업 3년 이내 기업
창업도약패키지	창업도약기(3~7년) 기업의 스케일업을 통한 성과창출을 위해 사업모델 개선, 사업아이템 고도화, 분야별 특화프로그램 등 사업화 지원 및 성장촉진프로그램 운영	① 사업화지원(최대 3억 원) ② 성장촉진 프로그램(제품개선, 디자인개선, 수출지원, 유통연계)	창업 후 3년 이상 7년 이내 기업
민관공동 창업자 발굴 육성(TIPS)	TIPS(R&D)에 선정된 기술 창업기업을 대상으로 시제품 제작, 국내외 마케팅 활동 등을 위한 자금지원	① 창업사업화 자금(최대 1억 원) ② 해외마케팅 자금(최대 1억 원)	TIPS(R&D)에 선정된 창업 후 7년 이내 기업
창업성공패키지 (청년창업사관학교)	유망 창업아이템 및 혁신기술을 보유한 우수 창업자를 발굴하여 창업사업화 등 창업 全 단계를 패키지 방식으로 일괄지원하여 성공창업기업 육성	① 청년창업사관학교 내 창업 준비공간 제공 ② 사업화지원(최대1억 원) ③ 정책자금 등 후속연계 지원	제조 융복합 업종 영위 창업기업 만 39세 이하 창업 3년 이내 기업

사업명	사업개요	지원내용	지원대상자
창업성장기술개발	창업기업에 대한 전략적 R&D 지원을 통해 기술기반 창업기업의 혁신성장 촉진 및 창업 강국으로의 도약	① (디딤돌) 최대 1.5억 원 이내 ② (전략형) 최대 4억 원 이내 ③ (TIPS) 최대 5억 원 이내	창업 7년 이하 기업
한국콘텐츠진흥원 기업육성 지원사업	콘텐츠 분야 창작자부터 중기 스타트업까지 성장단계별 맞춤형 지원을 통한 창업 생태계 선순환 구축	① 사업화 자금 ② 컨설팅·멘토링 ③ 자원연계	각 사업별 상이
농식품 벤처육성지원	농식품 분야의 유망한 기술기반 (예비)창업기업 대상으로 사업화 자금과 성장지원	① 사업화자금 지원	농식품 분야 예비창업자 및 창업기업
사회적기업가 육성사업	사회적경제기업 창업을 준비하는 팀을 선발하여, 사회적 목적 실현부터 사업화까지 창업 전과정을 원스톱으로 지원	① 창업공간 ② 창업자금(차등지급) ③ 교육·멘토링 ④ 사후관리 등 후속지원	예비창업팀 또는 창업 2년 이내 사업자
혁신분야 창업패키지 (비대면 유망 스타트업 육성)	비대면 분야의 전문성을 갖춘 부처별 소관 전문 주관기관을 통하여 창업 7년 이내 기업의 비대면 분야 유망 창업·벤처기업 육성 지원	① 사업화 자금 ② 특화 프로그램 지원	7년 이내 비대면 분야 유망 창업기업

창업지원 정책자금(사업화, R&D) 세부 내역(2021년 사업공고 기준)

중소기업 기술개발 정책자금 종류

중소기업 기술개발 자금은 중소기업의 신기술·신제품 개발 및 제품·공정혁신 등 기술경쟁력 향상을 위하여 지원하는 개술개발 지원 사업을 의미한다.

신청자격은 중소기업기본법에 규정된 중소기업이며 대체적으로 온라인을 통해 사업계획서를 접수하며 사업 공고는 사업별 추진일정에 따라, 중소벤처기업부 홈페이지(www.mss.go.kr), 중소기업 기술개발사업종합관리시스템(www.smtech.go.kr) 등을 통해 확인이 가능하다.

지원자금은 정부출연금은 총 사업비의 50~80% 이내에서 지원하고, 민간부담금의 40~60% 이상을 현금으로 부담하여야 하며 개별 사업별로 현금 부담 비율은 상이하다. 또한 일부 과제의 경우 기술개발 종료 후 5년 간 기술개발 결과물의 사업화 실시로 인한 매출이 발생한 후 매출액의 일정 비율을 납부하는 경우가 있고, 성과물에 대한 실시권을 획득하는 대가로 정부출연금의 일정 비율로 기술료를 징수하기도 한다.

사업명	사업개요	지원내용
중소기업 기술혁신개발	중소기업이 기술개발을 통해 Scale-Up 할 수 있도록 시장검증 단계별 R&D 지원과 신속한 사업화를 통해 기업성장 도모	수출지향형 : 최대 4년, 20억 원 시장확대형 : 최대 2년, 6억 원 시장대응형 : 최대 2년, 5억 원 강소기업 100 : 최대 4년, 20억 원 소부장 전략 : 최대 2년, 6억 원 소부장 일반 : 최대 2년, 5억 원
중소기업 상용화 기술개발	• (구매조건부 신제품개발) 수요처 및 투자기업의 수요기반 R&D를 지원하여 가치(공급)사슬의 경쟁력 확보 • (네트워크형 기술개발) 기업 간의 협력수요가 있는 제품 전주기 협력 R&BD를 지원하여 중소기업의 주도적 역량 확보 및 자립화 기반 마련	구매조건부 신제품개발 : 구매연계형(최대 2년, 5억 원), 공동투자형(최대 3년, 24억 원) 네트워크형 기술개발 : 네트워크 기획(최대 6개월, 3천만 원), R&BD지원(최대 2년, 6억 원)
산학연 Collabo R&D	산학연 협력 R&D 활성화를 통한 중소기업 일자리 창출과 혁신성장 촉진	산학협력기술개발 : 1단계 : 예비연구(8개월, 0.5억 원 이내) 2단계 : 사업화 R&D(2년, 4억 원) 산연협력기술개발 : 1단계 : 예비연구(8개월, 0.5억 원 이내) 2단계 : 사업화 R&D(2년, 4억 원 이내)
테크브릿지 (Tech-Bridge) 활용 상용화 기술개발	소재·부품·장비 분야 중소기업의 공공기술 기술이전 활성화 촉진 및 R&D 지원을 통한 기술·사업화 역량 제고	최대 2년, 8억 원
AI기반 고부가 신제품 기술개발	중소기업의 경쟁력 강화를 위해 기존 제품에 AI 부가를 통한 고부가가치화 기술개발 지원	최대 1년, 3억 원
소재부품장비 전략협력기술개발	소재·부품·장비분야 유망 중소기업의 기술혁신 역량 갖춘 기업 발굴	최대 3년, 12억 원
현장수요 맞춤형 방명물품 기술개발	의료기관 방역현장 애로 수요를 바탕으로 기업의 창의적 아이디어가 결합된 방역물품 R&D 지원	최대 2년, 6억 원

중소기업 연구개발자금 세부 내역(2021년 사업공고 기준)

중소벤처기업부 홈페이지를 통해 고객 유형별 정책과 분야별 정책 과제를 조회하여 사업 아이템별, 성장 단계별로 적절한 정책 자금 종류를 선별하여 사업 공고 3~6개월 이전부터 준비를 하는 것이 필요하다. 해당 사업 공고 시기는 대체적으로 전년도 공고 시기와 비슷하므로 직전년도 공고 시기를 참고하면 좋다.

구분	지원사업 예시
기술	• 구매조건부제품개발사업 • 중소기업 네트워크형 기술개발사업 • 기술보호 역량강화 기술지킴 서비스 • 기술전문기업 협력기술개발사업 • 스마트공장 구축 및 고도화지원 • 국가융복합단지 연계 상용화 R&D 지원
인력	• 중소기업 장기근속자 주택우선 공급 • 청년재직자 내일채움공제 • 중소기업 계약학과 사업 • 중소기업 특성화고 인력양성사업 • 여성기업지원 전문인력 매칭 플랫폼
내수	• 여성기업제품 공공구매 지원 • TV 홈쇼핑 판매 지원 • 유망 프랜차이즈화 지원 • 소상공인 온라인 판로 지원
수출	• 여성특화제품 해외진출 One-stop 지원 • 해외규격인증획득 지원 • 수출 인큐베이터 사업 • 전자상거래 활용 수출

중소벤처기업부 정책과제 예시

정부지원 정책 R&D 자금 사업계획서 작성 노하우

사업계획서 기본 구조 바로알기

연구개발자금 신청을 위한 사업계획서는 기술성과 사업성을 중심으로 작성하는데, 기술 (특허)에 대한 기술개발 목표, 기술개발의 필요성, 국내외 연구개발 현황, 선행특허조사, 연구개발실적 등 개발과 관련된 사항을 중점적으로 작성하도록 한다.

기술개발의 독창성과 차별성 등을 기존기술과의 비교를 통해 구체적으로 작성하고 개발 후 사업화 계획에 대해 양산 및 판로개척, 개발 종료 후 기술개발 결과물의 사업화를 위한 투자 계획 등을 제시하도록 한다.

목 차	포 함 내 용
기술개발의 개요 및 필요성	• 개발 대상기술의 개발 필요성 • 기술개발 시 예상효과 및 활용방안 • 국내외 관련 기술현황, 문제점 및 전망 • 개발 대상기술을 활용한 사업화 방안
기술개발의 독창성과 차별성	• 경쟁제품과의 비교분석 (제품명, 경쟁사명, 판매가격, 점유율) • 개발대상기술의 독창성, 신규성, 차별성, 세계수준과의 비교 • 기술개발 준비 현황 (선행기술 조사, 기술유출 방지 대책)
기술개발 목표	• 기술개발 최종목표, 기술개발 내용 • 세부 추진일정 • 수행기관별 업무분장
사업화 목표 및 계획	• 사업화 목표 근거, 실적, 주요시장 경쟁사 • 개발 대상기술의 국내외 시장규모 • 사업화 계획 (양산 및 판로개척, 후속 투자계획) • 해외시장 진출 계획, 고용창출 계획 등
연구기자재 및 설비	• 기보유 기자재, 신규 확보 기자재
국가연구개발과제 참여 실적	• 과제명, 종료기간, 정부 출연금, 사업화내용
연구책임자	• 학력사항, 경력사항, 기타 특기사항, 참여연구원 현황
총사업비	• 정부출연금, 민간부담금, 비목별 총괄, 직접비 명세표 등

연구개발자금 사업계획서 주요 내용

사업 공고에 따라 다르긴 하지만 최근에는 온라인으로 사업계획서를 업로드하는 방식으로 과제 제안서를 제출하는 경우가 많다. 접수 마감일 이전에 시스템에 회원가입 여부를 확인하도록 하여야 한다. 특히, 사업체 정보관리에서 기관 정보를 업데이트하고, 대표자, 책임자, 실무담당자 등도 회원가입을 해두어야 한다. 그리고 경영현황표에 재무제표 정보를 기입하도록 되어 있으니 결산 정보 자료도 준비해 둘 필요가 있다.

스타트업 창업자금 조달을 위한 사업계획서 작성법

개발기술 개요 및 필요성

개발대상기술(또는 제품)의 기본개념 등 제시하고 문제점과 전망 등에 관하여 기술하고 이에 따른 기술개발의 필요성을 서술하도록 한다. 연구개발의 현황과 필요성을 서술하되 필요시 개발 대상 서비스, 기술, 또는 제품의 기본 개념 등을 포함하여 작성하는 것이 필요하다.

• 개발기술 개요 및 필요성

1) 기술개발 개요
   - 개요 (제품/서비스 도식 포함)
2) 기술개발의 필요성
   - 기술적 측면 (국내외 기술개발현황, 기술 트렌드 등)
   - 산업경제적 측면 (정부정책방향, 국내외 수요 전망 등)

개발기술 독창성 및 차별성

개발대상기술(또는 제품)의 독창성, 신규성 및 차별성 등을 기존기술(제품) 및 세계수준과의 비교를 통해 구체적으로 서술하도록 하며 구체적인 자료(출처 명기 등)를 제시하도록 해야 한다. 국가연구개발사업 수행(지원) 이력을 보유한 경우, 기 수행한(지원 받은) 과제와의 차별성을 과제별로 명확하게 세부적으로 제시하도록 한다.

- **개발기술 독창성 및 차별성**
  1) 기술의 독창성
    - 개발 기술(제품/서비스) 개념도, 구조도, 프로세스 설명자료
    - 개발 기술 현황, 문제점, 해결방안
  2) 기술의 차별성
    - 개발 기술 기존기술 또는 세계기술과의 비교 분석(주요 성능 비교)
      ex) 범위, 정확도, 방식, 크기, 가격, 효율, 속도, 데이터 양 등

기술개발 준비현황

　제안한 기술개발과 관련한 수행기관의 선행연구결과 및 애로사항(상용화를 위해 해결해야 할 사항 등)을 구체적으로 제시하도록 한다. 특허정보넷 키프리스(www.kipris. or.kr)를 토해 개발과제와 관련된 특허 정보를 검색할 수 있으며 핵심기술의 지식재산권 확보 방안과 유사 특허가 있을 경우 회피방안 등을 제시하도록 한다. 과제책임자는 개발 기술과 직접적 경쟁 관계에 있거나 선행 특허에 해당하는 국내외 지식재산권 관련 내용을 숙지하도록 해야 한다.

　또한 기술유출 방지 대책으로 제안한 기술개발과 관련한 수행기관의 선행연구결과 및 애로사항(상용화를 위해 해결해야 할 사항 등)을 구체적으로 제시하도록 한다.

- **선행기술 결과 및 애로사항**
  1) 선행기술 조사 결과
    - 본사 기술 기초 시험 결과 및 분석 결과(분석자료, 기술인력, 시설 인프라 등 포함)
    - 타사 제품조사 및 기술 분석 결과
  2) 기술적 애로사항
    - 기술 상용화를 위해 해결할 사항
- **지식재산권 확보·회피 방안**
  1) 지식재산권 목록
  2) 유사 특허별 회피방안
- **기술유출 방지 대책**
  1) R&D 산출물 관리 방안
  2) 기술유출 방지 관리 방안

기술개발 목표 및 내용

개발하고자 하는 기술의 내용은 개발결과물(제품, 기술 등) 중심으로 명확하게 제시하여야 하는데 적용분야, 적용기술, 주요성능 등이 핵심 내용이 된다.

특히, 성능지표 목표 및 측정방법 제시는 과제 성공 판정 여부를 결정하는 중요한 지표이므로 공인기관을 통해 측정 가능한 지표를 산출하고 국내외 경쟁사 대비 기술 성능 수준을 면밀히 파악한 후 자세하게 작성하도록 해야 한다. 평가 방법은 공인인증시험, 외부기관 의뢰, 수요기업 평가 중 하나를 기재하되 불가피한 경우에 한하여 수행기관 자체평가로 기재하고 사유를 명시하도록 해야 한다. 자체평가 수행 시에는 측정 규격(표준, 규정, 매뉴얼 등) 측정 환경에 대한 평가방법을 상세하게 제시하도록 해야 한다.

- **기술개발 목표**
  1) 개발 목표
  2) 개발 세부 내용
- **성능지표 목표 및 측정방법(예시1)**

주요 성능지표[1]	단위	단계별 개발목표[2]		기술개발전 수준	세계최고수준 또는 수요처 요구수준[3] (해당기업)	전체항목에서 차지하는 비중[4] (%)	평가방법[5]	
		1단계 (1~2차년도)	2단계 (3~4차년도)				1단계 (1~2차년도)	2단계 (3~4차년도)
Nozzle Gap	*μm*	*OOμm이하*	*OOμm이하*	*OOμm*	*70μm((주)0000)*	*40*	*공인 시험. 인 증기관*	*공인 시험. 인 증기관*
압력	*Psi*	*OOPsi이상*	*OOPsi이상*	*OOPsi*	*1,000Psi((주)0000)*	*30*	*자체평가 수행 후 입회시험평 가 수행*	*자체평가 수행 후 입회시험평 가 수행*
Contamination	*%*	*OO% 이하*	*OO% 이하*	*OO%*	*0.001%((주)0000))*	*20*	*공인 시험. 인 증기관*	*공인 시험. 인 증기관*
나노입자 크기	*nm*	*OOnm이하*	*OOnm이하*	*OOnm*	*60nm((주)0000))*	*10*	*외부기관 의뢰*	*외부기관 의뢰*

- **성능지표 목표 및 측정방법(예시2)**

주요 성능지표[1]	단위	단계별 개발목표[2]		기술개발전 수준	세계최고수준 또는 수요처 요구수준[3] (해당기업)	전체항목에서 차지하는 비중[4] (%)	평가방법[5]	
		1단계 (1~2차년도)	2단계 (3~4차년도)				1단계 (1~2차년도)	2단계 (3~4차년도)
안드로이드 하이브리드 앱	*OS*	*안드로이드 OOO이상 ISOOO이상*	*안드로이드 OOO이상 ISOOO이상*	*안드로이드 OOO이상 ISOOO이상*	*OO이상, 구글, 애플OO*	*40*	*공인 시험. 인 증기관 TTA*	*공인 시험. 인 증기관 TTA*
트래픽 처리량	건/초	*OO건/초*	*OO건/초*	*OO건/초*	*무제한 아마존*	*30*	*공인 시험. 인 증기관 TTA*	*공인 시험. 인 증기관 TTA*
웹사이트 동시접촉자수	명/분	*OO명/분*	*OO명/분*	*OO명/분*	*무제한 구글*	*20*	*공인 시험. 인 증기관*	*공인 시험. 인 증기관*
데이터베이스 응답속도	*sec*	*OOsec이하*	*OOsec이하*	*OOsec이하*	*OOsec이하 오라클*	*10*	*외부기관 의뢰*	*외부기관 의뢰*

- **기술개발 내용**
  1) 핵심기술 및 단계별 목표달성 방안
  2) 개발방법
  3) 개발결과

세부 추진 일정

세부 추진 일정표는 개발 차수별로 개발 일정을 상세하기 기록하며, 수행기관별로 역할을 나누어 작성하도록 한다.

• 세부 추진 일정표(예시)														
세부 개발내용	수행기관 (주관/참여 /수요처/ 위탁 등)	기술개발기간											
		1	2	3	4	5	6	7	8	9	10	11	12
계획수립 및 자료조사	주관/참여	■	■										
세부 규격 확정 및 도면 작성	위탁			■	■		■	■					
제품 디자인 및 설계	주관												
전제 시스템 구성	주관							■	■				
알고리즘 연구	전 기관					■	■	■					
제품 모듈 및 시제품 제작	위탁								■	■			
제품 설계 제작 (App 설계, 통신 설계, 금형 제작 등)	주관												
제품 기능 보완 제작 및 테스트	주관										■	■	
필드 테스트, 공인시험인증	위탁												■
최종 평가 및 보고	주관/참여												

사업화 목표

사업화 목표는 기술개발을 통한 기업의 전체적인 성장 및 개발기술의 사업화 성과를 객관적·체계적으로 평가·관리하기 위한 지표로서, 선정평가, 사업화 성과 확인 및 경상 기술료 산정.납부시 근거자료로 활용하기 위한 자료이다.

예상 연구개발 결과물 제품 매출액, 예상 연구개발결과물의 기존 제품 매출증가(또는 감소)에 미치는 영향 등 기술개발을 통한 기업의 전체적인 성장가능성을 종합적으로 고려하여 제시하되, 목표 산정의 타당성 확인을 위해 기존 제품별 매출현황 및 성장 추이 등 객관적 자료를 참고자료로 제시하도록 한다.

• 사업화 목표

사업화 성과	세부 성과지표	( )년 (개발종료 해당년)	( )년 (개발종료 후 1년)	( )년 (개발종료 후 2년)
기업 전체 성장	예상 총매출액(A)			
개발기술의 사업화 성과	예상 연구개발결과물 제품 매출액(B)			
	연구개발결과물 제품 점유비율 (C) (C=(B/A)*100)			

 - 예상 총매출액(A) : 기술개발을 통한 기업의 전체적인 성장 등 파급효과를 판단하기 위한 자료로, 기술개발종료 및 종료 후 5년간 기업의 총매출액 목표(추정치)를 제시
 - 예상 연구개발결과물 제품 매출액(B) : 개발기술의 실시(사업화)를 통한 직접적인 매출 성과를 판단하기 위한 자료로, 기술개발종료 및 종료 후 5년간 기술개발결과물을 실시하여 발생하는 매출액 목표(추정치)를 제시
 - 연구개발결과물 제품 점유비율(%)(C=B/A) : 해당연도 예상 연구개발결과물 제품 매출액이 예상 총매출액에서 차지하는 비중으로, 선정평가, 사업화 성과 확인 및 경상 기술료 산정·납부 시 근거자료로 활용

• 사업화 목표 산정 근거

사업화 성과	세부 성과지표	산정근거	참고자료명
매출액 등 기업 전체 성장	예상 총매출액		예시) 기존 제품별 매출현황 및 성장 추이
개발기술의 사업화 성과	예상 연구개발결과물 제품 매출액		예시) 중소기업 기술로드맵

• 사업화 실적

사업화 품목명 (사업화 연도)	품목용도	품질 및 가격경쟁력	수출여부	판매채널 (온·오프라인)
		작성 예) 제품 단가가 xx국가 경쟁기업 xx사 대비 10% 낮아 가격경쟁력이 있고 품질은 세계시장에서 유사한 수준으로 평가	수출	작성 예) 베트남 현 지 xx 에이전시 활용

국내외 시장규모 및 주요 시장 경쟁사

객관성 있는 산출근거를 바탕으로 개발대상의 기술(제품)에 대한 시장규모를 제시하도록 한다. 만일 시장규모 파악이 어려운 경우 표를 생략하고 소비자 조사결과, 뉴스, 해외시장조사보고서 등 관련 자료를 발췌(출처 명기)하도록 한다. 해외 저널, 논문 등의 자료를 인용하는 것이 도움이 된다.

• 국내외 시장규모

구 분	현재의 시장규모(20 년)	예상 시장규모(20 년)
세계 시장규모	00조원	0조원
국내 시장규모	00억원	0억원
산출 근거(자료)	예시) 중소기업 기술로드맵	

- 산출근거 : ㅇㅇㅇ 시장규모에 연평균 성장률 ㅇㅇ% 적용

• 국내외 주요시장

경쟁사명	제품명	판매가격 (천원)	연 판매액 (천원)
000(미국)	000	5,000	미확인
000(한국)	000	4,000	1,000,000

사업화 계획

제품화(개발한 기술이 최종 제품·서비스 형태로 개발되는 동안의 계획과정), 양산(제품화 이후의 양산 계획과 방법), 판로개척(양산제품의 마케팅, 판매전략 등 판로개척 계획)에 대한 계획을 작성하도록 한다. 특히, SWOT 분석을 이용하여 요소기술/제품/서비스의 시장 경쟁력, 차별성을 분석하는 것도 중요하다.

• **제품화 및 양산, 판로개척**
  1) 제품화 계획
  - 시장세분화, 목표 시장 (시장수요, 제안 솔루션 등)
  2) 양산 계획
  - 사업화 제품, 시설/설비 투자 계획, 판매전략 등
  3) 판로 개척 계획
  - 국내외 판로 개척 (내수 판매전략, 수출 전략, 온/오프라인 유통망, B2B 등)

• **기술개발 후 국내외 주요 판매처 현황**

판매처	국가 명	판매 단가 (천원)	예상 연간 판매량(개)	예상 판매기간(년)	예상 총판매금 (천원)	관련제품
000	한국	20,000	5	2	300,000	000
000	영국	20,000	5	2	300,000	000
000	독일	20,000	10	3	600,000	000

• **사업화를 위한 후속 투자계획**

구 분	( )년 (개발종료 해당년)	( )년 (종료 후 1년)	( )년 (종료 후 2년)
사업화 제품명			
투자계획(백만원)			

사업비 비목별 소요 명세

사업비는 인건비, 연구시설·장비비, 연구재료비, 연구활동비, 연구수당, 위탁연구개발비, 간접비 등으로 구성되며 각 항목별 기준과 한도를 체크하여 사업비를 구성하여야 한다.

구분	내용
인건비	• 기술개발과제의 참여연구원 등에게 지급하는 인건비
연구시설·장비비	• 연구에 사용할 수 있는 기기, 연구시설의 설치·입·임차 사용에 관련 경비와 운영비 등 부대 경비
연구 활동비	• 연구원 국내외 여비, 전문가 활용비, 기술정보 수집비, 국내외 교육훈련비, 문헌구입비 등
연구수당	• 과제 수행과 관련된 과제책임자 및 참여연구원의 보상·장려금 지급을 위한 수당
위탁연구개발비	• 주관기관이 연구비의 일부를 요령에 따른 외부 연구기관에게 용역을 주어 위탁 수행하는 데 소요되는 경비
간접비	• 과제수행에 소요되는 인력지원비, 연구지원비, 성과활용지원비 등

사업비 비목별 내용

연구원별 총 참여율은 100%를 초과할 수 없으며 주관기관 등 수행기관 대표자의 배우자 및 직계 존비속의 경우 참여연구원으로 등록이 불가능하다. 다만 가업승계 등 불가피한 경우 위원회의 승인을 받아 등록이 가능하다.

- **인건비 예시**

성명	직위	실지급액 (연봉/12) (A)	참여율 (%) (B)	참여기간(월) (C)	합　계(A×B×C/100)		
					현금	현물	계
000	00	2,500	20	12	2,400	3,600	6,000
000	00	3,000	30	12	0	10,800	10,800

- 내부인건비

구　분		세부 산정기준
정부출연연구기관 및 특정연구기관	연봉제 적용기관	• 연봉총액/12 ×참여기간 ×참여율
	연봉제 비적용기관	• 정부인정 12개 항목/12 ×참여기간 ×참여율 　- 기본급여(기본급, 상여금) 　- 정액급(기본연구활동비, 능률제고수당기본급) 　- 복리후생비(가족수당, 중식보조비, 자가운전보조비) 　- 법적부담금(퇴직급여충당금, 국민연금, 건강보험, 고용보험, 산재보험)
중소기업, 대학 등		• 소속기관 규정에 따른 실지급액/12 ×참여기간 ×참여율
개인사업자 대표		• 전년도 종합소득세 신고액 기준 • 소득이 없거나, 상용근로자 월 평균급여(3,707천원)* 이하인 개인사업자 대표 　는 상용근로자 월 평균급여로 계상 ＊고용노동부 前년 상용근로자 1인당 월평균 임금 기준

- 외부인건비

구　분	세부 산정기준
외부기관에 소속된 자	• 원소속기관의 급여기준에 따름. 단, 기업, 대학, 국립·연구기관의 정규직원은 외부인건비 　계상불가
급여총액을 알 수 없는 외부연구원	• 박사이상 : 3,000천원 ×참여기간 ×참여율 • 박사과정 : 2,500천원 ×참여기간 ×참여율 • 석사과정 : 1,800천원 ×참여기간 ×참여율 • 학사이하 : 1,000천원 ×참여기간 ×참여율
기　타	• 전년도 연말정산기준 급여총액/12 ×참여기간 ×참여율

- **연구시설·장비비**
  - 2개월 이상 사용할 수 있는 기기, 연구시설의 설치, 구입, 임차비
  - 접수 마감일 이전 5년 이내 구입한 수행기관 보유 연구시설·장비비는 구입가의 20% 이내에서 현물 계상 가능
  - 시약·재료 구입비(양산을 위한 과다 구입 불가)
  - 시제품 제작 경비(외주 가공, 용역비 계상)

- **연구활동비**
  - 국외여비(과제수행 관련 기술동향파악 위한 해외 전시회 참여, 현지 답사비용, 해외 참석 비용 등)
  - 수용비 및 수수료(위탁정산비, 과제 관련 인쇄비, 복사비 등)
  - 연구개발서비스 활용비(공인시험인증비, 시험·분석·검사, 임상시험, 기술정보수집, 특허정보 조사 등 등)
  - 연구과제 운영비(회의비, 초과근무 식대, 사무용품비, 연구환경 유지비 등)

- **간접비**
  - 연구지원비(기술임차비, 연구실 안전관리비 등)
  - 성과활용지원비(지식재산권 출원·등록비 등)

수출, 마케팅 정부지원정책 도전

수출 지원 정책자금

중소기업수출지원센터(출처 : www.exportcenter.go.kr)

정부에서는 중소·중견기업의 해외 진출 경쟁력 강화를 위해 수요에 기반한 맞춤형 해외 마케팅 사업을 지원하고 있다. 최근에는 수출바우처를 통해 해외 영업에 필요한 서비스를 선택하여 소요 비용을 정산 받을 수 있도록 제공하고 있다.

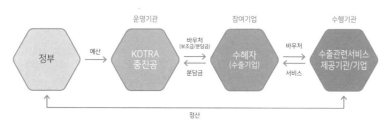

수출바우처 발급 정산 흐름도(출처 : 산업통상자원부)

수출바우처 지원사업 주요 내용으로는 파트너·바이어 발굴조사, 해외시장조사, 소비자 리서치, 경쟁제품 동향조사 등 조사 컨설팅, 비즈니스/기술문서, 홈페이지 번역 및 통번역 분야 유사 서비스, 현지시험·인허가, 지식재산권 등록, 지재권 분쟁 지원 및 특허/지재권/

시험분야 유사서비스, 국내 개최 국제 전시회 참가, 바이어 매칭 상담회·세미나·시연회 및 해외전시회·행사·해외 영업지원 분야 유사 서비스, 수출브랜드, 네이밍, 온·오프라인 제품 매뉴얼 제작, 정품인증, 위변조방지 및 브랜드개발·관리 분야 유사 서비스 등이 있다.

중소기업 해외진출지원 사업을 살펴보면 다음과 같다.

사업명	사업개요	지원내용	기타
대중소기업 동반진출	해외진출 역량이 부족한 중소기업을 지원하기 위해 대기업의 해외 네트워크 및 인프라를 활용한 공동 마케팅 및 해외진출 지원	해외 마케팅 활동 및 판로개척 등 대·중소기업 간 동반진출 지원	과제당 최대 4천만 원 한도
전자상거래 활용수출	중소기업의 온라인을 활용한 해외진출 촉진을 위해 글로벌 플랫폼을 통한 온라인 수출, 인력 교육, 인프라 구축 등 지원	판매대행 온라인수출기업화 공동물류 자사몰 육성 온라인 전시회	최대 1억 원 소요 경비의 70%
수출인큐베이터	세계 경제 주요 교역거점에 수출인큐베이터를 설치하여 현지 진출 초기 중소기업의 조기 정착을 지원	해외 사무공간 마케팅, 정보제공, 조기정착 지원 등	해외시장지출 희망 중소벤처기업 (스타트업) 등 지원
수출바우처	내수, 수출 중소기업 규모별·역량별 맞춤형 해외마케팅 지원(수출바우처)을 통해 수출액 확대 및 수출선도기업 육성	성장바우처(수출금액별 차등) 혁신바우처(지원대상 구분, 한구 구분)	수출 규모별 성장사다리 구축을 위해 지원대상 구분
수출컨소시엄	동일·유사·이업종별 컨소시엄을 구성하여 사전·사후 현장 밀착 지원을 통한 단계별 공동 해외시장 개척활동 지원	수출 컨소시엄별 사전시장조사, 현지파견, 사후관리 등	단계별 소요되는 공통비용의 70% 지원
해외규격인증 획득지원	중소기업의 해외시장 진출에 필요한 해외규격인증 획득지원을 통해 수출 확대에 기여	험·인증비, 공장심사비, 컨설팅비 등 인증획득에 소요되는 비용 지원 최대 1억원 한도내에서 전년도 매출액 30억원 기준으로 차등 지원(50% 또는 70%)	전년도 직접수출액 5천만불 미만 중소기업
온라인수출 플랫폼	고비즈코리아를 기반으로 온라인수출 인프라 구축, 온라인마케팅 및 구매 오퍼 사후관리까지 온라인 서비스 원스톱 제공	4D·웹북기반 상품 페이지 및 Seller's Store(미니홈페이지) 제작, 인플루언스 마케팅 등 지원, 온라인 거래 알선 등 무역업무 사후관리 지원	고비즈코리아 (kr.gobizkorea.com) 통한 접수

해외진출지원 정책자금 세부 내역(2021년 사업공고 기준)

한편, 수출마케팅 프로그램 및 마케팅 서비스에 대한 내용은 고비즈코리아 사이트를 통해 정보를 파악할 수 있다. 고비즈코리아는 해외 구매자가 비즈니스 매칭 프로그램을 통해 신뢰할 수 있는 한국의 공급 업체, 제조업체, 제품, 회사를 만나는 온라인 공간이다.

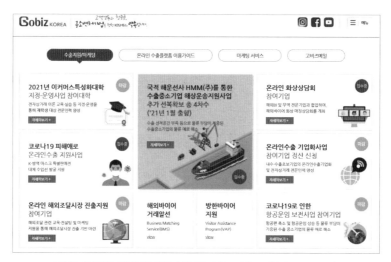

고비즈코리아 메인 홈페이지(출처 : https://kr.gobizkorea.com)

온라인 수출에 관한 애로사항에 대한 상담과 글로벌 전자상거래 동향, 해외바이오 동향 등에 대한 정보를 활용할 수 있다.

고비즈코리아 주요 제공정보

마케팅 지원 정책자금

중소기업의 판로 개척과 유통 시장 진출을 위해 혁신 중소기업 제품에 대해 온·오프라인 유통채널 홍보·마케팅, 공동브랜드, 사후관리를 지원하고 있다.

사업명	사업개요	지원내용
온라인 시장진출	중소기업의 안정적인 판매망 확보를 위해 온라인기획전·홈쇼핑 등 온라인 마케팅 판로를 지원하여 중소기업 제품의 경쟁력 향상	온라인쇼핑몰 기획전 40회 내외, TV홈쇼핑 및 T-커머스 80회 내외, V-커머스 30개사 내외 등

온라인 쇼핑몰 기획전	TV 홈쇼핑			V-커머스
	4대社	공영社	T-커머스	
정부보조금 100%	영상제작비 80%	홈쇼핑사에 방송대금 지급	홈쇼핑사에 방송대금 지급	정부보조금 100%

사업명	사업개요	지원내용
정책마당 입점 지원	중소기업제품 전용 판매장인 아임쇼핑 정책매장을 통해 창업 및 혁신기업이 생산한 혁신제품의 시장검증과 유통망 연계지원	자체 판매장이 없거나 신상품의 신규 시장진출이 필요한 중소기업에게 제품을 팔 수 있는 판매 공간 제공
오프라인 기획전	대형 전시장을 활용한 전시 및 판매로 오프라인 기획전을 통한 참여 중소기업 종합 지원	종합기획전 3회 내외(연간)
공동브랜드 개발 및 육성	대한민국 중소기업이 생산한 혁신기술 기반의 소비재 우수 제품군 발굴로 중기상품 이미지 제고 및 국내외 판로개척 지원	브랜드 K 상표사용권한 부여, 국내외 행사 참여, 온오프라인 홍보지원, 유통망 진출 지원
중소기업 공동 A/S 지원	우수한 제품을 생산하고도 체계적인 A/S 시스템을 갖추지 못하는 중소기업을 위해 A/S 상담·처리를 지원하는 A/S 망 구축·운영	A/S 상담 및 처리

구 분	사업비 분담내역	
	정부 보조금	업체 부담금
공동 A/S 상담지원	70%	30%

마케팅 지원 정책자금 세부 내역(2020년 사업공고 기준)

소상공인의 경우에는 O2O플랫폼을 활용한 오프라인 점포의 온라인 확장으로 소상공인 판로 및 매출 확대를 위한 소상공인 O2O 지원 사업을 활용하는 것도 좋다.

① 플랫폼 모집	② 사업비 지급	③ 서비스 지원	④ 결과 보고
플랫폼 선정 및 협약체결	공공배달앱 마케팅비 지급	O2O서비스 제공	사업비정산 및 결과보고
공단↔공공배달앱	공단→공공배달앱	공공배달앱	공공배달앱→공단

소상공인 O2O 지원사업 추진 절차

한편, 중소기업유통센터를 통해 판로 및 마케팅 지원 사업에 대한 정보를 파악하고 활용해 보도록 하자.

중소기업유통센터 메인 홈페이지(출처 : www.sbdc.or.kr)

지원 내용으로 행복한 백화점 사업, 홈쇼핑 지원사업, 공고구매 지원 등의 사업이 있다.

중소기업유통센터 주요 지원사업

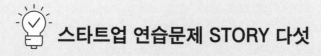

스타트업 연습문제 STORY 다섯

1. 기업의 정책자금 자금 조달 유형은 크게 투자자금, 융자자금, 출연자금으로 구분할 수 있다. 이들 자금의 특징과 장단점을 비교해서 설명해 보세요.

2. 요즘 스타트업은 크라우드펀딩을 활용하여 초기 자금을 확보하는 경우가 빈번하다. 크라우드펀딩의 의미는 무엇이며, 그 종류를 2가지 이상 제시해 보세요.

3. 벤처 캐피털(Venture Capital)은 잠재력이 있는 벤처 기업에 자금을 대고 경영과 기술지도 등을 종합적으로 지원하여 높은 자본이득을 추구하는 금융자본이다. 벤처 캐피털의 투자 과정(절차)를 설명해 보세요.

4. 스타트업은 연간 수입과 지출을 계획하고 부족분이 발생하지 않도록 유의해야 한다. 또한 재고자산이 과도하게 쌓이지 않도록 자산관리에도 신경을 써야한다. 예비창업자라고 가정하고, 1년 간 예상되는 기업에서 필요한 소요자금을 추산하고, 조달자금 계획에 대해 다음의 표를 활용하여 작성해 보세요.

구분	소요자금	구분	조달자금
시설자금		자기자금	
운전자금		타인자금	

 Jeffrey Preston Bezos

실패와 혁신은 쌍둥이이다. 이것은 우리가 1000억 달러의 매출을 내면서도 끊임없이 실패에 도전하는 이유이다.

Part 6

스타트업 저작권과
특허로 지식재산권 보호하기

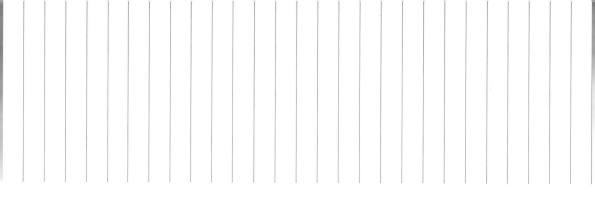

스타트업이 알아야 할 저작권

저작권, 왜 중요한가?

저작권 개념과 보호 방법

저작권(著作權)은 인간의 사상 또는 감정을 표현한 창작물(저작물)에 대하 창작자(저작자)가 갖는 저작물에 대해 가지는 배타적인 법적 권리이다. 그리고 저작권자는 법에 정하는 바에 따라 다른 사람이 복제·공연·전시·방송·전송하는 등의 이용을 허가하거나 엄금할 수 있다.

저작권을 보호하는 이유는 저작자가 창작활동에 전념할 수 있도록 동기(인센티브)를 제공함으로써 궁극적으로 우리나라의 문화와 관련 산업의 발전을 꾀하는 데 있다.

저작권은 지식재산권의 하나이며 목적별로 저작자의 명예와 인격적 이익을 보호하기 위한 권리인 저작인격권과 저작자의 경제적 이익을 보전해 주기 위한 권리인 저작재산권으로 나눌 수 있다.

구분	저작인격권	저작재산권
목적	저작자의 명예와 인격적 이익을 보호하기 위한 권리	저작자의 경제적 이익을 보전해 주기 위한 권리
권리	공표권, 성명표시권, 동일성유지권	복제권, 공연권, 공중송신권, 전시권, 배포권, 대여권, 2차적저작물 작성권 등
권리 양도	양도 또는 상속 불가능	전부 또는 일부 권리의 양도나 이전 가능

저작권 유형

최근에는 저작권을 기반으로 하는 스타트업 기업 등을 적극적으로 발굴·지원하고 있으며 스마트창작터, 창업선도대학 등의 창업지원 사업을 통해 기관 연계 활동도 강화하고 있다.

스타트업은 저작권, 지식재산권에 대해 재산권으로 획득할 수 있는 기술이 있는지 혹은 타인의 기술이나 저작물에 대해 침해 요소가 없는지에 대해 면밀하게 조사·분석해야 한다. 특히, 저작권 침해란 법률상 저작권 행사가 제한되는 경우를 제외하고 저작권자의 허락 없이 저작물을 이용하거나 저작자의 인격을 침해하는 방법으로 저작물을 이용하는 것이다.

가령, 저작권을 침해하여 만들어진 물건임을 알면서 배포할 목적으로 소지하거나 프로그램의 저작권을 침해하여 만들어진 프로그램의 복제물을 그 사실을 알면서 취득한 자가 이를 업무상 이용하는 행위 모두 처벌 대상이 된다.

① 소설, 시, 논문, 강연, 연술, 각본, 그 밖의 어문저작물
② 음악저작물
③ 연극 및 무용, 무언극 등을 포함하는 연극저작물
④ 회화, 서예, 조각, 공예, 응용미술저작물, 그 밖의 미술저작물
⑤ 건축물, 건축을 위한 모형 및 설계도를 포함하는 건축저작물
⑥ 사진 및 이와 유사한 제작방법으로 작성된 것을 포함하는 사진저작물
⑦ 영상저작물
⑧ 지도, 도표, 설계도, 약도, 모형, 그 밖의 도형저작물
⑨ 컴퓨터프로그램저작물

저작물 예시

저작권 등록

저작물에 관한 일정한 사항(저작자 성명, 창작연월일, 맨 처음 공표연월일 등)과 저작재산권의 양도, 처분제한, 질권 설정 등 권리의 변동에 대한 사항을 저작권등록부에 등재하고 일반 국민에게 공개, 열람하도록 공시할 수 있다. 저작권 등록 및 양도 등록은 한국저작권위원회에서 하고 있다.

구분	특허 등록	저작권 등록
등록대상	발명 특허	저작물
요건	신규성, 진보성, 산업상 이용가능성	창작성, 사상이나 감정 표현, 문학, 학술, 예술의 범위
권리발생 시점	특허 등록 시점	창작 시점
보호기간	설정 등록이 있는 날로부터 20년 간	저작자 사망 후 70년 간

특허 vs 저작권

저작권은 저작물을 창작한 순간 자동적으로 발생하며 저작권 표시 ⓒ가 없어도 저작권법에 의하여 보호를 받는다. 즉, 저작권 표시 ⓒ가 없어도 저작권법에 의하여 보호를 받는데 아무런 지장이 없다.

그럼에도 불구하고 저작권 등록을 하는 이유는 저작권 등록은 저작물의 존재를 세상에 알리고 침해가 발생할 경우 법적 보호를 받기 위해 소송 등에서 자신의 저작물을 입증하는 증거 자료로서 유용하기 때문이다. 그리고 저작권 등록은 실효성 있는 민사적 권리 구제에 유용하게 활용된다.

특히, 웹사이트, 카페, 블로그 등에 권리자의 허락 없이 콘텐츠(사진, 음악 등)을 올리는 것은 전송권 침해가 되며 개인이 소장하고 있는 영화화일은 P2P 프로그램을 통해 다른 사람과 공유할 경우에는 복제권 및 전송권을 침해하는 행위가 된다. 한편, 웹사이트의 이름과 URL만 게시하는 방식의 단순 링크와 페이지의 메인 페이지로 이동하지 않고 저작물의 이름과 간략한 정보만을 제시하고 그 저작물이 존재하는 세부적인 페이지에 바로 연결시키는 직접 링크는 저작권 침해는 아니다. 〈출처 : 문화체육관광부 & 한국저작권위원회〉

특허, 실용신안, 디자인, 상표

스타트업 지식재산권 포트폴리오

지식재산권(Intellectual Property)은 인간의 창조적 활동 또는 경험 등을 통해 창출하거나 발견한 지식·정보·기술이나 표현, 표시 그 밖에 무형적인 것으로서 재산적 가치가 실현될 수 있는 지적창작물에 부여된 재산에 관한 권리를 말한다. 즉, 인간의 지식활동으로 얻어진 정신적, 무형적 결과물에 대해 보호받는 권리이다.

지식 = Know how + Know what + Know where + Know why

세계지식재산권기구(WIPO, World Intellectual Property Organization)설립에 관한 협약에 의한 지식재산권의 유형은 다음과 같다.
① 문학, 예술적 및 과학적 작품
② 예술가, 음악가 및 방송자의 실연행위

③ 인간의 노력에 의한 모든 분야에 있어서의 발명

④ 과학적 발견

⑤ 디자인

⑥ 상표, 서비스표 및 상업적 명칭과 표시

⑦ 부정경쟁방지

지식재산권 중요성

스타트업에게 지식재산권은 왜 필요할까?

지식재산권의 모방 또는 도용을 막고 권리 침해 예방을 통해 창작자의 창작 의욕 고취

지식재산권 권리화를 통해 관련 분야에서 지식재산권을 둘러싼 기업 간, 개인 간, 국가 간 분쟁 사전 예방

스타트업의 기술개발 결과물에 대한 독점적 권리 보장을 통해 투지비용 회수 기회 제공

지식재산권의 무형의 권리 보장으로 기술개발(R&D) 촉진

지식재산권의 중요성

지식재산권은 동기부여, 상업화, 공개라는 측면을 가지고 있고, 무형의 권리로서 존재하기 때문에 모방 또는 도용이 용이하고, 권리가 침해되었을 때, 즉각적인 권리 구제가 용이하지 않다. 특히 4차 산업혁명 시대를 맞이하면서 지식재산권을 배제하고는 사업을 진행하는 것이 어렵고 글로벌 시장 경제에서 배타적 권리를 갖는다는 특성을 기반으로 특허, 디자인, 상표, 디자인, 저작물에 대한 가치가 급등하고 있다.

지식재산권은 국가의 법적 제도권 내에서 강력하게 보호받는다. 그렇다면, 국가 차원에서 지식재산권을 이처럼 강력하게 보호하려는 이유가 뭘까?

지식재산권은 무형적인 재산권이므로 정당한 권리자의 파악이 쉽지 않으며, 무단 도용이나 복제행위가 쉽게 발생할 수 있다는 이유일 것이다.

우리가 옷이나 생활용품을 구매할 때 제품의 디자인이나 브랜드를 보고 구매를 하게 되는데, 기업은 고객의 선택을 받기 위해서 좋은 품질과 혁신적인 디자인을 개발하기 위해 노력을 한다. 그런데 어떤 기업이 노력한 결과물인 디자인이나 기술을 그대로 모방해서 사업을 한다고 할 때 기업은 힘이 빠지게 될 것이다. 그래서 국가의 개입을 통해 기업이 만든 노력의 결과물에 대해 가치를 인정해주고 보호해주는 것이다.

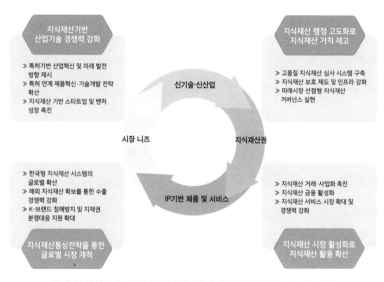

국가 혁신성장을 위한 지식재산 생태계 혁신 전략(출처 : 특허청)

지식재산권의 중요성을 정리해보면 다음과 같다.

첫째, 지식재산권을 바탕으로 시장에서 독점적 지위 확보가 가능하다. 지식재산권은 권리자의 허락 없이 타인이 사용할 수 없는 독점배타권을 향유할 수 있고, 신용창출, 소비자의 신뢰도 향상 및 기술판매를 통한 로열티 수입이 가능하다.

둘째, 자사 기술의 모방·침해에 따른 특허 분쟁을 사전에 예방할 수 있고 특허권자와는 교차 라이선스(Cross-License) 등을 통해 분쟁을 쉽게 해결할 수 있다. 아무리 훌륭한 발명기술이라도 지식재산권으로 권리화하지 않으면 먼저 발명했더라도 타인이 먼저 출원하면 자신은 권리 확보 불가능하다. 따라서 자신의 발명·기술개발을 적시에 출원, 권리화하여 타인과의 분쟁을 사전에 예방하여야만 한다.

셋째, 기술개발 투자비 회수 및 향후 추가 기술개발이 가능하다. 지식재산권은 기술개발 결과에 대한 독점적 이윤이 보장되고 기초 원천기술을 바탕으로 타인과 분쟁 없이 추가 응용기술개발이 가능하다.

넷째, 벤처자금, 기술담보 등 정부의 각종 정책자금 및 세제지원 활용이 가능하다. 지식재산권을 보유하고 있는 경우 벤처기업으로 확인을 받아 각종 벤처기업 지원 혜택을 받을 수 있고 정책자금 지원 시 특허권 보유 기업에 대하여 가점부여가 되는 등 우수 기술로 평가 시 각종 R&D 정책자금을 지원받기가 수월해진다.

지식재산권 분쟁, 스타트업에게 어려운 이유

국내외 분쟁 사례를 살펴보면 다음과 같다.

구분	내용	사례	분쟁 내용
국내기업	치킨 특허권 침해 소송	네네치킨 vs bhc 	시즈닝 성분 사용한 조리방법 모방
해외기업	특허료 과다 소송	애플 vs 퀄컴 	모뎀칩 비용 청구 방식 (과도 책정)
국내-해외 기업	스마트폰 통신기술 특허, 디자인 특허	애플 vs 삼성 	트레이드 드레스 해석이 변수
국내외 다수	유사 상표 디자인		상표의 유사성
해외기업	강아지 발, 꼬리 디자인	아가타 vs 스와로브스키 	디자인 유사성

산업재산권 소송 사례

지식재산권 이해 및 활용전략

지식재산권은 무체재산권으로서, 법정의 요건 심사에 따른 행정관청에의 등록에 의해 창설적으로 권리가 발생되는 산업재산권(특허권, 실용신안권, 디자인권, 상표권 등)과 이러한 등록 여부에 관계없이 창작에 의해 권리가 발생되는 저작권으로 분류가 된다.

최근에는 지식재산권 이외에도 반도체 직접 회로 배치설계, 컴퓨터 프로그램, BM(Business Method) 특허 등 새로운 분야의 지식재산권이 출현하고 있어 그 영역이 확대되고 있으며, 이러한 첨단 산업재산권의 경우 신지식재산권으로 분류된다.

구분	유형
산업재산권	특허권, 실용신안권, 디자인권, 상표권
저작권	저작권, 저작인접권, 데이터베이스
신지식재산권	첨단산업재산권(산업저작권, 정보재산권)

지식재산권 종류

특허 정보 활용

특허 정보는 선행기술조사, 개발 기술의 특허성 평가, 주요 기술 분야별 특허맵 작성, 기술전략 계획 수립 등을 위해 필요하다. 기본적으로는 키프리스 특허정보검색 사이트를 통해 정보 검색을 할 수 있으며 특허 침해 대응 등을 위해서는 전문가를 통한 선행기술조사 등 특허 정보 컨설팅을 받아야 한다.

구분	활용 목적	
Project Level	• 선행기술 조사 • 프로젝트 아이디어 탐색	• 개발 기술 특허성 평가
Business Level	• 기술 포트폴리오 작성 • 특허 침해 대응 전략 수립	• 기술개발동향 파악 • 특허자산 가치평가
National Level	• 국가별, 주요 연구기관별 강점 기술 분야 도출 • 주요 기술 분야별 기술개발동향 조사 및 특허맵 작성	

특허 정보 수준별 활용 목적

산업재산권(특허권, 실용신안권, 디자인권, 상표권)

산업재산권은 산업적 또는 영업적 재산권으로 특허권, 실용신안권, 디자인권, 상표권이 있다.

구분	보호대상	등록 요건	보호기간
특허	• 자연법칙을 이용한 기술적 사상의 창작으로서 고도한 것(대발명)	산업상 이용가능성 신규성 진보성	설정 등록일로부터 20년 간
실용신안	• 물품의 형상·구조 또는 조합에 관한 자연법칙을 이용한 기술적 사상의 창작(소발명)	신규성, 진보성 등 실제적 요건	설정 등록일로부터 10년 간
디자인	• 물품의 외관에 대한 형상, 모양, 색체에 대한 디자인 • 디자인 심사등록/출원과 디자인 무심사등록출원이 있음	공업상 이용가능성 신규성 창작성	설정 등록일로부터 20년 간
상표	• 색채 또는 색채의 조합만으로 된 상표, 홀로그램상표, 동작상표 및 그 밖에 시각적으로 인식할 수 있는 모든 유형의 상표를 포함 • 상표 개념에 상표 외에 서비스표, 단체표장, 업무 표장을 포함	인적 요건 실체적 요건 적극적 요건(명칭, 관용 상표, 성질표시 등)	설정 등록일로부터 10년 간 (10년마다 갱신 가능, 반영구적 권리)

산업재산권 개요

발명이란 자연법칙을 이용한 기술적 사상의 창작으로서 고도한 것을 의미한다. 그리고 동일한 발명에 대하여 누구에게 특허를 허여할 것인가에 대한 기준으로 선출원주의와 선발명주의가 있는데 우리나라는 선출원주의를 채택하고 있다. 선출원주의는 동일한 발명에 대하여 가장 먼저 출원한 자에게 특허를 허여하는 주의를 의미한다.

특허권

특허권은 자연법칙을 이용한 기술적 사상의 창작인 발명을 일정기간 독점적 배타적으로 소유할 수 있는 권리로서 일정요건을 만족하는 경우에 한하여 등록될 수 있으며, 등록을 통하여 권리가 발생한다.

요건	내용
산업상 이용가능성	• 기술적 의미에서 생산 또는 사용할 수 있는 것으로 실제로 실시될 수 있는 것을 의미 • 발명을 통해서 경제적으로 이익을 얻을 수 있을 것
신규성	• 신규성(창작성)이 없는 발명에는 특허를 부여하지 않음 • 발명이 출원 전에 일반인(불특정 다수인)에게 알려져 있지 않고 새로운 것이어야 함
진보성	• 발명 창작의 곤란성으로 공지 기술 혹은 선행 기술에 의해 용이하게 창작해 낼 수 없는 것

특허 등록 요건

스타트업이 특허에 대한 고민을 해야만 하는 이유는 기업이 가진 고유한 기술/서비스를 가지고 독점 판매할 수 있는 형태가 수익을 향상시키는 가장 좋은 방법이기 때문이다.

기업은 특허 등록을 통해 경쟁자들이 내가 만든 시장에 진입하는 것을 막거나 라이선싱 계약에 의해 기술료 징수를 할 수도 있다.

한편, 특허 침해 공격은 보통 창업 후 2~3년 이후쯤부터 받게 된다. 시장의 보편적 기술이라고 생각해서 잘못 그 기술을 활용해서 사업을 할 경우에 상대 기업으로부터 소송을 당했을 경우 상대 기업의 기술이 시장 보편적 기술임을 입증해야 하는데 스타트업 기업이 보유한 다른 특허가 상대 기업을 역공격하는 무기로 활용할 수도 있다.

특허 명세서는 발명의 명칭, 도면의 설명, 특허청구범위, 요약서 등으로 구성된다.

```
【 명세서 】
  - 발명의 내용을 공개를 전제로 문장으로 표현하는 부분
  - 기술문서 : 발명의 상세한 설명 (공중의 기술문헌)
  - 권리문서 : 특허청구범위
  1. 【 발명의 명칭 】
  2. 【 도면의 간단한 설명 】
  3. 【 발명의 상세한 설명 】
      【 발명의 목적 】 : 특이성
          【 발명이 속하는 기술분야 및 그 분야의 종래의 기술 】
          【 발명이 이루고자 하는 기술적 과제 】
      【 발명의 구성 】 : 곤란성
      【 발명의 효과 】 : 현저성
  4. 【 특허청구범위 】
  【 요약서 】 : 기술정보 제공 기능으로 권리와는 무관
  【 도면 】 : 임의적 사항
```

특허 명세서 구성

명세서 작성 시에는 특허출원서의 발명의 명칭과 일치해야 하고 청구항 말미의 명칭과 일치시키는 것이 바람직하며 서술형이 아닌 명사형으로 기재하여야 청구하는 바가 명확해진다.

발명의 명칭은 그 발명이 무엇을 청구하는지 명확히 알 수 있도록 기재하여야 하고, 도면의 간단한 설명에는 첨부한 도면 각각에 대하여 각 도면이 무엇을 표시한 것인가를 간단하게 기재한다. 또한 발명의 구성에는 발명의 과제(문제점)를 해결하기 위해 강구한 기술적 수단과 구성을 함께 기재하여 해당 발명이 속하는 기술 분야에서 통상의 지식을 가진 자가 용이하게 실시할 수 있도록 그 발명이 실제로 어떻게 구체화되는가를 나타내는 실시예를 기재하는 것이 좋다. 청구항의 각 청구범위는 하나의 문장으로 이루어져 있으며 그 문장을 기능에 따라 분류하면, 일반적으로 전제부(Preamble), 연결부(Transition) 및 본체부(Body)로 구성되며 전제부는 발명의 기술 분야를 나타내거나 혹은 발명을 요약하거나 종래기술과의 관계 또는 의도하고자 하는 용도나 특성을 요약적으로 표현하게 된다.

실용신안권

실용신안은 산업상 이용할 수 있는 물품의 형상, 구조 또는 조합에 관한 고안으로서 여기서 고안이란 자연법칙을 이용한 기술적 사상을 의미한다. 기술 수준이 고도화된 사회에서는 특허와 실용신안의 구분이 불명확하여 별도로 실용신안제도를 두고 있지 않은 나라도 있으나, 소발명(小發明)을 보호하여 중소발명가의 개발 의욕을 고취하기 위하여 여러 나라에서 이를 채택하고 있다.

2006년 이후 실용실안은 형식적인 요건만을 심사하여 등록하던 실용신안 선등록 제도를 폐지하는 대신 실체 심사를 거쳐 실용신안등록여부를 결정하도록 하는 심사 후 등록 제도를 도입하였다.

디자인권

디자인권은 물품의 형상, 모양, 색채 또는 이들의 결합으로 시각을 통하여 미감을 일으키게 하는 공업적으로 이용이 가능한 고안을 보호대상으로 한다. 이는 미적 과제의 해결을 목적으로 하므로 기술적 과제의 해결을 목적으로 하는 실용신안과 구분되며 심사를 거쳐 등록한 후 일정기간 독점적 실시를 보장하는 특허적 방법에 의한 보호를 하고 있다.

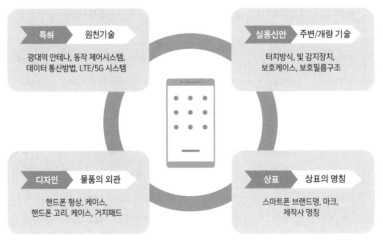

산업재산권 스마트폰 사례

디자인보호법 상 보호되는 디자인은 물품의 외관(디자인)을 보호하는데 제품 디자인, 산업 디자인, 화상 디자인, 글자체 디자인 등이 있다.

그리고 스타트업은 국내외 크라우드펀딩을 통해 제품을 출시하는 경우가 있는데 제품이 히트를 치더라도 사실상 디자인 등록 사실이 없다면 국·내외를 막론하고 모방 제품들이 성행할 수 있고 매출 이익도 보장받기 어려워 디자인권을 필수적으로 준비해야 한다. 사업하고 있는 제품이 디자인 등록이 되어 있다면, 정부 기관에서 인증된 제품이라는 이미지를 갖추게 되어 소비자의 신뢰를 얻을 수도 있다.

요건	내용
공업상 이용 가능성	• 공업적 생산방법으로 동일한 디자인의 물품을 반복하여 다량으로 생산할 수 있는 것
신규성	• 출원을 하려는 디자인이 그 출원 전에 공중에게 알려지지 않은 상태
창작성	• 어떤 디자인이 다른 디자인과 객관적으로 명확하게 구별되는 정도

디자인 등록 요건

그렇다면 디자인 출원/등록 대상은 무엇이 있을까?

물건이나 제품 등과 같이 외형이 있는 것이라면 모두 디자인 출원 대상이 될 수 있다. 그런데 트렌드가 빠르게 변화하는 물품의 디자인이거나 권리 보유 가치가 높지 않은 것으로 판단할 경우에는 핵심적인 제품 디자인만 출원하는 것이 바람직하다.

상표권

상표권은 상품을 생산, 가공, 증명, 또는 판매하는 것을 업으로 영위하는 자가 자기의 업무와 관련된 상품을 타인의 상품과 식별되도록 사용하는 기호, 문자, 도형, 입체적 형상 또는 이들을 결합한 것 및 이에 색채를 결합한 것을 말하며, 상표권은 이와 같은 상표로서 등록된 것을 독점적으로 사용할 수 있는 권리이다. 즉, 상표법은 상표를 보호함으로써 상표 사용자의 업무상 신용 유지를 도모하여 산업발전에 이바지하고 수요자의 이익을 보호하는 것을 그 목적으로 한다. 그리고 상표는 표장과 지정상품 또는 지정서비스업으로 구성된다. 표장은 출처를 나타내기 위한 기호, 문자, 색채 또는 이들의 결합을 의미한다.

상호 또는 제품명을 상표 등록을 한다는 것은 자신의 사용이 보장되는 것이며, 동시에 타인의 사용을 저지할 수도 있다. 만일 제품을 생산 판매하는 중에 경쟁사에서 유사 상표를 붙여 그 제품을 시장에 유통시킨다면 소비자들은 같은 회사 제품으로 오인할 수 있다. 이러한 점에서 타인의 사용을 사전에 저지하는 활동은 매우 중요하다. 그리고 상표권 출원후 등록까지 수개월이 소요되는 만큼 창업 전부터 상표 등록 가능성과 선행 상표로 등록된 사항이 없는지 조사해봐야 한다.

출원과 등록의 차이점

특허 출원이란 특허청에 명세서와 필요한 서류를 제출하는 절차 또는 특허 출원이 완료된 후에 등록되기 이전의 상태를 말한다. 특허 출원을 하면 출원번호통지서와 출원번호가 부여된다. 출원번호는 10-2021-00000000의 형식을 갖추고 있으며, 앞 번호인 10은 특허, 20은 실용신안, 30은 의장, 40은 상표가 된다. 가운데 2021은 해당 연도를 의미한다. 그리고 출원 상태는 아직 권리가 발생한 상태가 아니다.

특허 등록은 심사과정을 거쳐 특허청 심사관으로부터 신청한 기술에 대해 신규성, 진보성, 산업상 이용가능성을 평가받아 특허 결정을 받았을 때, 등록료를 납부하는 등 최종 등록 절차를 밟은 후에 등록이 되었다고 말한다. 특허 등록이 되면 등록번호가 부여되고 등록번호는 10-1234567 형식이며, 앞 번호는 출원할 때와 같은 의미로 10은 특허를 의미한다. 특허권은 해당 기술에 대한 생산, 판매, 유통 등의 행위들에 대한 독점권을 갖는 것을 말하는데, 등록이 완료된 후에만 권리 행사를 하는 것이 가능하고, 등록이 되지 않은 상황에서는 권리 행사를 할 수 없다.

출원과 등록 절차 이해

특허 출원 서류의 제출 방식은 온라인 제출과 서면에 의한 제출 방법이 있다. 창업기업의 경우에는 대체로 변리사를 통해 특허를 출원하고 있는 경우가 대부분이다. 그리고 특허 출원 및 등록을 위한 웹 사이트는 특허로(www.patent.go.kr) 사이트를 활용하면 된다.

특허 출원/등록을 위한 특허로 홈페이지 메인 화면(출처 : www.patent.go.kr)

지식재산권 신청 시 제출하는 서류는 특허와 실용신안, 디자인, 상표로 나누어 살펴볼 수 있다. 공통적으로는 출원서를 제출하고 특히 특허와 실용신안의 경우에는 요약서, 명세서, 도면 등이 포함된 문서를 해당 서식에 맞게 작성하여 제출하여야만 한다.

구분		특허실용신안	디자인	상표
전자문서 출원	On-Line	- 출원서:1통 - 요약서, 명세서 도면:각 1통 - 방법특허인 경우 도면생략 가능(단, 실용신안은 반드시 도면 필요)	- 출원서:1통 - 도면(또는 사진, 견본):1통	- 출원서:1통 - 색채(입체)상표 또는 지정 - 상품에 대한 설명서:1통(출원인이 필요하다고 인정하는 경우에 한함)
	전자적 기록매체	전자적기록매체 1장과 전자적기록매체 제출서를 함께 제출		
서면출원		On-Line 출원시 제출하는 서류를 각1부씩 제출		
기타구비서류 (해당자에 한함)		- 대리인의 경우 대리권 증명서류1통 - 미성년자 등 무능력자가 법정대리인에 의하여 출원하는 경우 주민등록 등본 또는 호적 등본 1통		
		- 특허료 등록료 및 수수료 면제 또는 감면 사유기재 및 이를 증명하는 서류 1통	- 단체표장등록 출원시 단체표장의 사용에 관한 정판1통 - 업무표장등록출원시 업무의 경영사실을 입증하는 서면 1통	

산업재산권 출원 시 제출서류

특허 출원 절차를 요약해 보면 다음과 같다.

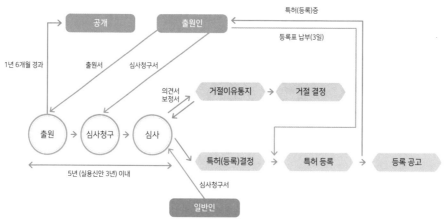

특허(실용신안) 출원 및 심사 절차도(출처 : 특허로 사이트)

첫째, 요건 심사이다. 서류가 접수되면 출원서나 명세서 등의 출원 서류가 특허법에서 정하고 있는 절차적, 형식적 요건을 구비하고 있는지 여부를 심사한다.

둘째, 출원 공개이다. 출원일로부터 1년 6개월 후 공개특허공보에 원칙적으로 모든 특허 출원은 별도의 신청이 없어도 공개된다.

셋째, 심사 청구를 한다. 심사는 출원일로부터 5년 이내에 출원심사청구서를 제출하고, 심사 청구료를 납부함으로써 개시된다.

넷째, 실체 심사를 진행한다. 심사청구 된 출원은 심사관에 의해 특허 허여 여부에 관한 실질적인 심사가 진행된다. 거절이유의 통지, 의견서 또는 보정서의 제출, 심사관 면담 등의 절차로 진행된다.

다섯째, 최종처분 단계이다. 실체심사는 심사관의 결정에 의해 종료한다. 심사관에 의한 최종 처분은 특허를 허여하는 .특허결정과 특허권이 부여되지 않는 거절결정인 2종류가 있다.

전자출원 100% 도전하기

특허 정보 검색

스타트업이 특허 검색을 위해 활용할 수 있는 사이트로는 KIPRIS(Korea Intellectual Property Rights Information Service)가 있다. 홈페이지는 www.kipris.or.kr이고 이는 특허청이 보유한 국내·외 지식재산권 관련 모든 정보를 DB로 구축하여 개인, 변리사, 벤처기업, 대기업 종사자 등 일반인이 인터넷 통해 검색 및 열람할 수 있는 한 특허정보검색서비스 사이트이다.

키프리스 특허정보검색 사이트 화면(출처 : www.kipris.or.kr)

쉽게 검색할 수 있고 항목별로도 검색이 가능하며, 특허, 실용신안, 디자인, 상표 등 국내 지식재산권 정보와 미국, 유럽, 일본의 해외 특허도 제공하고 있다. 이는 선행기술조사뿐만 아니라 선출원 상표조사, 이의신청여부 판단자료 등으로도 활용이 가능하다.

키프리스 사이트를 통한 검색 시 활용하는 연산 기호는 다음과 같다.

구분	기호	예제	설명
AND	*	자동차*엔진	• 두 개 이상의 키워드 모두 포함
OR	+	자동차+엔진	• 두 개 이상의 키워드 중 적어도 하나를 포함한 것
NOT	!	자동차*!엔진	• 연산자 뒤에 있는 키워드를 포함하고 있지 않은 것을 검색
NEAR	^	자동차^2엔진	• 첫 번째 검색어와 두번째 검색어의 거리가 1단어(^1) 떨어진 것을 기호로 묶여진 검색식을 검색
괄호	( )	자동차*(엔진+모터)	• 복수 연산 시 괄호로 묶여진 검색식을 우선적으로 검색

키프리스 사이트 검색 연산자

전자출원 제도와 절차

전자출원은 출원인의 편리성을 제공할 뿐만 아니라, On-Line 전자 출원인에게 일정액의 출원료를 감면해 주는 인센티브 출원료제를 운영하고 있기 때문에 경제적인 면에서도 유리하며, On-Line 전자출원에 따른 출원 서류 처리의 신속성 보장으로 출원 결과를 빨리 알아볼 수 있고, 기타 서면 출원의 전자화 결과 확인절차 등이 필요 없으므로, On-Line 전자출원이 여러 가지 측면에서 유익하다.

전자출원은 전자문서 작성용 소프트웨어를 이용하여 작성된 출원서 및 중간 서류 등을 온라인으로 전송한 후 접수번호(출원번호)를 확인하면 절차가 종료된다.

특허 등의 출원 또는 등록을 희망하는 출원인(개인 또는 법인체)은 특허청에서 부여하는 특허고객번호를 사전에 부여받아야 한다. 온라인으로 정보를 등록하는 경우 인감 또는 서명 이미지 파일을 준비해야 한다. 온라인 출원은 평일과 토요일에는 24시간 온라인출원이 가능하고, 공휴일 및 일요일에는 09:00 ~ 21:00까지 온라인 출원이 가능하다.

전자출원 가이드

특허고객번호 부여 신청시 필요한 파일 및 첨부서류를 확인한다.

특허고객번호 부여 신청(출처 : 특허청)

다음으로는 특허로 > 사용자 등록/변경 > 인증서사용등록 순으로 인증서를 등록한다.

인증서 사용 등록(출처 : 특허청)

온라인 출원, FD 출원, 서면 출원 중 한 가지 방법으로 출원을 원하는 경우 출원 관련 서류(출원서, 보정서, 의견서, 중간서류)와 첨부서류(위임장, 증명서류)작성하고 변환을 원하는 경우 전자출원 SW를 다운로드 받아 사용자 PC에 설치하도록 한다.

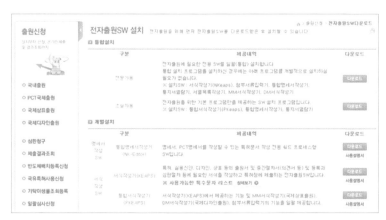

전자출원 SW 다운로드(출처 : 특허청)

작성 SW를 설치한 이후에는 특허, 실용신안, 디자인, 상표 등의 출원서 및 중간절차(의견서 등) 및 등록과 심판절차 등에 필요한 서식을 작성할 수 있는 전용 프로그램을 통해 명세서를 작성할 수 있다. 작성된 서식을 온라인으로 출원하거나 인쇄하여 특허청에 서면으로 제출할 수도 있으며 파일 형태로도 출원이 가능하다.

서식작성기 화면(출처 : 특허청)

특허청 전자문서 작성 SW를 실행하면 다음과 같은 명세서 작성 화면이 나온다.

특허/PCT 특허는 특허 선택사항의 도면 포함을 선택할 수 있지만, 실용신안/PCT 실용신안은 "도면 포함"이 필수기재 사항으로 설정되어 나타난다.

명세서 작성(출처 : 특허청)

통합서식작성기에서 서식을 작성한 뒤 온라인 제출 버튼을 클릭하여 제출한다. 이후 온라인으로 제출한 출원 서류의 경우 조회결과 리스트의 서류명 항목을 클릭하면 해당 건의 출원번호 통지서를 조회할 수 있다.

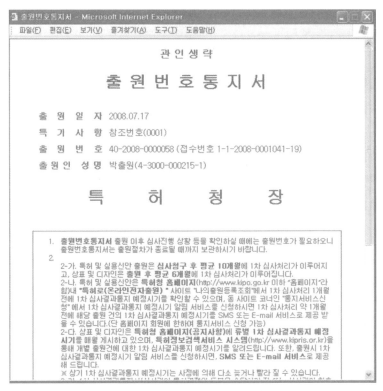

출원번호 통지서(출처 : 특허청)

스타트업 연습문제 STORY 여섯

1. 저작권이란 무엇인지 설명하고, 저작권의 종류를 5가지 이상 제시해 보세요.

2. 지식재산권의 중요성을 2가지 이상 설명하고, 지식재산권의 종류를 5가지 이상 제시해 보세요.

3. 산업재산권 특허의 등록요건과 보호기간을 각각 설명하세요.

4. 산업재산권 디자인의 등록요건과 보호기간을 각각 설명하세요.

 Joseph Alois Schumpeter

창조는 파괴의 또다른 이름이다. 리스크를 두려워하면 창조는 없다.
반면 도전의 성공은 미래 시장 지배라는 천문학적 가치의 과실을 보장받는다.

Startup

Part 7

벤처, 이노비즈,
연구소 기업으로 성장

벤처기업 및 이노비즈 기업 인증

벤처기업 및 이노비즈 기업 인증은 기본적으로 기술 기반의 기술혁신형 기업일 경우 관심을 가져야하는 인증 제도이다. 일반적으로 특허, 디자인 등의 출원/등록한 기업이 기술을 평가받아 인증을 획득할 수 있고 벤처기업 인증은 창업 1~2년차의 기업이 획득 가능하며 벤처 인증을 통해 기업이 생산하는 제품/서비스에 대해 혁신성과 차별성을 인정받을수 있다.

벤처인 홈페이지 메인 화면(출처 : https://www.venturein.or.kr)

벤처기업 확인제도

벤처기업은 벤처(Venture)와 기업(Company)의 합성어로 벤처는 모험 또는 모험적 사업, 금전상의 위험을 무릅쓴 행위를 뜻하고 기업은 영리를 목적으로 생산 요소를 종합하여 계속적으로 경영하는 경제적 사업이라는 의미를 내포하고 있다. 다른 말로 첨단 기술소기업(High Technology Small Business), 신기술 기초기업(NTBF, New Technology Based Firms), 첨단 기술사업(High Technology Business), 신모험 기업(New Venture Company) 등으로 명명되고, 일본에서는 벤처 비즈니스라고도 한다. 한국에서의 벤처기업은 2000년대 닷컴 창업 열풍과 더불어 탄생된 제도라고도 할 수 있다. 벤처기업은 국가에 따라 정책 대상으로 다양하게 사용되고 있으며 미국에서는 Venture Capital(모험 자본)로부터 투자를 받은 상대적으로 사업의 위험성은 높으나 수익이 보장되는 기업을 의미하기도 한다.

벤처기업 어떤 장점을 갖고 있나

성공한 벤처기업 중에 구글, 페이스북과 같은 정보통신 분야의 기업이 많은 관계로 벤처기업은 대체로 IT 분야에 많다는 통념이 있으나, 에볼라 바이러스 백신으로 유명한 바이오 분야의 Z맵을 비롯, 농업 분야의 네타핌(Netafim), 폐수처리 분야의 에메프시(Emefcy) 등 다양한 분야에 벤처기업이 존재한다. 벤처기업은 성장 속도가 빠른 반면 도산될 위험도 크다. 그 원인으로 창업자 중심의 1인 경영 체제, 마케팅과 재무 취약성, 기술개발 완성도 미흡 등의 상황을 들 수 있다. 그럼에도 불구하고 소규모 기업에서 중견기업 이상으로 성장한 벤처기업들은 다양한 인재의 유치 및 투자유치의 성공 등으로 이러한 약점을 극복했다는 공통점을 가지고 있다.

벤처기업 신청 절차

벤처기업을 신청하기 위해서는 가장 먼저 벤처인(https://www.venturein.or.kr) 사이트에 회원으로 가입하고 벤처기업 확인신청 메뉴에서 신청서를 작성해야 한다.

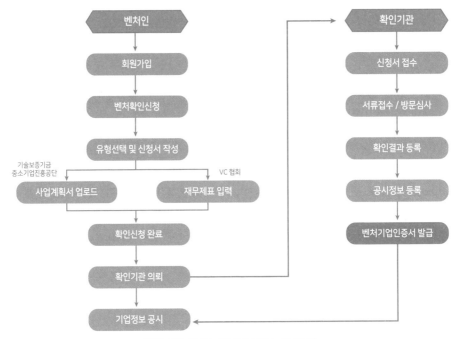

벤처기업 확인 프로세스(출처 : 벤처인)

또한 벤처인증을 신청하기 전에 온라인에서 자가진단을 해볼 수 있는데 벤처확인 유형을 선택하고, 기업정보에 총자산, 회사설립정보 등을 기입하고, 보증 예상 금액을 작성하면 진단 결과를 확인해 볼 수 있다.

가상 벤처확인시스템 1단계 _ 자가진단 중 유형선택 화면

가상 벤처확인시스템 2단계 _ 자가진단 중 기업정보입력 화면

또한 벤처기업 확인 신청에 필요한 서류를 다운받아 작성하고 벤처 유형을 선택하여 가까운 기보나 중진공 등의 해당 기관을 선택하여 신청하여야 한다. 유형 선택 기준은 다음과 같다

유형	기준 요건	확인 기관
벤처투자기업	• 벤처투자기관으로부터 투자받은 금액이 자본금의 10% 이상일 것 • 투자금액이 5천만 원 이상일 것	한국벤처캐피탈협회
연구개발기업	• 한국산업기술진흥협회에서 인증한 기업부설연구소 인증서 보유 (업력에 따른 연구개발비 및 연구개발비율 기준치 이상일 것) • 연구개발기업 사업성평가기관으로부터 사업성이우수한 것으로 평가(65점 이상)	기술보증기금 중소기업진흥공단
기술평가보증기업 (보증 승인만으로 벤처인증 가능)	• 기보로부터 기술성이 우수한 것으로 평가 • 기보의 보증 또는 중진공의 대출을 순수 신용으로 받을 것 • 보증 또는 대출금액의 합산 금액이 8천만 원 이상, 총자산에 대한 보증 또는 대출금액 비율이 5% 이상일 것	기술보증기금
기술평가대출기업 (대출 승인만으로 벤처인증 가능)	• 중진공으로부터 기술성이 우수한 것으로 평가 • 중진공의 대출 또는 기보의 보증을 순수 신용으로 받을 것 • 보증 또는 대출금액의 금액이 8천만 원, 총자산에 대한 보증 또는 대출금액 비율이 5% 이상일 것	중소기업진흥공단
예비벤처기업	• 법인설립 또는 사업자등록을 준비 중인 자 • 기술 및 사업계획이 기보, 중진공으로부터 기술성이 우수한 것으로 평가	기술보증기금 중소기업진흥공단

벤처기업 확인 유형

그리고 기술평가보증·대출유형 벤처신청 기업 중 자금이 필요가 없는 기업은 벤처확인 요건 이상의 보증·대출심사 승인만으로 벤처기업 확인 요건 적용이 가능하다.

벤처기업 확인 유형 선택이 완료되면 벤처 서식의 기술사업계획서를 업로드하고 재무제표를 입력하여 온라인으로 확인신청이 완료된다. 이후 확인기관에서 접수된 신청서를 기준으로 방문실사 일정을 확인하고 심사 후 적격 업체에 벤처기업 인증서를 발급하게 된다.

벤처 사업계획서 작성 노하우

벤처 신청을 위해서는 기술사업계획서를 작성하여야 하며 벤처인 사이트에 로그인-마이벤처확인-벤처확인이력 신청일 클릭-기술사업계획서 다운로드에서 자료를 다운받을 수 있다.

기초적인 사업계획서 작성 방법을 살펴보자.

먼저 대표자 인적사항에서는 대표자의 경력사항을 상세하게 작성하고 자격증이나 수상실적도 꼼꼼하게 작성하고 대표자의 연구개발 실적에 대해서도 기업 설립 이전 준비 단계부터 현재까지의 연구개발 현황을 기재하도록 한다. 특히 사업 분야가 대표자의 전공과 상이하다면 경력사항에 현재의 사업아이템을 하게 된 동기가 드러날 수 있도록 자세하게 기록한다.

성 명	홍길동		생년월일(남/여)		1970. 12. 12	성별(남)
주 소	상세주소기재		전화번호		02-123-1234	
최종학력	졸업년도	학 교 명	전 공	수학 상태 (졸업, 수료, 중퇴)		비 고 (취득학위 등)
	2000.02	벤처대학교	벤처과	졸업		학사
경 력 대표자의 경력을 연월로 표시	근무기간		근 무 처			담당업무 (최종직위)
			근무처명	전화번호		
	1999.2~2002.12		(주)벤처	031-000-0000		부사장
	2003.1~현재		(주)벤처	031-000-0000		대표이사
기타특기사항 (자격증, 상벌, 연수, 대외활동사항)	2020년 벤처기업대상, 철탑산업훈장(대통령) 자격증, 수상실적등 기재(가점사항) *최종학력 : 석사 이상의 경우, 이전 학위 내용 함께 기재 가능(경력산정 등을 위함)					
연구개발 및 사업화실적	개발과제명 및 내용		근무처	개발 기간	사업규모 (소요자금)	비고 (사업화 현황 등)
	무선장비 국제 규격 프로토콜 개발		(주)벤처	2019~ 2021	10억	양산체제 구축

기술사업계획서 _ 대표자 인적사항 작성 서식

기업현황 작성에서는 사업자등록증상의 업체명, 사업자등록번호 등을 빠짐없이 기록하고 업종과 주요 생산제품에 대해 기록한다. 설립일자는 법인기업은 법인등기사항증명서상의 설립일을 기록하고, 개인사업자는 사업자등록증상의 개업일을 표기한다.

연혁에는 설립일, 주소이전, 대표자변경, 특허 출원 및 등록, 인증, 수출달성도, 전시회 참가, R&D 지원, 업무협약 등 기업의 내용을 상세하게 기록하도록 한다.

업 체 명	(주)벤처		대 표 자	홍길동	
설립일	2005.09.26		상시 근로자수	20명	
법인등록번호	130000-0110000		사업자등록번호	000-00-00000	
	소 재 지			전화번호	소유여부
본 사	서울시 강남구 역삼동			02-6009-0000	자가, 임차
사 업 장	상동				자가, 임차
사 업 장					자가, 임차
업 종	IT/정보통신		주 제 품	무선통신장비	
관계회사	없음		자 본 금 (납입자본금)	100 백만 원 법인등기사항증명서 상의 자본금	
공업소유권, 규격표시허가, 기술제휴 등	CE, ISO				
	년 월	주요내용(자본증감, 대표자변경, 상호변경 및 주요경영내용 변경 등)			
연혁 연혁	2005/09 2009/01 2010/01 2011/01 2012/12 2020/12 2021/02	발기설립 상호변경 (a → b) 무상증자, 주소이전(서울 강남구 논현동 …) 코스닥상장 대표이사 변경 (a → b) 설립, 상호변경, 주소이전, 대표자변경, 자본금증자 등 사항 간략히 기재 특허 출원 NET 인증 획득			

기술사업계획서 _ 기업현황 작성 서식

재무상황 작성에서는 직전년도의 실적은 재무제표 상의 금액을 기준으로 작성하고 당해 연도와 차기년도의 재무상황은 추정재무제표를 작성하여 기록하도록 한다. 예측이 어려운 경우에는 매출금액만을 기재하도록 한다.

구분	직전전년도	직전년도	당해연도 실적 및 예상		차기년도	차차기 년도
			(월 현재)	예 상		
총 자 산	140,175	117,904	154,650	160,000		
자기자본	93,449	64,100	93,534	94,000		
비유동부채	545	555	570	570		
유동부채	46,726	53,804	60,839	55,000		
총매출액	22,664	27,146	102,535	180,000	380,000	700,000
신청기술 (제품)매출액		19,265	75,897	130,000	280,000	450,000
지급이자	1,912	2,361	1,177	1,600		
법인세 차감전 이익	-87,736	-28,846	27,988	35,000		
법 인 세	0	0	2	3		
당기순이익	-87,570	-28,846	27,988	35,000		

기술사업계획서 _ 재무상황 작성 서식

연구개발 인력은 한국산업기술진흥협회에서 인가받은 연구개발전담부서 또는 기업부설연구소에 등록된 인력 중심으로 기재하고 주요 연구시설과 산업재산권(특허, 디자인, 상표, 저작권 등)에 대해 기록한다. 연구개발실적은 자체 기술사업화 실적을 포함하여 상세하게 기록하도록 해야 한다.

연구개발조직	기업부설연구소 운용 부설연구소, 연구전담부서, 개발실 등 기재			
개 발 인 력	14 명(박사 1 명, 석사 2 명, 대졸 9명, 고졸 2 명)			
개 발 방 법	기업부설연구소 산하 개발팀 운영 및 산/학 공동개발			
주요 연구시설	기업부설연구소 운영 연구기자재 보유			
산업재산권 보 유 현 황	특허3건, 실용신안 2건, 프로그램 건, 기타( )			
연구개발실적	개발과제 및 내용	개발기간	사업규모 (소요자금)	비 고 (사업화현황등)
	모바일 장비 표준화	00 ~		양산/판매

기술사업계획서 _ 연구개발조직 작성 서식

평가 기술에 대해 작성하는 부분은 하나의 기술에 대해서만 작성해도 무방하고, 신청기술과 전혀 다른 분류의 기술이 있는 경우, 추가기술에 대해 작성할 수도 있다. 대체적으로 본사가 보유하고 특허 기술에 대해 기술하고, 기술의 용도와 기능, 대체기술과의 차별성 부분은 산업경제적 측면과 기술적 측면으로 구분하여 설명한다. 또한 기대효과 부분에서는 매출증대, 고용창출, 수출대체효과 등에 대해 구체적으로 기록한다. 평가 기술을 작성하는 부분은 벤처기업 인증의 기술 평가에서 매우 중요한 부분이므로 기술적 차별성이 돋보이록 작성하도록 해야한다.

기술 및 제품명	무선 네트워크 기술 (신청기업의 주요기술에 대해 기재)				
개 발 기 간	5년	개발비용	500백만 원	제품화여부	여, 부
개 발 방 법	(단독, 공동)공동개발의 경우 상대처 :				
권 리 구 분	특허, 고도기술, 산업지원기술, 이전기술, 정부출연기술 등 해당내용				
권리자(발명자)	성명	홍길동	생년월일(남/여)	1970.12.12(남)	비고
	주소	서울시 강남구 역삼동			
기술(제품) 용도 및 기능	무선 네트워크 장비기술 신청기업의 보유기술에 대한 설명				
대체 또는 경쟁제품과의 차별성 (기술/기능상의 차이를 중심으로 기술하되 제품의 핵심기술과 보유여부 포함)	표준화된 무선 프로토콜 장비 차별성 위주로 기재, 예를 들어 기존 기술 대비 성능/편의성 향상 내용 기존기술을 대체할 수 있는 차이점 등				
기술의 파급효과 (적용범위 및 응용성을 중심으로 기술하되계획한 제품 포함)	국제 표준화 효과 예상				
기대효과 (매출증대, 고용창출, 경영개선 효과 등)	이동 통신 발달로 인한 매출증대와 경영개선 효과 발생				

기술사업계획서 _ 평가기술 상세 작성 서식

시장현황 부분은 국내 시장과 세계 시장에 대한 작성근거를 반드시 작성하고 시장성장에 맞춰 차기년도 시장규모를 산출하도록 한다. 주요 수요처는 전년도 기준으로 납품한 수요처를 기록하고 창업기업의 경우에는 예상 수요처를 작성해도 좋다. 경쟁업체 부분에 대한 자료는 특허정보검색사이트 키프리스(KIPRIS), 저널, 논문 등의 자료를 수집하여 작성하도록 한다.

시장현황 및 특성 (단위 : 백만 원)	- 시장규모					
	구　분	직전년도	당해년도	차기년도	차차기년도	
	세계시장	2000	3000	5000	6000	
	국내시장	1000	1500	2000	2500	
	※ 작성근거(반드시 기재) 유비쿼터스와 DMB 서비스의 발달로 무선 네트워크장비 급속도록 증가 추세 - 시장특성(향후 3년간 자료로 판단)					
	구　분		국　내		국　외	
	시장상태(독점/경쟁)		경쟁		경쟁	
	안　전　성		고		고	
	지　속　성		고		고	
	성　장　성		고		고	
주요 수요처 (　　년) (수주 또는 납품현황만 을 기재)	수　요　처　명		수요처의 총수요규모		당사 수주(납품)	
	국내 무선장비 업체		200		100,000백만 원	
경쟁업체 현황 (업체명, 기술개발계 획, 양산/증산계획 등)	- 국내시장 경쟁업체 없음 - 국외시장 현재 (주)벤처가 세계 무선 장비시장을 양분하고 있으며 기술력을 바탕으로 시장을 선점하고 있음					

기술사업계획서 _ 시장 현황 및 특성 작성 서식

판매 전략은 경쟁제품과의 가격, 품질, 기술 비교를 통한 판매 전략 중심으로 기술하고 판매 계획은 생산중이거나 계획 중인 제품 중 신청기술을 포함한 주력제품 위주로 작성한다.

판매 전략	(주)벤처는 시장 후발업체로서 세계 무선장비 업체와의 무한 경쟁에서 이기기 위해 World Best Product를 목표로 매진하고 있으며, 세계 유수의 해외 마케팅 참가 등을 통해 (주)벤처의 장비를 판매하고 있습니다.				
판매 계획	제 품 명(상 품 명)	직전년도	당해년도	차기년도	차차기년도
	무선네트워크 장비	10,000	200,000	300,000	
	기타 제품				
	계	10,000	200,000	300,000	

기술사업계획서 _ 판매계획 작성 서식

기술혁신형 이노비즈 인증 제도

이노비즈 인증은 창업 후 3년이 경과해야 취득이 가능하므로 3년 간 지식재산권 확보, 매출 성장, 인력 확보, 생산력 증대 등 기업 성과가 탁월한 기업에게 주는 포상과 같은 인증 제도라고 할 수 있다.

이노비즈넷 홈페이지 메인 화면(출처 : https://www.innobiz.net)

이노비즈 인증 정의

이노비즈(Inno-Biz) 인증 기업은 Innovation(혁신)과 Business(기업)의 합성어로 기술 우위를 바탕으로 경쟁력을 확보한 기술혁신형 중소기업을 지칭한다. 전 세계적으로 기술 혁신을 통해 기업과 국가의 경쟁력을 높이려는 뉴 패러다임이 새로운 화두로 있고 선진국 들은 중소벤처기업을 국가경쟁력의 핵심으로 정부차원에서 지원 정책을 실시하고 있으며 국가 간의 경쟁력을 측정하는 객관적인 척도로 비교되고 있다. 이에 연구 개발을 통한 기술 경쟁력 및 내실을 기준으로 선정하기에 과거의 실적보다는 미래의 성장성을 중요시 한다는 특징을 가진다.

이노비즈 인증 평가는 중소기업기술혁신촉진법에 근거하고 OECD에서 개발한 기술혁신 평가 매뉴얼에 근거하여 기술혁신성 평가를 수행하게 되며, 기술혁신능력, 기술사업화 능력, 기술혁신경영능력, 기술혁신성과 크게 4가지 평가 항목으로 구분하여 평가하고 있다.

평가항목	기술혁신능력	기술사업화능력	기술혁신 경영능력	기술혁신 성과
세부내용	R&D 활동지표 기술혁신체제 기술혁신관리 기술축적능력 기술분석능력	기술제품화능력 기술생산화능력 신제품 마케팅 능력 기술사업화 관리	경영혁신능력 변화대응능력 마케팅관리능력	기술경쟁력변화 성과 경영 성과 기술적 성과

오슬로 매뉴얼: OECD에서 개발한 기술혁신 평가 매뉴얼(출처 : 이노비즈넷)

이노비즈 육성 사업은 중소기업의 기술혁신 역량을 강화하여 기술개발의 사업화를 촉진 시키고 산학 협력의 선순환 구조를 정착시켜 기술 협력 기반을 조성하기 위한 목적을 지닌다. 또한 중소기업의 기술혁신 역량강화로 수요자 중심의 R&D 지원 사업 운영을 촉진시키고 정보화 혁신 선도 기업 육성을 통해 정보화 인프라 확충을 위한 저변 확대를 위한 혁신 전략 사업이다.

제조업종의 이노비즈 인증 평가 배점표를 살펴보면 다음과 같다.

부 문	대 항 목	문항수	배점	평가결과
I. 기술혁신 능력	1. R&D 활동지표	2	50	
	2. 기술혁신 체제	6	85	
	3. 기술축적 시스템	5	105	
	4. 기술분석 능력	4	60	
	계	17	300	
II.기술사업화 능력	1. 기술의 제품화 능력	4	90	
	2. 기술의 생산화 능력	8	130	
	3. 마케팅 능력	6	80	
	계	18	300	
III. 기술혁신 경영능력	1. 경영혁신 능력	5	91	
	2. 변화대응 능력	4	74	
	3. 경영자의 가치관	2	35	
	계	11	200	
IV. 기술혁신 성과	1. 기술경쟁력 변화 성과	3	50	
	2. 기술경영성과	9	110	
	3. 기술적 성과(예측)	4	40	
	계	16	200	
총 계		62	1000	

이노비즈 평가배점표(제조업종용)

이노비즈 인증 요건과 절차

이노비즈 인증 신청은 이노비즈(www.innobiz.net)사이트에 기업회원으로 가입 후 온라인 신청접수를 통해 자가진단과 예비평가 단계를 거쳐 개별 기술수준 평가를 위한 현장평가를 기술보증기금에서 실시하게 된다. 평가를 통과한 기업은 중소기업청으로부터 이노비즈 기업 지정서를 받게 되며 이후 중소기업청, 기술보증기금, 금융기관 등으로부터 각종 지원과 혜택을 수여받게 된다. 3년 동안의 유효기간 이후에는 연장평가 등을 통해 지속적으로 이노비즈 기업으로서의 혜택을 누릴 수 있게 된다.

이노비즈 기업 인증을 받기 위해서는 1차 온라인 자가진단, 기술사업계획서 작성, 2차 현장평가를 통한 실사 과정을 거쳐 최종 Inno-Biz 기업으로 선정된다.

2차 현장평가에서는 온라인 자가진단에서 자체 평가했던 내용에 대하여 기업의 내용 사실대로 평가를 했는지의 신뢰성 유무를 확인하며, 기업이 보유한 개별기술에 대한 현황과 보유기술에 대한 혁신성 및 기술성 등을 평가하게 되며, 실사 기업은 이에 따른 검증자료와 기술에 대한 일련의 서류 및 설명 자료를 준비해야 한다.

단계	내용
1단계 : 이노비즈 넷 사이트 기업등록	기업등록 / 공장 및 주생산품 입력 재무사항 입력
2단계 : 자가진단 작성	온라인 자가진단 작성
3단계 : 기술사업계획서 작성	특허 기반 기술사업계획서 작성 및 제출
4단계 : 현장평가	현장평가를 거쳐 최종 선정
5단계 : 사후관리	지속적인 기업관리 유효기간 연장

이노비즈 인증 절차

　이노비즈 인증 현장 실사 시 준비해야 하는 기본 자료는 사업자등록증 사본, 주주명부, 재무제표(최근 3년 간), 매출액 확인을 위한 자료, 국세/지방세 납세증명서, 4대보험 사업장 가입자 명부, 벤처기업인증이나 부설연구소 등의 각종 인증서, 지식재산권(특허, 디자인 등) 관련 서류 등을 구비하도록 해야 한다.

　한편, 이노비즈 인증을 연장 신청 기간은 유효기간 만료 90일전부터 유효기간 만료 후 30일까지 신청이 가능하다. 다만, 유효기간 만료일 이전에 연장 확인을 받고자 하는 기업은 만료일 35일 이전에 신청을 완료해야 한다.

이노비즈 인증 우대지원 제도 제대로 활용하기

이노비즈 기업 우대지원 제도 및 혜택을 살펴보면 다음과 같으며, 이노비즈협회 회원가입 여부와 관계없이 지원을 받을 수 있다.

구분	우대지원 사항
금융지원	• 이노비즈기업 수도권 취득세 중과 면제, 정기 세무조사 유예 • 금융지원 협약 보증(기술평가보증으로 100% 전액 보증 지원 가능) • 기술보증 우대 지원(보증지원한도 최고한도 50억까지) • 스마트공장 구축 및 공급기업, 로봇산업기업 대상 (대출금리 최대 1% 우대) • 보증지원(보증한도 최대 30억 원 확대, 보증요율 우대) • 코스닥 상장 지원(코스닥 상장 요건 완화)
R&D지원	• 창업성장 기술개발사업, 기술규제해결형 기술개발사업, 빅데이터 기반 서비스개발 사업, 중소기업 기술혁신개발사업, 국제 지재권 분쟁 대응전략 지원 사업 등 가점 부여
인력지원	• 산업기능 요원제도, 전문연구요원제도, 맞춤형 기술파트너 지원 사업 가점 부여 • 중소기업 연구인력 지원 사업 지원
판로수출지원	• 글로벌 강소기업 육성사업, 수출바우처 사업, 수출 컨소시엄 지원 사업 가점 부여 • 물품구매 적격심사 시 가점 부여 • 기술개발제품 우선구매(공공기관 기술개발제품 구매 지원) • 혁신형 중소기업 방송광고 지원, 공영홈쇼핑 우수제품 입점 판매 우대
기타지원	• 특허 연차등록 수수료 감면 • 특허/실용신안 출원 우선 심사

이노비즈 기업 인증 우대지원 사항

이노비즈 사업계획서 작성 노하우

이노비즈 인증 신청을 위해서는 기술평가 신청기술(제품)에 대해 기술사업계획서를 작성하여야 하며 기술보증기금의 양식을 사용하고 있다. 기업체 개요, 대표자 및 경영진 현황, 영업현황, 기술(제품)의 개요 및 기술추진현황 등을 작성하며 필요에 따라서는 기술소개용 PT 자료도 같이 준비하여 실사 시 활용하면 도움이 된다.

기업체 개요 작성에서는 사업장 현황에 대한 사항과 소유여부, 근로자 수 등을 작성하고 연혁 부분에서는 설립연월일, 대표자 변경사항, 공장신축 이전, 각종 인증 획득 현황 등 기업의 주요 현황을 작성하면 된다.

기업체명			㈜통XXX		대표자		김찬규	E-mail (대표자)	sales@xxx.com	
								Homepage	XX@xxx.com	
사업장	본사 여부	우편물 수령 희망지	주 소				사업자 번호	소유여부	소유/임차	연락처	전화번호 (Fax번호)
	■	□	1) 부산 연제구 XXX				607-XX-XXXXX		소유		051-501-XXXX
	□	■	2)						소유		070-xxx-xxxx (055-xxx-xxxx)
주요제품			플랜지,피팅,밸브 외		용도 및 특성		- Fitting & Flange : 관, 이음새 - 플랜트 기자재 : 정유 및 해양 플랜트에 사용되는 각종 기자재				
사이버영업점 가입사항			가입여부	□ 여, ■ 부	가입대행 (기금)	□ 여, ■ 부	근로자수		전년도	40	
									최근 월말	45	

년	월	연 혁 (설립,증자,대표자 변경, 공장신축, 이전 등)	관계 회사	
2007		㈜통xxx 설립	기업체명	
2008		쿠웨이트 국영 석유공사 업체 등록	대표자	
2009		ISO 9001/2000 인증	법인번호	
2012		㈜통xxx법인 전환	업종	
2014		카타르 도하 울반 프로젝트 공급	관계내용	
2017		2000만불 수출의 탑 수상(KOTRA)		
2019		ISO14001/2007, OHSAS18001/2007 인증		
2020		아람코 프로젝트 공급, 중동 정유 플랜트 시장 공급		
2021		기업부설연구소 설립(KOITA)		

기술평가용 사업계획서 _ 기업체 개요

대표자 현황 작성에서는 대표자의 주요 경력사항과 담당업무, 그리고 주요 경영진과 주주현황에 대해 기록해야 한다. 경력사항에서는 현재 기업과의 업무적 연관성이 보이도록 담당업무를 상세하게 기록하고 특기사항에 수상실적이나 연구 활동에 대해서도 추가로 기록해주는 것이 좋다.

성 명	김 xx						
경영 형태	창업( ) 2세승계( ) 인수(○) 전문경영인( )				자 격 증		
최종 학력	1994년도 02월 경성대학교 무역학과 (졸업)						
주요 경력	기 간		근 무 처		업 종	담당업무	최종직위
	2008년 02월 - 현 재		㈜xx		무역,제조	총괄	대표이사
	2003년 02월 - 2008년 01월		㈜xx		무역	영업	차장
	1999년 04월 - 2003년 01월		㈜xx		제조	영업	과장
	1994년 03월 - 2020년 02월		xx(주)		제조,무역	영업	대리
기타소유재산 및 특기사항							

경 영 진					주 주 상 황		
직 위	성 명	나 이	실제 경영자 와의 관계	담당업무 및 주요경 력	주주명	실제경영자 와의 관계	지분율
김xx	대표이사	50	본인	총괄	김xx	대표이사	40%
					신xx	사외이사	40%
					서xx	이사	20%

기술평가용 사업계획서 _ 대표자 현황

영업현황 작성에서는 전전년도부터 내년도까지의 매출금액을 내수와 수출로 구분하여 작성하고 금액은 재무제표에 근거하여 작성하도록 한다. 또한 주요 매출처 및 주요 매입처를 거래금액이 높은 순으로 거래 연수를 함께 기록하도록 한다.

구 분	전 기 (전전년도)		당 기 (전년도)		금년도 (예상)	내년도 (예상)
계(수출실적)	13,433백만원 (10,000천불)		28,855백만원 (20,016천불)		35,000백만원	50,000백만원
금년매출 (수출) 실적 (최근 04 말 현재)			10,000백만원 (7,000천불)			
수주 (L/C) 액 (2020. 04. 현재)			30,000백만원 (L/C : 23,000천불)			
부실채권 보유액 (2020. 04. 현재)			백만원			
매출조건	현금 35% / 외상 65 %		매입조건	현금 15% / 외상 85%		
	(1개월이내 현금결재)			결제기간 (15일 - 60일)		
	결제기간 (15일 - 60일)					

구분	상 호	전화번호	거래년수	구분	상 호	전화번호	거래년수
매 출 처	UNIO PIPE		6년	매 입 처	비xx	02-342-0936	6년
	MALKO		6년		제xx	031-832-1326	6년
	ABJ		6년		선xx	051-831-9327	6년
	SK건설		5년		태xx	063-264-5000	6년
	총 50개업체				총 37개업체		

기술평가용 사업계획서 _ 영업현황 및 매출현황

소요자금은 운전자금과 시설자금으로 구분하여 작성하는데, 운전자금에는 인건비, 기술개발비, 재료비, 기타운영비 등 판매관리비가 포함되고 시설자금에는 기계, 차량 등을 포함한 시설비를 작성한다. 운전자금과 시설자금에 맞춰 조달 계획을 상세하게 작성해야 하는데 자기자금과 추가로 보증과 금융차입을 통해 조달할 수 있는 가능금액, 투자자금, 매출이익 등을 고려하여 작성하도록 한다.

운전자금 내역		시설자금 내역		조달 계획			
세부내용	금 액	시 설 명	금 액	조달방법	기조달액	추가조달 확정액	추가조달 예정액
운영, 생산 자금 (재료비 등)	1,000	CNC Drill Center	370	자기자금	200	300	500
기술개발비	500	CNC 선반	97	금융차입	200	200	400
창업비 (창업기업인경우)	0	Spectrometer	69	(보증신청)	760	100	(800)
		지게차	66	기 타	0	0	0
합 계	1,500	합 계	602	합 계	1,160	600	1,700

기술평가용 사업계획서 _ 소요자금 및 조달계획

기술개발 내용은 기업이 보유하고 있는 특허 중심으로 작성하며 권리상태와 발명자 등에 대한 상세 내용을 기록하며 키프리스 사이트에서 정보를 확인해볼 수 있다. 기술의 내용은 강점이 되는 부분을 중심으로 기술적 특성을 중심으로 기술하도록 한다.

기술(사업)명		xxx용 Conduit Valve 개발			
개발(예정)기간	19년 06월 ~ 21년 05월	개발소요자금	150백만원	제품화여부	□여 ■부
권 리 구 분	■특허권 □실용신안권 □디자인 □상표 □프로그램 저작권 □기타 ( )	최종 제품		Double Gate xxx	
권 리 상 태	■출원중 □등록	등록(출원) 번호		10-2015-xxxxxxx	
제품화 단계	□양산단계 □양산준비단계 □제품화완료단계 ■시제품(연구, 개발,기획)단계 □아이디어단계				
권 리 자	성명	㈜xxx		관계	회사
발 명 자	성명	김xx		관계	연구소장
기술의 내용	▶ 5줄 내외로 간략하게 작성 ▶기술(사업)이 2가지 이상일 경우 별지로 추가 작성				

- 입구 측 파일럿 압을 통해 Valve의 기밀성이 유지되며 밸브 밀폐시 디스크 사이의 압력은 Vent 라인을 통해 배출
- Top Entry 및 Cylindrical Body Type으로 설계되어 유지보수가 용이하며 높은 신뢰성을 가짐
- Ball/Gate Valve와 비교했을 때, 적은 누설량간 중저가의 가격대를 가짐
- 고온(110도), 고압(41bar), 고기밀성(No leakage) 정유플랜트용 8inch 600# Double Gate Conduit Valve 개발

기술평가용 사업계획서 _ 기술개발 내용

연구개발 전담부서/기업부설 연구서

벤처기업 인증이나 이노비즈 기업 인증을 획득을 위해서는 연구개발 조직 유무, 연구개발 성과, 연구개발 계획에 대한 기업의 준비 사항에 대해 객관적으로 입증을 할 수 있어야 하는데 이 때 필요한 제도가 연구개발전담부서/기업부설연구소 제도의 활용이다. 일반적으로 창업 1~2년차에는 연구개발전담부서를 신청하고 창업 3년 차 이상의 경우 기업부설 연구소를 신청하여 인가를 받는다. 기업부설연구소/연구개발전담부서 설립신고는 기본적으로 先설립·後신고 체계이므로 이를 신고하고자 하는 기업은 신고 인정요건을 갖춘 상태에서 구비서류를 작성하여 (사)한국산업기술진흥협회에 신고하면 된다. 기업이 준비해야 하는 사항이 기본적으로 요구되는 인적 요건과 물적 요건(공간 등)만 갖추면 되기 때문에 비용 부담없이 준비가 가능하다. 유효기간이 별도로 정해져 있지 않지만 기본 요건에 대해서는 수시로 체크하고 관리해야 한다.

연구소/전담부서 설립 노하우

연구소/전담부서 설립신고 제도는 일정 요건을 갖춘 기업의 연구개발 전담 조직을 신고, 인정함으로써 기업 내 독립된 연구조직을 육성하고 인정받은 연구소/전담부서에 대해서는 연구개발 활동에 따른 지원혜택을 부여하여 기업의 연구개발을 촉진하는 제도이다. 온라인으로만 신고할 수 있고 인정에 따른 수수료나 별도 비용이 없고, 연구소 및 전담부서의 인정은 협회 회원가입과 관계없이 처리되는 정부로부터 위탁받은 대행 업무에 해당된다.

연구소/전담부서 신고관리시스템 메인 화면(출처 : www.rnd.or.kr)

연구소/전담부서 신규설립 신고는 온라인으로만 접수 가능하며 해당 사이트에서 공인인증서 또는 인정번호로 로그인 가능하고, 투자용 공인인증서는 사용할 수 없으니 주의해야만 한다.

신규설립 신고 처리는 보완이 없는 경우, 접수 후 7일 이내에 처리되고 보완 발생 시 담당자의 SMS, 전자 우편, 팩스로 보완요청 공문이 발송되며, 보완 발생 후 7일 이내에 보완하지 않을 경우에는 자동반려 된다. 보완요청 공문은 담당자 전자 우편, 연구소 통합관리

시스템에서 확인할 수 있고, 현장실사는 사전 통보 없이 진행될 수 있다.

연구소/전담부서 신규 처리 절차(출처 : 한국산업기술진흥협회)

연구소/전담부서 신고 요건

연구소/전담부서 신청을 위한 요건으로는 인적 요건과 물적 요건이 있다. 인적 요건은 기업 유형별로 상이하다.

구분	기업 유형		신고요건
인적 요건	기업부설연구소	벤처기업 연구원창업 중소기업	연구전담요원 2명 이상
		소기업	연구전담요원 3명 이상 (단, 창업일로부터 3년까지는 2명 이상)
		중기업	연구전담요원 5명 이상
		중견기업	연구전담요원 7명 이상
		대기업	연구전담요원 10명 이상
	연구개발전담부서	기업규모에 관계없이 동등 적용	연구전담요원 1명 이상
물적 요건 (공통)	연구시설 및 공간요건		연구개발 활동을 수행해 나가는데 있어서 필수적인 독립된 연구공간과 연구시설을 보유하고 있을 것

연구소/전담부서 인정 요건

인적 요건 : 연구전담요원 자격

연구전담요원의 자격 요건으로 기업 규모에 관계없이 모두 인정되는 경우는 자연계 분야 학사 이상 또는 국가자격법에 의한 기술·기능분야 기사 이상인 자가 해당된다. 중소기업의 경우에는 자연계 분야 전문학사로 2년 이상 연구 경력이 있는 자(3년제는 1년 이상)도 해당이 되며 창업 3년 미만 소기업의 경우에는 대표이사가 연구전담요원 자격을 갖춘 경우 연구전담요원으로 인정 가능하다.

전문학사인 경우에는 졸업증명서(학위증명서)와 함께 연구개발 경력증명서(2년 이상)를 상시 비치하고 여러 회사에서 근무한 경우, 모든 경력을 합산하여 2년 이상이 되도록 해야 한다. 전담요원 신고 시 경력증명서가 준비되어 있어야 한다.

물적 요건 : 독립된 연구 공간

1개 기업에서 2개 이상의 연구소/전담부서를 설치하고 이를 각각 신고하고자 할 경우에는 연구소와 전담부서 상호간의 연구 분야가 다르거나, 소재지가 다른 경우 가능하나 2개 이상의 기업이 1개의 연구소/전담부서를 공동으로 설립·신고할 수 없다. 그러나 원활한 연구수행을 위해 필요에 따라 연구소의 주소지를 주소재지와 부소재지로 구분하여 2개 장소로 신고할 수 있으며 이 경우 주소재지와 부소재지의 연구전담요원의 수를 합산할 수 있되 각 소재지별로 연구시설과 독립공간을 갖추어야 한다.

기본 물적 요건으로는 독립된 연구공간이 필요한데 사방이 다른 부서와 구분될 수 있도록 벽면을 경량칸막이 등 고정된 벽체로 구분하고 별도의 출입문을 갖추어야 한다. 다만, 연구소/전담부서가 면적 50㎡ 이하인 연구공간을 별도의 출입문을 갖추지 않고 다른 부서와 칸막이 등으로 구분하여 운영할 수 있으며 이러한 경우 연구소/전담부서 현판을 칸막이에 부착해야 한다.

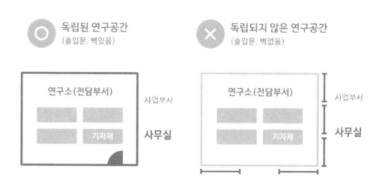

연구소/전담부서 물적요건(연구 공간)(출처 : 한국산업기술진흥협회)

연구소/전담부서 신고 서류

연구소/전담부서 신청을 위한 서류는 기본 지정서식과 첨부 서류로 구분된다. 지정서식은 온라인으로 내용을 기입하는 형태로 웹에서 기업 정보를 작성하고, 첨부 서류는 jpg 등의 형태 파일로 전환하여 업로드해야 한다.

지정 서식은 연구소/전담부서 신고서, 연구사업 개요서, 전담부서 직원현황, 연구시설 명세서가 있고, 주요 첨부 서류로는 사업자등록증 사본, 회사 조직도, 도면, 전용출입구 현판 및 내부사진이 요구된다. 그리고 중소기업인증서류는 기업에서 거래하는 세무(회계)사무소를 통해 확인받을 수 있는데, 중소기업기준검토표 양식을 보내고 세무(회계)사 날인한 서류를 제출받아 jpg 등 화일로 첨부하면 된다.

구분	기업부설 연구소	연구개발 전담부서
지정 서식	① 기업부설연구소 신고서 ② 연구개발활동 개요서 ③ 연구기자재 현황 ④ 연구개발인력 현황	① 연구개발전담부서신고서 ② 연구개발활동 개요서 ③ 연구기자재 현황 ④ 연구개발인력 현황
첨부 서류	⑤ 사업자등록증 사본 1부 ⑥ 회사 조직도 및 연구소 조직도 각 1부 ⑦ 도면(층 전체도면 및 내부도면) ⑧ 전용출입구 현판사진 및 내부사진 ⑨ 4대 사회보험 사업장 가입자 명부	⑤ 사업자등록증 사본 1부 ⑥ 회사 조직도 및 연구소 조직도 각 1부 ⑦ 도면(층 전체도면 및 내부 도면) ⑧ 전용출입구 현판사진 및 내부사진 ⑨ 4대 사회보험 사업장 가입자 명부
	※ 해당기업에 한해 첨부서류 • 중소기업입증서류 : 중소기업기준검토표(중소벤처기업부 발급) • 주업종 확인서류(서비스 분야 신청기업) : (법인)중소기업기준검토표, (개인)일반과세자 부가가치세 신고서 • 중견기업 확인서(중견기업연합회 발급) • 연구원창업 중소기업 확인원(해당기업에 한함) • 벤처기업 확인서 사본(벤처기업에 한함) • 연구전담요원, 보조원의 수가 10인 이상의 기업 : 안전 및 유지관리비 내역서, 보험가입 보고서	

연구소/전담부서 지정서식 및 첨부서류

설립신고서 작성 노하우

연구소/전담부서 설립신고 신청서에 기업 정보를 입력하고 기업 유형은 대기업, 중견기업, 중소기업, 벤처기업 중 선택하며 개업년월일은 사업자등록증의 날짜를 입력하도록 하고 매출액 등 재무정보는 최근 결산년도의 내용으로 입력해야 한다.

연구소/전담부서 설립신고 기업정보 입력 화면

연구소/전담부서명을 입력하되 부착된 현판과 동일한 명칭을 사용하고 연구 분야는 주된 연구개발 활동 분야가 속하는 업종을 선택하도록 해야 한다. 건물형태는 연구소(전담부서) 전용면적을 기재하고 연구개발 투자비는 신고일로부터 향후 1년간 연구개발 투자 계획금액을 시설비와 운영비로 구분하여 기재하도록 한다.

연구소/전담부서 설립신고 연구소 개요 입력 화면

설립배경 및 필요성은 신고기업이 연구소/전담부서를 왜 설립하였는지에 대한 설명을 배경 및 동기, 목적과 필요성 등의 관점에서 간단명료하게 기재하고, 관장할 기능은 기업의 전체 경영활동(영업, 생산, 관리 등)에서 연구소/전담부서가 담당해야 하는 역할에 대하여 구체적으로 기재하도록 한다.

연구소/전담부서 설립신고 연구사업개요서 입력 화면

연구소/전담부서 직원현황은 연구소의 경우 연구소장을 기입하고 전담부서는 입력할 수 없다. 구분 칸에는 전담요원, 보조원, 관리직원 중 연구원별 해당되는 내용으로 선택하도록 하고 최종학력정보와 병적사항을 미리 체크하여 기입하도록 한다.

연구소/전담부서 설립신고 연구소 직원현황 입력 화면

연구 시설명세서에서 품명은 연구 기자재의 제품명을 입력하고, 모델명에서 자체제작으로 모델명이 없을 경우 사유를 입력하거나 자체제작으로 기록한다. 그리고 연구기자재를 연구소직원이 공동으로 활용하는 경우에는 공동으로, 연구소 직원 개개인이 독자적으로 활용하는 경우에는 개인으로 입력하도록 한다. 여기에서의 시설은 연구사업 개요서의 과제를 수행할 수 있는 최소한의 시설을 의미한다.

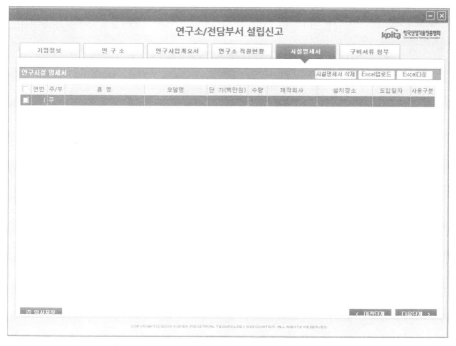

연구소/전담부서 설립신고 연구시설 명세서 입력 화면

연구소/전담부서 설립신고를 완료하기 위해서는 구비서류를 첨부하여야 하는데, 회사 조직도에서는 회사의 조직체계에 따라 모든 부서명과 부서별 직원 성명을 전부 기재하고 연구소나 전담부서도 회사의 한 부서이므로 조직도에 포함되어 있어야 한다.

< 작성 예 >

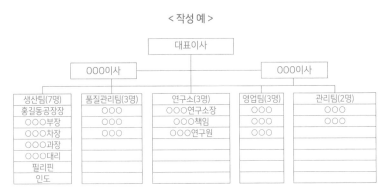

연구소/전담부서 조직도 작성(예)

기업전체 도면은 각 공간별 용도(연구소, 영업팀, 대표이사실 등)를 표기하고, 연구소/전담부서로 신고되는 공간을 굵은 선으로 별도 표기하도록 한다.

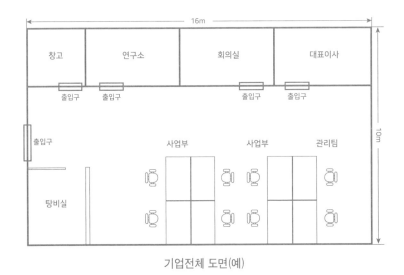

기업전체 도면(예)

한편, 연구소/전담부서 내부도면(Lay-Out)은 가급적 A4 크기로 작성하되, 천정에서 바라보았을 때의 연구소 내부 구조를 그대로 그리되 공간구분(사무실, 실험실, 회의실, 비품창고 등) 표시, 연구원 자리 배치, 이름기재 및 주요기자재 위치를 명기하도록 하고 도면상에 가로 및 세로의 치수를 m(미터)단위로 반드시 표기한다. 현판과 내부 사진은 연구 독립공간 확보 및 내부 현황을 사진으로 확인할 수 있도록 넓은 각도로 전후좌우의 연구소, 전담부서 내부를 촬영(6장 촬영)하여 첨부하도록 해야 한다.

현판 및 내부사진(예)

스타트업이 알아야 할 기술/제품 인증

품질경영시스템 ISO 9001 인증

ISO 9001 품질인증 규격은 조직의 형태, 규모 및 제공되는 제품에 관계없이 적용이 가능하며 규격의 요구사항은 프로세스를 기반으로 고객만족 증진이라는 목표하에 경영책임, 자원관리, 제품실현 및 측정, 분석 및 개선의 4개 핵심 프로세스로 구성되어 있다.

ISO 9001 인증은 ISO(국제 표준화 기구)에서 제정한 품질경영시스템에 대한 국제규격으로 글로벌 비즈니스 환경에서의 조직의 품질경영시스템 요구사항을 표준화하여 국제적인 통상의 편리함을 도모하는데 목적이 있어 해외 수출을 목표로 하는 기업은 필수적이다.

ISO 9001 인증 어떻게 준비하나?

ISO(International Organization for Standardization, 국제표준화기구)는 재화 및 서비스와 관련된 제반 설비와 활동의 표준화를 통하여 국제 교역을 촉진하고 지적, 학문적, 기술적, 경제적 활동 분야에서의 협력 증진을 위한 목적으로 1947년에 창설된 국제기구이다.

ISO 9001 인증은 기업 전반에 대한 총체적인 품질 향상을 통하여 경쟁력 우위를 확보하고 고객만족 향상 및 조직 경쟁력 제고를 통해 조직의 장기적인 성장과 발전을 추구하기 위해 품질 경영시스템의 일정한 요건을 갖춘 기업에게 부여하는 인증 제도이다. 품질경영 및 공산품안전관리법에 법적근거가 있으며 부품소재전문기업육성에 관한 특별조치법시행령에 의해 공장심사면제의 인센티브가 적용되고 있다. 대상 품목은 품질관리이며 소요 기간은 기업의 규모, 인력 배치, 컨설팅 여건에 따라 상이하고 통상적으로 인증 신청에서 인증서 발급까지 1~2개월 정도 소요된다.

일반적으로 비용은 인증수수료에 신청비, 인증심사비 및 출장비, 인증서발급비 등으로 구분되나 개별 인증기관에 따라 다를 수 있다. 인증기관은 한국인정지원센터(KAB)에 등록된 한국품질재단, 한국표준협회 등과 외국의 인정기관에 등록된 인증기관이 있고 인증의 유효기간은 3년이다.

인증 프로세스

ISO 9001 인증은 연중 수시로 신청 가능하며, 인증기관에 따라 신청서류는 다소 차이가 있으나 인증신청서, 사업자등록증, 조직도, 기타 인증기관이 요구하는 서류를 갖추어야 한다. 인증대상은 농림수산업, 제조업, 서비스업 등 전 산업 분야를 대상으로 한다.

그리고 심사비용은 신청 조직의 인원수에 따라 MD(Man Day)가 결정된다. 통상 MD는 1명의 심사원이 1일(8시간 기준) 심사를 진행하는 경우 1MD로 표기한다. MD는 인증기관마다 차이가 있고, 인증기관은 국내 및 해외 인정기관에 등록된 인증기관을 선택하여야 한다. 인증심사는 최초 인증심사, 1년 사후심사, 3년 갱신 심사로 구분되며, 각 단계의 심사를 받지 않으면 인증이 취소된다.

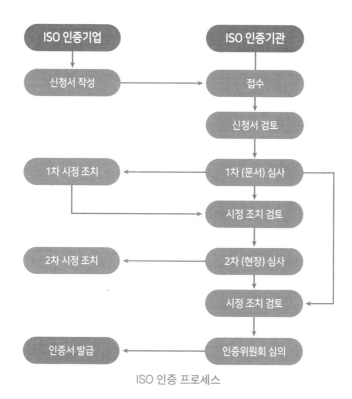

ISO 인증 프로세스

인증 효과

ISO 9001 인증서는 회사 또는 특정부문의 품질보증 활동에 관한 사실을 객관적으로 입증하는 문서로, 제품이나 기술서비스의 품질수준이 국제표준화기구에서 요구하는 기준에 적합하다는 사실에 대한 확인이기도 한데, ISO의 취지대로 자발적인 품질경영시스템을 구축하고 지속적인 보완 작업을 거듭할 경우 ISO 9001 시스템은 기업 혁신의 초석이 될 수 있다.

환경경영시스템 ISO 14001 인증

ISO 14001 인증은 환경경영시스템으로 환경방침을 개발, 실행, 달성, 검토 및 유지관리를 위한 조직구조, 계획 활동, 책임관행, 절차, 공정 및 자원 등을 포함하고 있는 경영시스템이다. 또한 광범위한 이해관계자의 요구와 환경 보호에 대하여 사회의 점진적 요구사항을 규정하고 있다.

ISO 14001 인증 목표와 방침 세우기

ISO 14001 인증은 기업의 생산 활동에서 비롯되는 모든 제품·서비스 등이 환경에 나쁜 영향을 최소화하기 위해서 환경관리를 위한 목표와 방침을 정하고, 이를 달성하기 위한 조직·책임·절차를 규정한 후, 기업 내 인적·물적 자원을 효율적으로 배분하여 조직적으로 관리하는 활동을 의미한다. 즉, 환경경영인증이란 기업이 주변 및 지구환경 보호를 위해 환경경영체계를 구축하여 실행하고 있음을 인증기관(제3자)로부터 확인받는 제도이다. 여기에서는 제품에 대한 인증이 아닌 시스템 인증이기 때문에 제품시험 검사는 없으며 규격요구사항과 일치되게 문서화되고 효과적으로 시행되고 있는지를 확인하는 현장심사 결과를 통해서 인증 결정을 진행하게 된다.

환경경영시스템 개념도

한편, 인증 소요기간은 규정된 기간이 없으며 1단계 심사 및 2단계 심사에서 발생하는 부적합 사항에 대한 시정조치 대응기간, 인증기관에서의 검토 처리기간 등에 따라 전체 소요기간에 큰 차이가 있고 통상적으로 인증신청에서 인증서 발급까지 1~2개월 정도 소요되고 있다. 인증수수료는 ISO 9001과 유사한 정도의 수준이고 인증기관 또한 ISO 9001과 동일하다.

공장심사 측면에서는 년 1회 이상 조직이 인증요건에 충족하는지를 확인하기 위하여 인증심사원이 신청 조직의 현장을 방문하여 현장(대부분 본사, 공장, 연구소, 영업소 등을 모두 포함한다)의 환경경영시스템의 운영 상태를 확인하도록 되어 있다.

ISO 14001은 국제적 동일 규격의 적용과 무역거래에서의 활용은 기업경영 전반에 걸쳐 국가별 환경인증제도보다 더욱 광범위한 영향을 미치고 있고 무역과 연계된 국제환경협약과 ISO 환경인증제도가 상호 결부됨으로써 기업의 상거래 활동에서 ISO 14001 국제환경경영시스템의 인증이 요구된다.

인증 효과

ISO 14001 인증 획득을 통해 기업전반에 대한 총체적인 품질향상을 통하여 경쟁력 우위를 확보하고 고객만족과 아울러 기업의 경쟁력을 향상시키고 장기적인 성장·발전을 추구하는데 그 목적이 있고 기업이 ISO 14001 국제환경경영시스템을 도입함으로써 생산 활동으로 인해 발생하는 폐기물, 대기 수질오염, 소음, 분진 등을 포함한 제반 환경영향 최소화, 국·내외적인 환경보호요구를 만족시킴으로써 환경 친화적 기업 이미지 제고 등을 기대할 수 있다.

CE(유럽공동체마크) 인증

CE 인증은 유럽연합의 통합규격 인증 마크이며 강제규격이다. CE 마크는 품질에 대한 보증을 뜻하는 것이 아니고 기본적인 안전조건(필수요구조건)을 충족시키고 있다는 것을 확인하여 주는 수단이며, 이 마크만 부착하면 EU 지역 내에서 자유로이 유통이 가능하다.

CE 인증 마크

CE 인증 제도란

CE는 불어로 Conformite Europeen의 머리글자이며 유럽공동체(유럽연합)를 의미한다. CE 마크는 제품이 안전, 건강, 환경 및 소비자 보호와 관련된 유럽규격 즉, EU 이사회 지침(Directive)의 요구사항을 모두 만족한다는 의미이며, 유럽연합 내에서 유통되는 소비자 안전과 관련된 제품에는 반드시 승인을 받고 CE 마크를 부착하여야 한다. CE 마크는 1990년 12월 제품의 규격 및 기술규정에 따라 적합성 평가를 하는 시험 및 인증 제도가 총괄적 접근방식(Global Approach)으로 통일되면서 각 제품별로 달리 적용하던 인증절차나 인증마크를 통일하고 유럽 차원의 시험인증기관(EOTC)을 설립하면서 EU 집행위에서 총괄하던 인증 업무를 EOTC에서 관장하고 인증대상 품목을 정하고 인증방식(Module)을 정하면서 본격 시행되었다.

CE 인증은 해당 제품에 부착한다는 의미는 제품 또는 제조자가 EC이사회 관련규정 또는 지침의 필수 요구사항을 충족하는 것을 의미한다. 제품이 아무런 제한 없이 시장에 유통될 수 있도록 제조자, 수입업자, 제3자(인증기관) 중 하나가 제품관련 적합성 평가를 수행하였다는 것을 의미하고 소비자의 건강, 안전, 환경과 관련된 제품에 의무적으로 CE 마크를 부착하여야 하고 마킹된 제품은 EU(유럽 연합, European Union), EFTA(유럽 자유무역 연합, European Free Trade Association) 국가지역 내에서 검사나 시험없이 자유로이 유통될 수 있다. 그리고 CE 인증의 주요 대상 품목은 완구류, 가스 기류, 기계류, 전자파 적합성, 통신단말기, 비자동저울, 개인 보호 장비 모든 물품을 대상으로 하고 있다.

CE 마킹은 유럽공동체 시장 내에서 검사관에 의한 통제를 용이하게 하고, 제조업체나 공급업체의 의무를 명확히 하려면 CE 마킹을 이용해야 하고, CE 마킹 시 제품상에 붙이는 것이 원칙이며, 포장, 인증서, 사용설명서에 삽입도 가능하며 글자의 크기는 세로 길이가 5mm 이상 되도록 해야만 한다. 한편, 유럽공동체 회원국 당국이 CE 마킹이 부적절하게 부착되었음을 입증할 경우 제조업체/대리인은 CE 마킹에 관한 조항에 제품이 적합하도록 수정하고 해당 회원국이 부과한 조건에 따라 부적합 내역을 고지할 의무가 있다. 규정준수 위반이 계속될 경우 회원국은 적절한 모든 조치를 취해 문제의 제품이 시장에 출하되는 것을 제한하거나 시장에서 철수해야 한다. 또한 사후관리로서 CE 마크가 없는 제품은 유럽 시장에서 반입 및 판매를 할 수 없도록 되어 있으며, 국가별로 차이가 있으나 일반적으로 CE 규정 위반 시 벌금, 제품회수, 징역형을 받을 수 있기 때문에 주의해야 한다.

인증 절차

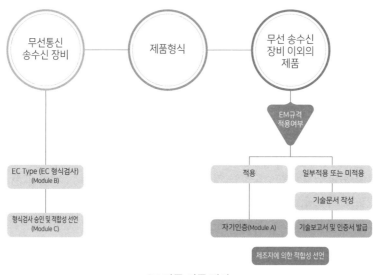

CE 인증 인증 절차

CE 인증의 형태는 COC 형태와 DOC 형태가 있으며 그 차이는 다음과 같다.

1) COC 형태 : 시험하고 유럽시험기관(예 : TUV 등) 이름으로 인증서가 발급되는 형태로 인증료를 별도 지불해야 한다. 대외 공신력이 높아지는 장점이 있으나 비용이 추가된다.

2) DOC 형태 : 시험한 시험보고서를 가지고 제조자 이름으로 자기적합선언을 하는 방법으로 COC보다 다소 공신력이 떨어질 수 있으나, 생산제품의 품질관리가 잘 되어있는 경우 전혀 문제되지 않으며 인증료가 추가 지불되지 않아 경비를 줄일 수 있는 장점이 있다.

신기술(NET) 인증

신기술 인증 제도 이해하기

신기술(NET, New Excellent Technology) 인증은 국내 기업 및 연구기관, 대학 등의 개발 기술을 신기술로 인증함으로써 신기술의 상용화 촉진, 신기술제품의 신뢰성 제고로 시장진출 및 구매지원을 위한 제도이다.

신기술은 국내에서 최초로 개발된 기술과 도입기술의 소화개량에 의한 새로운 기술로서 현장 보급 또는 실용화가 필요하거나 경제적·기술적 파급효과가 큰 기술이 해당된다. 여기에서 기술의 소화개량이라 함은 외

신기술 인증 마크

국으로부터 도입된 기술을 분석하여 이를 보완하고 발전하게 하여 새로운 기술을 창조하는 활동을 말한다. 신기술 인증 제도를 효율적으로 운영하기 위한 신기술 통합 인증요령을 참고하면 된다.

신기술(NET)인증 메인 홈페이지(출처 : www.netmark.or.kr)

신기술 인증을 통한 지원제도는 다음과 같다.

구분	내용
국가 및 공공기관 등의 구매지원	• 신기술 적용제품의 수의계약 지원 • 중소기업제품 구매촉진 및 판로지원 • 우수조달제품 지정 지원
기업부설 연구소 신기술 상용화지원	• 신기술(NET) 상용화 지원(과학기술정보통신부)
정부 인력지원 사업 신청 시 우대	• 전문연구요원제도(과학기술정보통신부, 병무청)
혁신형 중소기업 기술금융 지원사업	• 혁신형 중소기업을 대상으로 우수기술기업을 선별, 민간금융기관에서 보증서 없이 사업화 자금을 신용으로 지원(기술보증기금)
중소기업 수출지원센터 관련사업	• 중소기업 수출지원센터 관련사업 가점 • 수출유망중소기업 지정사업(중소기업벤처부) 가점

신기술 인증 지원제도

인증 프로세스

신기술 인증 신청·접수는 제도의 효율적 운영을 위하여 연간 3회, 일정기간을 정하여 접수하는 것을 원칙으로 하고 있다. 신기술 인증을 위한 심사·평가는 1차 심사(서류/면접심사), 2차 심사(현장심사), 3차 심사(종합회의심사)의 절차에 따라 실시한다.

신기술 인증 절차(출처 : www.netmark.or.kr)

신기술 인증은 기본적으로 국내에서 개발된 독창적인 신기술로서 선진국 수준보다 우수하거나 동등하고 상용화가 가능한 기술이어야 하며 심사 기준은 다음과 같다.

구분	내용
1차 심사	• 기술성 평가 : 기술성, 적용성, 재현성, 발전성, 파급성 • 경제성 평가 : 기술제품대비 성능, 생산·가격 경쟁력, 지원효과 • 추가 확인사항 : 공인기관 시험 성적서, 시제품 등
2차 심사	• 기술평가 : 기술개발 현황, 기술개발 방법, 개발기술의 문제점과 한계성 및 극복정도, 기술의 신뢰도(지식재산권, 기술인증 등) • 품질관리평가 : 생산라인 구축 정도, 공정관리 상태, 시험·검사 상태 • 자금지원 : 상용화개발자금 규모의 적정성
3차 심사	• 1차/2차 심사 결과 적정성 여부 • 기술명 및 인증기간 변경 검토·확정 • 신기술 인증 지원의 필요성 있는지 여부

신기술 인증 심사기준

신기술 인증기간 부여를 위한 평가기준은 정량적 항목과 정성적 항목의 평가 집계표의 평점을 산정하며 신기술 인증 기간 연장 신청은 인증유효기간 만료 4개월 이전에 해야 한다. 인증기간 연장신청 시점에서 동등 또는 유사한 기술개발 현황과 인증기간 연장을 통한 상용화 가능여부 및 시기 등을 주의해야 한다.

소재부품전문기업 인증

소재부품전문기업 부가가치창출하기

소재부품전문기업 확인은 소재·부품전문기업 등의 육성에 관한 특별조치법에 따라 2002년부터 도입된 제도이며, 소재·부품산업의 기술경쟁력 제고를 위해 소재·부품 및 그 생산설비의 제조를 주 된 사업으로 영위하는 기업을 전문기업으로 추천·확인하는 제도이다.

소재부품장비 업종은 산업통상자원부령으로 정하고 있으며 최종생산물의 고부가가치화에 기여가 큰 것, 첨단기술 또는 핵심고도기술을 수반하는 소재·부품으로서 기술파급 효과 또는 부가가치창출 효과가 큰 것, 산업의 기반이 되거나 산업 간 연관 효과가 큰 것이 포함된다.

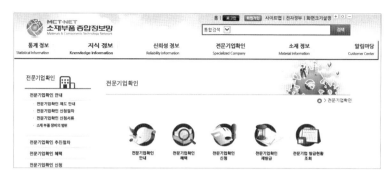

소재부품종합정보망 메인 홈페이지(출처 : www.mctnet.org)

 전문기업의 확인을 받기 위해서는 기업의 총매출액 중 소재·부품 또는 생산설비의 매출액 비율이 100분의 50 이상인 기업, 상호출자제한기업의 소재·부품·장비의 총매출액 중 자기 계열회사에 대한 매출액이 100분의 50 미만인 기업 요건을 충족해야 하며 확인서의 유효기간은 발급일로부터 3년이다.

신청 프로세스

전문기업 확인은 신청에서 발급여부의 안내까지 소재부품종합정보망 사이트를 통해 확인할 수 있으며, 제출 서류에 문제가 없을 경우 최대 4주 정도의 기간이 소요된다.

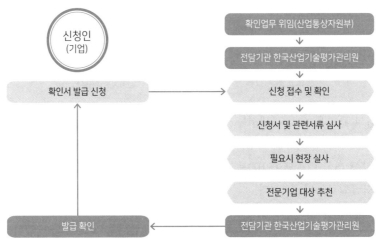

소재부품전문기업 확인 신청 절차(출처 : 소재부품종합정보망)

전문기업 우대사항

소재부품장비 산업의 국산화 실현과 핵심기술 전문기업 육성을 위해 제도적·정책적 지원이 요구된다. 또한 기술 집약 품목 중심으로 대중소 기업 간 협력 프레임을 구축하여 합자생산 전개와 기술 투자 확대 등이 요구된다.

구분	우대사항	내용
인력지원	산업기능요원제도 (병역지정업체) 신청 시 가점	• 병역법에 따라 입영대상자(현역병, 보충역)가 병역 지정 업체에 일정기간(현역 34개월, 보충역 26개월) 근무함으로써 군복무를 대체하는 제도
사업화 및 경영지원	한국은행 총액한도대출제도 (지방소재 기업)	• 지방중소기업지원 프로그램은 지역 간 균형발전을 도모할 목적으로 은행의 지방중소기업에 대한 대출실적과 지역별 경제사정 등을 감안하여 한국은행 지역본부별로 한도를 배정
기술지원 및 기술개발	소재부품기술개발사업 신청 시 가점	• 제조업 글로벌 경쟁력 제고를 위하여 소재의 해외의존도 완화, 기술고도화 및 미래시장 선점을 위한 소재·부품기술 개발 지원
	신뢰성산업체확산사업 신청 시 가점	• 소재부품 글로벌 경쟁력 확보를 위해 중소·중견기업을 대상으로 사업 수행기관의(서비스 지원기관) 인프라(인력·장비 등)를 활용하여 신뢰성 향상 및 융복합 소재·부품개발 지원

소재부품전문기업 우대사항

스타트업 연습문제 STORY 일곱

1. 벤처기업의 특징과 국내외 기업 사례를 들고, 벤처기업 확인제도에 대해 설명해 보세요.

2. 이노비즈 인증 기업의 정의와 이노비즈 인증을 취득하기 위한 기술혁신 평가 지표는 무엇이 있나요?

3. 한국산업기술진흥협회에서 지정하는 연구소/전담부서는 연구개발 활동에 따른 지원혜택을 부여하여 기업의 연구개발을 촉진하는 제도이다. 연구소/전담부서의 설립 신고 요건을 인적 요건과 물적 요건으로 구분하여 설명해 보세요.

4. ISO 9001 인증과 ISO 14001 인증의 차이에 대해 설명해 보세요.

5. 소재부품전문기업 확인은 소재·부품전문기업 등의 육성에 관한 특별조치법에 따라 2002년부터 도입된 제도이다. 소재부품장비 산업 분야를 3개 이상 제시해보세요.

 Peter Ferdinand Drucker

새로운 아이디어는 연약해서 비웃음이나 하품을 받으면 쉽게 죽어버린다.
놀림을 받으면 칼로 찔린 것처럼 아프고, 찡그린 얼굴을 보면 너무 걱정이 돼서 죽어 버린다.

MEMO

Part 8

생초보 스타트업의
홈택스를 활용한 세무회계

투자받기 위한 스타트업 재무제표

알기 쉬운 스타트업 재무제표

스타트업 회계 얼마나 알아야 하나

스타트업 창업자는 기업 규모에 관계없이 기획, 인사, 마케팅, 회계, 기술 전 분야에서 탤런트가 되어야 한다. 지금까지 '회계는 나와는 관계없는 일이야'라고 생각했던 CEO라면 지금부터라도 회계=경영자(CEO) 라는 생각으로 전환해야 한다. 이는 회계가 주로 경제와 경영에서 사용되는 언어이기도 하지만, 회계정보이용자가 합리적인 의사결정을 내릴 수 있도록 기업에 관한 유용한 경제적 정보를 식별, 측정, 전달하는 정보시스템이기 때문이다.

스타트업의 특성상 사업 초기에 회계 담당 직원을 따로 채용하기가 쉽지 않으며, 자금 조달 시 투자자들이 요청하는 회계 관련 사항들에 대해 완벽한 대응을 위해서는 회계를 이해하고 있어야 한다.

그리고 경영자, 투자자, 채권자 등 기업의 이해관계자들이 의사결정을 할 때 참고하는 기업경영정보, 경영성과, 현금흐름을 한 눈에 알아볼 수 있는 기준이 되기 때문에 회계를 볼 수도 있어야 하고 설명을 할 줄도 알아야 하고 내다볼 줄 알아야 한다.

결론적으로 기업의 모든 경영 활동을 한눈에 보여주는 것이 기업의 재무제표이고, 회계라는 언어로서 작성이 된다고 생각하면 된다. 주로 사용되는 기본적인 용어로는 자산, 부채, 자본 등이 있고, 비용과 수익의 관계를 보면 거래요소의 관계를 쉽게 이해할 수 있다.

- 대차대조표 등식 : 자산 = 부채 + 자본
- 손익계산서 등식 : 수익 = 비용 + 이익 또는 비용 = 수익 + 손실

재무제표로 스타트업 분석하기

재무제표(Financial Statements, Financial Reports)는 기업의 재무 상태나 경영성과 등을 보여주는 문서이다. 기업의 살림살이 정보를 보여주는 핵심 수단이고 회계에 대한 기본 정보를 제공하는 자료이다.

일정한 기간 동안에 기업이 얼마만큼의 물건(서비스, 용역)을 판매하고 그 중 얼마가 재료비로 사용이 되었고, 얼마를 벌었고 그리고 얼마만큼의 빚을 갚고 얼마를 이자로 내고, 얼마를 투자하고 남은 돈 얼마를 주주들에게 돌려주고 기업에는 얼마가 남았다라는 식의 정보가 내포된 자료가 재무제표인 것이다.

재무상태표	손익계산서	자본변동표	현금흐름표
자산, 부채, 자본 금액 정보 제공	경영성과(수익, 비용) 정보제공	자본 구성 항목별 변동 정보 제공	현금흐름(유입, 유출) 정보제공

재무제표 구성

왜 재무제표가 중요할까요?

스타트업 대부분 은행에서 융자를 받고자 하거나, R&D 정부지원 자금을 지원받기 위해서 혹은 투자 자금을 지원받고자 할 때 상대방이 기본적으로 요구하는 서류 중 하나가 재

무제표이기 때문이다.

재무제표 자료를 보고 사람들은 'OO스타트업은 재무적으로 건실한 기업이구나', 'OO기업이 지속적으로 R&D 투자를 통해 기술혁신을 하는구나', '최근 OO연간 매출 규모, 부채 규모 등 재무 상태가 양호하구나' 등의 기업 현황을 파악할 수 있다.

발생주의 vs 현금주의

재무제표는 기업의 재무 상태나 경영성과 등을 파악하기 위해 내부적인 목적으로 사용되기도 하고 상장기업의 경우 재무제표를 매년 결산기에 일반대중에게 공개하도록 의무화 되어 있다. 기업의 재무제표는 기업의 이해관계자에게는 1년간의 기업 이익을 알려 주고, 세무 당국에게는 세금을 결정하는 기준을 제공하게 되고, 기업의 신용평가 시, 기업의 기술가치 평가시, 각종 R&D 출연자금의 과제 평가 시에도 활용하게 된다.

기본적으로 재무제표는 재무상태표, 대차대조표, 손익계산서, 이익잉여금처분계산서, 자본변동표, 현금흐름표 등이 있다. 재무상태표는 한 시점을 기준으로 작성되며, 대차대조표, 손익계산서, 자본변동표, 현금흐름표는 일정 기간을 기준으로 작성이 되고 손익계산서는 발생주의에 따라, 현금흐름표는 현금주의에 따라 작성이 된다.

그렇다면 발생주의와 현금주의는 무엇일까? 이를 간단하게 표로 비교해보면 다음과 같다.

구 분	발생주의(Accrual Basis)	현금주의(Cash Basis)
의미	• 현금의 수입과 지출을 일어나게 만드는 근원적인 거래가 발생한 시점에서 수익과 비용으로 인식	• 현금이 들어오는 시점에서 그 금액을 수익으로 인식하고 현금이 나가는 시점에서 그 금액을 비용으로 인식
특징	• 수익과 비용의 적절한 대응으로 올바른 기간손익의 계산 가능	• 수익과 비용의 적절한 대응이 이루어지지 않아 올바른 기간손익이 계산되지 않음
장점	• 회계기간 동안 조직의 업적이나 성과를 가장 합리적으로 측정	• 받을 채권이 많은 상태에서 채무에 대한 현금 지급능력이 없어 도산하는 흑자도산을 막기 위하여 적정 현금 보유가 중요
예시	"거래가 발생할 때 (대가 지급 시, 구매한 물품 검수 시) 기록"	"현금이 들어오거나 나갈 때 (구매 물품 대가로 현금이 나갈 때) 기록"

발생주의와 현금주의

발생주의 원칙에 따라 작성된 재무제표는 수익과 이에 관련된 비용을 같은 회계기간에 인식하도록 하며, 또한 과거의 현금유출입 거래뿐 아니라 미래의 현금지출 의무나 미래의 현금유입을 창출할 자원에 관한 정보를 제공하기 때문에 재무제표 이용자의 경제적 의사결정에 보다 유용한 정보를 제공할 것으로 기대가 되는 것이다.

현금주의와 발생주의에 대해 물건을 100원 어치 팔았을 경우를 예를 들어 설명해보면 다음과 같다.

---

1) 100원을 바로 현금으로 받을 경우
 - 발생주의, 현금주의 : 모두 100원의 수익으로 인식
2) 100원을 외상으로 받을 경우
 - 현금주의 : 금의 수취가 없었으므로 판매 시에는 아무런 수익 인식하지 않음
 - 발생주의 : 현금의 유입과 유출을 발생시키는 근본적인 이슈에 대하여 기록하므로 수익으로 인식

재무제표 구성 요소 한눈에 파악하기

사업을 하다보면 다른 회사의 재무제표를 볼 수 있는 기회가 생긴다. 가령 M&A나 주식 투자 등을 위해서이며 이 때 가장 먼저 보는 자료가 대차대조표와 손익계산서이다. 그리고 융자자금, R&D 자금 평가, 벤처인증과 이노비즈 인증 등의 기업평가 시에도 대차대조표, 손익계산서 등의 자료를 요구 받게 된다.

재무제표(Financial Statement)는 기업이 회계기간 동안에 수행한 경영 활동의 결과를 간결하게 요약한 재무보고서이고, 작성 목적은 기업의 이해관계자들에게 다양한 형태의 재무 정보를 제공하는 데 있다.

그렇다면 대차대조표와 손익계산서 자료가 왜 중요할까요? 그 이유는 대차대조표와 손익계산서 자료는 실질적인 기업의 매출, 부채, 현금흐름 등의 정보를 제공해주기 때문이다.

대차대조표	손익계산서	현금흐름표
• 자산항목 - 부채항목 - 순자산항목	• 매출액, 매출원가 • 매출 총이익 • 영업 이익 • 법인세 비용 차감 전 순이익 • 당기 순이익	• 영업 활동에 따른 현금흐름 • 투자 활동에 따른 현금흐름 • 재무 활동에 따른 현금흐름
"물건을 얼마 팔았고 그 중 얼마를 써서 실제로는 얼마를 벌었다"	"기업에 재산이 얼마나 있고 빌린 돈은 얼마이며 그 돈을 어떻게 사용하고 있다"	"기업이 장사를 해서 최종적으로 얼마만큼의 현금이 들어왔다"

재무제표 주요정보 읽기

대차대조표 : 일정한 시점의 재무 상태

대차대조표(Balance Sheets : B/S)는 일정 시점의 기업의 재무 상태를 나타내는 지표이다. 현금과 예금 잔액, 유동자산과 유동부채, 장·단기 부채현황, 자본금 등을 확인할 수 있고, 대차대조표는 크게 자산, 부채, 자본으로 구성된다.

재무상태표의 구성요소인 자산, 부채, 자본의 상호 관계를 회계 등식으로 표현하면 다음과 같다.

차변	대변
자산	부채 자본
자산 합계	부채 및 자본 합계

재무상태표 구조

자산은 기업이 보유하고 있는 경제적 자원으로서 금전적 가치가 있고 향후 유용하게 쓸 수 있는 기업의 재산이라고 할 수 있다. 부채는 현금으로 갚거나 상품 또는 서비스를 제공해야 할 경제적 의무인 동시에 현재 기업이 부담하거나 미래에 자원의 사용이 예상되는 항목이다. 자본은 자산에서 부채를 차감한 잔여액을 의미한다. 그리고 주주는 기업이 발행한 주식을 구입한 대가로 회사의 주인이 된다.

대차대조표에서 주로 사용되는 용어를 살펴보자.

구 분		내 용
자산	유동자산	• 현금 및 단기예금, 유가증권, 매출채권, 재고자산, 임대주택 자산 등
	비유동자산	• 투자자산, 유형자산, 감가상각자산, 무형자산 등
	※ 무형자산은 실체는 없지만 앞으로 돈이 될 수 있는 자산들을 의미하며, 영업권, 개발권, 또는 특허, 저작권 등이 포함됨	
부채	유동부채	• 매입차입금, 단기차입금, 유동성 장기부채
	비유동부채	• 사채, 장기차입금과 이연부채
자본	자본금	• 회사주식수 ×액면가
	자본잉여금	• 주식 발행 초과금, 감자 차익, 자기주식처분 이익
	※ 자본에는 자본금, 자본잉여금, 자본조정, 자기주식, 기타포괄손익누계액, 이익잉여금이 있음	

대차대조표 주요 용어

손익계산서 : 수익과 비용 기록

손익계산서(Income Statement : I/S or Profit Loss Statement : P/L)는 일정 기간 동안에 발생한 기업의 경영성과를 나타내는 재무제표로 이익 발생정도, 손실 발생정도, 매출액, 판매관리비 등을 확인할 수 있다. 즉, 회계기간 동안(1분기, 1년) 매출액, 비용, 이익을 나타내는 보고서이다. 매출총이익은 매출액에서 매출원가를 제외한 금액이다.

매출 총이익 = 매출액 - 매출 원가

즉 , 매출 총이익은 순수하게 원료비를 제외하고 회사가 얼마를 벌어 들였나 하는 것을 의미한다.

	매출총이익	• 매출 총이익 = 매출액 - 매출 원가
-	판매관리비	• 물건을 팔 때 들어가는 여러 경비 (**직원 급여**, 보너스, 복리후생비, 여비교통비, 통신비, 광고 전선비, 접대비, 지급 수수료, **감가상각비**, 수선비, 임차료, 세금과 공과, 보험료, 회의비, 도서인쇄비, **연구개발비**, 기타)
=	영업이익	• 매출액에서 실질적으로 기업의 본연에 업무 즉 순수하게 장사를 해서 번 돈
±	영업 외 손익	• 개인으로 치면 재테크를 해서 번 돈이나, 이자 비용이나 천재지변 등으로 일어난 사건을 해결하기 위한 비용 등
=	세전 손익	
-	법인세	
=	세후 손익	
	당기순이익	• 순수하게 회사의 매출액에서 지출 비용 제외하고 남은 이익

현금흐름표 : 일정기간 동안의 현금흐름

현금흐름표(Cash Flow Statements)는 기업의 영업활동에서 최종적으로 투자한 만큼 현금이 들어왔는지 확인할 수 있는 지표이다. 가령, 부채가 100원이며, 현금흐름표에서는 현금이 기업으로 흘러 들어온 내용이므로 +100원의 현금으로 인식된다. 또한 감가상각비 금액도 회사 밖으로 나간 것은 아니기 때문에 +를 의미한다. 또한 현금으로 부동산을 취득했다면 회사의 현금이 나갔으므로 "-"의 의미를 가진다. 그래서 현금흐름표에서는 수입과 수익을 구분해서 사용한다.

- 수익 = 회사가 이익을 낸 돈
- 수입 = 매출, 이익과 상관없이 회사의 현금이 증가하는 것

현금흐름표에서 주로 사용되는 용어를 살펴보면 다음과 같다.

구분	내용
영업활동현금흐름	• 회사가 장사한데서 발생한 현금
투자활동현금흐름	• 회사가 주식이나 땅 등을 투자한 것에 대한 현금 흐름
재무활동현금흐름	• 회사가 빌리거나 투자받거나 배당금 지출과 같은 회사 재정적인 면에서 발생한 현금흐름
순현금흐름	• 영업활동현금흐름, 투자활동현금흐름과 재무활동현금흐름의 총합

현금흐름의 종류

재무제표 결산 이해하기

주식형 펀드와 주식투자가 어려운 점은 과거 영업활동보다는 미래 영업활동에 대한 기대치를 더 많이 반영하기 때문이다. 그런데 지금까지 살펴 본 재무제표는 과거를 담은 내용이다. 그렇지만 스타트업은 재무제표를 통해 투자에 유용한 정보를 찾아내고 그 내용을 해석할 수 있고 미래를 예측할 수 있는 자료로 활용해야 한다.

기업의 재무제표는 1년 단위로 결산을 하며 상장기업들은 3개월 단위로 중간 결산을 하여 금융감독원에 제출하도록 되어 있다.

차변	대변		
자산	부채 및 자본		
유동자산 - 당좌자산 - 재고자산	부채	유동부채	타인자본
		비유동부채	
비유동자산 - 투자자산 - 유형자산 - 무형자산	자본 - 자본금 - 자본잉여금 - 이익잉여금		자기자본
(총자산) 자산총계	부채 및 자본 총계		(총자본)
자금 운용 상태	자금 조달 방법		

재무상태표 체크포인트

재무제표에는 대차대조표, 손익계산서, 이익잉여금처분계산서(또는 결손금처리계산서), 현금흐름표, 자본변동표가 있으며 중요한 사항은 주석으로 설명하고 있다. 이익잉여금처분계산서는 영업활동에서 남긴 이익을 어떻게 배분했는가를 나타내고 자본변동표는 자본을 구성하고 있는 자본금, 자본잉여금, 이익잉여금 등이 어떻게 변화되었는가를 나타내는 재무제표로 영업활동과 직접적인 관련은 없다.

그래서 기업의 영업활동에 관한 성적표라고 할 수 있는 재무제표는 대차대조표, 손익계산서 그리고 현금흐름표 이렇게 3가지를 말하는 것이다.

그렇다면 각각의 재무제표는 어떤 내용을 담고 있을까요?

대차대조표는 일정 시점에 기업이 보유하고 있는 경제적 자원인 자산과 경제적 의무인 부채, 그리고 자본에 대한 정보를 제공하는 재무보고서이다.

대차대조표(보고식)

(단위: 원)

과목	제(당)기 금액		제(전)기 금액	
자산				
Ⅰ. 유동자산		(375)		(350)
(1) 당좌자산		(275)		(260)
1. 현금 및 현금등가물		125		110
2. 단기금융상품		35		30
3. 단기투자자산		15		10
4. 매출채권	101		111	
대손충당금	(1)	100	(1)	110
(2) 재고자산		(100)		(90)
1. 상품		100		90
Ⅱ. 고정자산		(125)		(100)
(1) 투자자산		(50)		(40)
1. 장기투자증권		50		40
(2) 유형자산		(50)		(40)
1. 토지		10		10
2. 건물	25		20	
감가상각누계액	(5)	20	(2.5)	17.5
3. 기계장치	16.5		11	
감가상각누계액	(1.5)	15	(1)	10
4. 차량운반구	6.5		3.5	
감가상각누계액	(1.5)	5	(1)	2.5
(3) 무형자산		(25)		(20)
1. 산업재산권		5		2.5
2. 개발비		20		17.5
자산 총계		500		450
부채				
Ⅰ. 유동부채		(250)		(225)
1. 매입채무		150		140
2. 단기차입금		75		70
3. 미지급법인세		25		15
Ⅱ. 고정부채		(100)		(90)
1. 사채	27.5		27.5	
사채발행차금	(2.5)	25	(2.5)	25
2. 전환사채		40		35
3. 신주인수권부사채		30		27.5
4. 퇴직급여충당금		5		2.5
부채 총계		350		315
자본				
Ⅰ. 자본금		(100)		(100)
1. 보통주자본금		100		100
Ⅱ. 자본잉여금		(30)		(30)
1. 주식발행초과금		30		30
Ⅲ. 이익잉여금		(20)		(5)
1. 이익준비금		15		-
2. 차기이월이익잉여금		5		5
$\begin{pmatrix} 당기순이익-당기 : 45 \\ 전기 : 35 \end{pmatrix}$				
자본 총계		150		135
부채와 자본 총계		500		45

손익계산서는 기업의 경영 성과를 명확히 보고하기 위하여 당해 회계기간에 속하는 모든 수익과 이에 대응하는 모든 비용을 기재하여 경상 손익을 표시하며, 이에 특별손익에 속하는 항목을 가감하고 법인세 등을 차감하여 당기순손익을 표시하는 재무보고서이다.

손익계산서

(단위: 원)

과 목	제(당)기		제(전)기	
	금 액		금 액	
Ⅰ. 매출액		750		600
Ⅱ. 매출원가		600		500
1. 기초상품재고액	150		125	
2. 당기매입액	550		525	
3. 기말상품재고액	100		150	
Ⅲ. 매출총이익		150		100
Ⅳ. 판매비와관리비		82.5		55
1. 급여	35		27.5	
2. 퇴직급여	10		2	
3. 복리후생비	6		3.5	
4. 지급임차료	4.5		3	
5. 접대비	5.5		2.5	
6. 감가상각비	8		6	
7. 무형자산상각비	5		4	
8. 세금과공과	2.5		2	
9. 광고선전비	2.5		1.5	
10. 연구비	3.5		2	
11. 대손상각비	-		1	
Ⅴ. 영업이익		67.5		45
Ⅵ. 영업외수익		12.5		7.5
1. 이자수익	10		5	
2. 외환차익	2.5		2.5	
Ⅶ. 영업외비용		30		22.5
1. 이자비용	17.5		15	
2. 외환차손	2.5		2.5	
3. 기부금	5		2.5	
4. 법인세추납액	5		2.5	
Ⅷ. 경상이익		50		30
Ⅸ. 법인세비용차감전순이익		50		30
Ⅹ. 법인세비용		22.5		12.5
Ⅺ. 당기순이익		27.5		17.5
(주당경상이익 : ×××원)				
(주당순이익 : ×××원)				

현금흐름표는 일정기간 동안의 기업의 현금흐름을 나타내는 재무보고서이다. 즉, 현금의 변동내용을 명확하게 보고하기 위하여 당해 회계기간에 속하는 현금의 유입과 유출내용을 적정하게 표시한 자료이다.

현금흐름표(간접법)

(단위: 원)

과 목	금 액	
I. 영업활동으로 인한 현금흐름		1,000
1. 당기순이익(손실)	5,000	
2. 현금의 지출이 없는 비용 등의 가산	3,500	
3. 현금의 수입이 없는 수익 등의 차감	△1,500	
4. 영업활동으로 인한 자산·부채의 변동	△6,000	
II. 투자활동으로 인한 현금흐름		150
1. 투자활동으로 인한 현금유입액	750	
2. 투자활동으로 인한 현금유출액	△600	
III. 재무활동으로 인한 현금흐름		750
1. 재무활동으로 인한 현금유입액	1,500	
2. 재무활동으로 인한 현금유출액	△750	
IV. 현금의 증가(감소) (I + II + III)		1,900
V. 기초의 현금		250
VI. 기말의 현금		2,150

스타트업 재무성과 재무 비율로 분석하기

재무비율은 경제적 의미와 이론적인 관계성이 분명한 두 항목의 상대적 비율을 구하여 이해하기 쉬운 지표로 나타낸 것이다. 경영자의 입장에서는 경영계획 수립과 의사결정을 돕고, 주주의 입장에서는 투자정보 입수에 유리하며 금융기관에서는 신용분석을 통해 원리금 상환 능력을 판단하기도 한다.

재무비율은 크게 유동성 비율, 안정성 비율, 활동성 비율, 수익성 비율, 성장성 비율로 구분할 수 있다.

구 분	세부비율	의미
유동성 비율	유동비율, 신속비율 등	단기지급능력
안정성 비율	부채비율, 자기자본비율, 이자보상비율 등	장기부채상환능력
활동성 비율	매출채권회전율, 재고자산회전율 등	자산운용 효율성
수익성 비율	매출액이익률, 총자산이익률, 주당순이익 등	경영성과 수익성평가

재무비율의 종류

유동성 비율 : 단기채무지급능력

유동성 비율은 단기채무 지불능력을 평가하는 데 사용된다.

유동비율은 기업의 단기 채무에 대해 이를 변제하기 위해 필요한 유동 자산의 상대적인 크기이다.

- 유동비율(%) = $\dfrac{\text{유동자산}}{\text{유동부채}} \times 100$

유동비율이 높다는 것은 부채 상환 지급 능력은 양호하지만, 너무 높을 경우에는 현금 자체로는 이익을 창출하지 못하므로 수익성은 떨어질 수 있다.

당좌비율은 유동자산 중 가장 짧은 기간에 현금화가 가능한 당좌자산과 유동부채의 규모를 비교하여 기업의 단기지급능력을 보수적으로 측정할 수 있는 지표이다. 재고자산의 규모가 크고 장기 체화된 경우이면 유동비율은 우수하지만 당좌비율은 불안정한 상태가 될 수 있는 것이다.

- 당좌비율(%) = $\dfrac{\text{당좌자산}}{\text{유동부채}} \times 100$

안정성 비율 : 채무상환능력

안정성 비율은 기업의 재무적 안정성, 곧 채무지급능력을 나타낸다.

부채비율은 기업의 재무 위험을 나타내고 자본에 대한 부채의 상대적인 크기를 나타낸다.

$$\text{부채비율(\%)} = \frac{\text{유동부채 + 비유동부채}}{\text{자기자본(소유주자본)}} \times 100$$

자기자본비율은 기업의 총자산 중에서 소유주의 몫이 얼마인가를 나타낸다.

$$\text{자기자본비율(\%)} = \frac{\text{자기자본}}{\text{총자산}} \times 100$$

이자보상비율은 영업이익으로 차입금에 대한 이자를 지급할 수 있는가를 나타낸다.

$$\text{이자보상비율(\%)} = \frac{\text{순이익 + 법인세 + 이자비용}}{\text{이자비용}} \times 100$$

고정비율은 자기자본으로 고정자산을 어느 정도 조달하는지를 나타내는 재무비율이다. 고정비율이 100% 이하이면 고정자산을 상환할 필요가 없는 자기자본으로 구입한 것이므로 매우 안전한 기업이라 할 수 있다.

$$\text{고정비율(\%)} = \frac{\text{고정자산}}{\text{자기자본}} \times 100$$

차입금의존도는 차입금 대비 총자본을 측정하는 것이다. 이 비율이 낮을수록 기업의 재무적 안정성이 양호한 것으로 평가된다.

$$\cdot \text{ 차입금의존도(\%)} = \frac{\text{기말 장·단기 차입금}}{\text{기말 총자본}} \times 100$$

활동성 비율 : 자산의 효율적 활용 정도

활동성 비율은 기업이 보유하고 있는 자산의 운영 효율성을 측정하는 비율이다. 자산이 1년 동안 매출을 발생시키기 위해 몇 번 회전했는지를 나타낸다고 할 수 있다.

매출채권회전율은 매출액을 매출채권으로 나누어 계산되며, 매출채권이 얼마나 빨리 회수하는가를 보여주는 지표이다.

$$\cdot \text{ 매출채권회전율(\%)} = \frac{\text{순외상매출액}}{\text{연평균매출채권잔액}} \times 100$$

$$\cdot \text{ 매출채권 평균회수기간(\%)} = \frac{365일}{\text{매출채권회전율}} \times 100$$

총자산회전율은 보유하고 있는 총자산 혹은 자기자본이 수익을 창출하는데 얼마나 효율적으로 이용되는가를 측정할 수 있다. 이 수치가 클수록 기업은 매출액을 위해 총자산을 효율적으로 사용하고 있다는 의미이다.

$$\cdot \text{ 총자산회전율(\%)} = \frac{\text{매출액}}{\text{평균총자산}} \times 100$$

$$\cdot \text{ 자기자본회전율(\%)} = \frac{\text{매출액}}{\text{평균자기자본}} \times 100$$

수익성 비율 : 일정기간 동안의 성과 측정

수익성 비율은 일정한 기간 동안 기업의 이익성향을 나타내는 재무비율이다.

매출액이익률은 매출액 단위당 얻는 마진의 정도를 나타낸다.

$$\cdot \text{매출액총이익률(\%)} = \frac{\text{매출총이익}}{\text{매출액}} \times 100$$

매출액영업이익률은 영업이익을 매출액으로 나누어 산출한다. 이 비율이 높을수록 정상적인 영업활동이 이루어진다는 의미이다.

$$\cdot \text{매출액영업이익률(\%)} = \frac{\text{영업이익}}{\text{매출액}} \times 100$$

매출액순이익률은 당기순이익을 매출액으로 나누어 산출한다. 이 비율이 높을수록 수익성이 양호하다고 볼 수 있다.

$$\cdot \text{매출액순이익률(\%)} = \frac{\text{당기순이익}}{\text{매출액}} \times 100$$

총자산이익률은 총자산을 어떻게 효율적으로 사용했는가를 측정하는 지표이다. 이 비율이 높다는 것은 총자산을 잘 활용하여 많은 이익을 냈다는 의미이다.

$$\cdot \text{총자산순이익률(\%)} = \frac{\text{당기순이익}}{\text{총자산}} \times 100$$

주당순이익은 당기순이익과 함께 경영성과를 측정하는 중요한 지표이고, 보통주 1주당 분배될 수 있는 순이익 금액을 표시한다.

$$\text{• 주당순이익(\%)} = \frac{\text{당기순이익}}{\text{총발행주식수}} \times 100$$

$$\text{• 주당순이익률(\%)} = \frac{\text{당기순이익 - 우선주배당금}}{\text{보통주유동주식수}} \times 100$$

자기자본이익률은 자기자본에 대한 이익의 창출 정도를 나타내는 지표이다.

$$\text{• 자기자본이익률(\%)} = \frac{\text{당기순이익}}{\text{자기자본}} \times 100$$

성장성 비율 : 일정기간 동안의 기업 규모 성장

성장성 비율은 매출액, 총자산, 영업이익, 당기순이익 등에 대한 전기 대비 당기의 성장성을 나타낸다.

매출액증가율은 전기에 비해 당기에 얼마만큼 증가했는지 측정하는 재무비율이다.

$$\text{• 매출액증가율(\%)} = \frac{\text{당기 말 매출액}}{\text{전기 말 매출액}} \times 100$$

총자산증가율은 전기에 비애 당기에 얼마나 증가했는지 나타내는 재무비율이다.

$$\text{• 총자산증가율(\%)} = \frac{\text{당기 말 매출액}}{\text{전기 말 매출액}} \times 100 - 100$$

영업이익증가율은 전기에 비해 당기에 영업이익이 얼마나 증가하였는지를 나타내는 재무비율이다.

$$\cdot \text{영업이익증가율(\%)} = \frac{\text{당기 영업이익}}{\text{전기 영업이익}} \times 100 - 100$$

스타트업 추정재무제표 어떻게 쉽게 작성할까

추정재무제표는 어떤 기업에 대하여 제 3자가 기업 분석을 목적으로 장래의 재무 상태를 추정하기 위하여 작성하는 재무제표이며 보통은 사업자가 미래의 일정 시점에 대한 손익계산서와 제조원가명세서를 추정하여 수치로 작성하는 것이 보통이다.

스타트업 특성상 초기에는 안정적인 수익이 나지 않기 때문에 정부 지원자금과 외부 투자 유치에 중점을 두게 되는데, 이 때 평가 기관이나 투자 기관 등에게 추정재무제표를 포함한 사업계획서를 제시하여 기업 평가를 받게 된다.

추정재무제표가 필요한 이유는 투자 경제성 분석을 위한 미래의 사업 가치를 추정하기 위해서이고, 최적의 사업 포트폴리오 구성을 위한 선택과 집중의 의사결정체이며, 투자사업의 자금조달능력 검증 및 자금소요 시점의 추정을 위한 것이며, 기업의 향후 재무제표 예측을 통한 성장성, 수익성, 안정성, 현금흐름의 규모를 추정하기 위함이다.

추정재무제표 작성은 사업계획서 및 자체조사 자료를 기초로 하며, 추정 절차는 매출추정, 제조원가추정, 손익추정 및 대차대조표 추정 순이 일반적이다. 그러나 어디까지나 추정된 재무제표는 예측치이므로 정확한 손익을 보장하지 못한다.

기업분석은 미래의 현금흐름을 확률적으로 추정하는 작업이라고 할 수 있으므로, 평가 시에 제시된 재무추정치와 실제 결과치를 단편적으로 비교하는 것만으로 분석에 대한 성패를 평가할 수는 없다.

매출액 추정

매출 분석이 재무 추정에서 차지하는 비중이 가장 크며, 매출액 추정 방법은 다음과 같다.

기본적으로 [매출액 = 판매수량 x 판매단가]의 산식을 따른다.

단계	내용
수요예측하기	• 인구, 소득, 경기, 내수, 수출 등의 동향을 종합적으로 분석, 수요 예측 • 방법으로는 시계열분석법, 회귀분석법 등 활용
시장점유율 분석	• 유통망의 구축, 제품의 고객 만족도 및 기업의 신인도 그리고 단기적으로는 가격정책에 따라 달라짐
생산능력 분석	• 업계 전체의 공급능력을 비롯하여 해당 업체의 생산능력(가동률포함)을 분석하여 공급 가능 수량을 추정 • 생산능력의 추정에서는 해당업체의 신규투자 뿐만 아니라 경쟁업체의 신규 투자 물량, 완성시기, 통상적인 시운전 기간 등에 대한 분석 필요
판매단가 분석	• 각 품목별 판매단가를 시계열로 정리 • 각 연도별 변동요인을 추출, 앞의 수요 추정과 연동하여 판매단가를 추정 • 판매단가의 추정에서는 동종 제품의 국제가격, 전후방 원료 및 제품의 가격 동향, 경쟁상황, 판매정책, 판매형태 등에 따라서 달라짐

매출액 추정 단계

매출원가 추정

매출(제품)원가는 크게 재료비, 노무비, 제조경비 등으로 구성이 된다.

단계	내용

재료비 추정	• 재료비 = 원재료 소요량 산출 ×구입단가
	• 원재료 외주가공비, 원재료의 가격동향 등의 분석을 통하여 재료비를 추정
	  - 외주가공비 = 외주가공 품목의 수량 ×일정율(%)
	  - 원재료 소요량, 가격 산출은 매출액 대비 원재료 비율로 추정

노무비 추정	• 노무비는 급료와 임금, 퇴직금충당금전입액 등으로 구성
	  - 평균 인원의 추이분석 및 추정, 임금 및 급료의 추이 분석
	  - 임금인상률, 기업 지급능력의 판단 등에 초점을 맞춤
	  - 퇴직급여충당금은 급료 및 임금에 맞추어 추정

판매관리비 추정	• 업종의 특성, 경쟁상황, 업체의 정책 등에 따라서 판매관리비의 비중차가 심함 • 인건비, 감가상각비, 복리후생비 등의 추정은 제조원가 계산 시 하는 것이 편함 • 광고 선전비, 판매 장려금 등은 경쟁상황, 업체의 마케팅 정책을 감안하여 추정 • 운반비, 보험료, 통신비, 수선비, 접대비, 지급수수료, 기밀비, 임차료, 교육비, 소모품비, 도서 인쇄비 등 변동성 비용과 고정성 비용으로 구분하여 추정
영업 외 수익 추정	• 영업외 수익은 자금의 운용, 투자, 자산의 임대 등으로 발생하는 수익 추정
영업 외 비용 추정	• 지급이자, 지급보증료, 신주 및 사채 발행비 상각, 기타의 대손상각, 유가증권 처분손실, 투자 자산평가손실, 외환차손, 외화환산손실, 기부금, 잡손실 등으로 구성

매출원가 추정 단계

스타트업 세금 건강진단으로 돈 벌기

스타트업이 알아야 할 세금

스타트업이 알아야 할 세금으로는 소득세, 부가가치세, 특별소비세 및 원천징수하는 세금이 있고, 모든 사업자는 소득세 납세의무가 있다. 각종 세금 신고/납부, 납세관리, 세무 관련 각종 민원증명서 발급, 사업자등록증명 등의 업무는 홈택스(www.hometex.go.kr) 사이트에서 직접 관리가 가능하다.

홈택스 사이트 조회/발급 메뉴(출처 : www.hometax.go.kr)

　그리고 사업체를 운영을 할 경우에는 반드시 세무신고 및 납부기한을 체크하고 관리를 하여야한다. 기업의 신용도와도 밀접한 관련이 있으므로 세무사 사무소에 의뢰하여 관리를 받는 것이 좋다.

세목	신고대상자	신고·납부 기한	신고·납부할 내용
종합소득세	개인, 사업자	확정 신고 : 다음해 5.1~5.31 중간예납 : 11.30까지	1.1~12.30 간의 연간소득
부가가치세	일반고세자	1기 확정 : 7.1~7.25 2기 확정 : 다음해 1.1~1.25	1.1~ 6.30간의 사업실적 7.1~12.31간의 사업실적
	간이과세자	※ 4.25, 10.25까지 예정고지 받은 세액을 납부 ※ 신규사업자 및 사업부진자는 예정신고	
사업장 현황신고	부가가치세 과세사업자	다음해 1.1~1.31	1.1~12.31간의 면세수입금액(매출액)
원천징수 이행현황신고	원천징수 실적이 있는 모든 사업자	매월 10일	매월 원천징수한 세액

세금의 종류와 내용

부가가치세

부가가치세는 사업자에 의해 국내에서 공급되는 재화 또는 용역과 재화의 수입이다. 즉, 재화나 용역이 생산되거나 유통되는 모든 거래단계에서 생기는 부가가치를 과세대상으로 과세하는 세금이다.

납세의무자는 영리목적의 유무에 불구하고 사업상 독립적으로 재화 또는 용역을 공급하는 자이며, 부가가치세에 있어서 이론적인 과세표준은 거래대상자로부터 받은 대금·요금·수수료 기타 명목여하에 불구하고 대가관계에 있는 모든 금전적 가치 있는 것을 포함한다.

기초생활필수품과 국민의 후생영역, 문화관련 재화, 기타 부가가치의 생산요소에 대해서는 납세의 의무를 배제하고 있다. 대체로 생활필수품을 판매하거나 의료·교육 관련 용역을 제공 하는데 대하여는 부가가치세가 면제된다.

- 곡물, 과실, 채소, 육류, 생선 등 가공되지 아니한 식료품의 판매
- 연탄·무연탄, 복권의 판매
- 병·의원 등 의료보건용역업
- 허가 또는 인가 등을 받은 학원, 강습소, 교습소 등 교육 용역업
- 도서, 신문, 잡지(광고 제외)

부가가치세 면제 품목

1년을 6개월 단위의 과세기간으로 나누어 당해 과세기간 종료일로부터 25일 이내에 과세표준과 세액을 확정 신고·납부해야 한다. 매년 1월 25일, 7월 25일까지 부가가치를 신고, 납부하여야 하며, 4월과 10월에는 세무서에서 고지한 부가가치세 예정고지세액을 그 달 25일까지 납부하여야 한다.

1기 예정 신고	1기 확정 신고	2기 예정 신고	2기 확정 신고
1.1 ~ 3.31	4.1 ~ 6.30	7.1 ~ 9.30	10.1 ~ 12.31
4.25 까지	7.25 까지	10.25 까지	익년 1.25 까지

부가가치세 신고기간(법인사업자, 개인사업자 공통)

개인사업자 중 일반과세자는 간이과세자가 아닌 자로서 재화와 용역을 공급할 때 세금계산서를 발행하며, 이때 공급한 금액의 10%가 매출세액이 된다. 한편 일반과세자가 재화와 용역을 공급받을 때에는 그 공급받은 금액의 10%에 해당하는 금액이 매입세액이 된다. 결국 일반과세자의 부가가치세 납부세액은 매출세액에서 매입세액을 차감한 금액이 된다. 개인사업자의 부가가치세 신고 및 납부기한은 법인사업자와 같다. 또한 간이과세자란 직전 1년간의 공급가액이 일정 금액 미만인 사업자를 의미한다. 간이과세자는 세금계산서를 발행할 수 없고 영수증만 교부하여야 한다.

부가가치세를 납부하기 위해서는 부가가치의 개념과 세액 계산하는 방법을 알아야한다.

먼저 부가가치란 제품을 생산해서 판매하여 얻어 진 총 산출 가치에서 제품의 생산, 판매를 위해 필요한 외부로부터 구입한 가치를 뺀 것으로 원가에 가치를 부가한 것이다.

> 부가가치세 =
> 법인세 공제 전 순이익 + 인건비 + 금융비용 + 임대료 + 조세공과 + 감가상각비

보통 마트에서 물건을 구매하고 영수증을 받아서 자세히 살펴보면 공급가액, 세액, 면세금액으로 구분되어 영수되어 있는 것을 확인할 수 있고, 여기에서의 공급가액은 마트의 입장에서는 매출액이 되고 세액이 매출세액이 된다. 소비자의 입장에서는 공급가액은 매입액이 되고 세액은 매입세액이 된다. 또한 면세금액은 말 그대로 면세되는 품목이므로 소비자와 공급자 모두에게 부가가치세에 해당하지 않는 금액이 된다.

부가가치세
  = 매출부가세 – 매입부가세
  = (매출금액x10%)-(매입금액x10%)
  = (매출금액-매입금액) x 10%
	사례 1)
	매출금액　　1억 원 ➡ 매출세액 1천만 원
	매입금액 8천만 원 ➡ 매입세액 8백만 원
	부가가치세 = 매출세액-매입세액
	　　　　　　 = 1천만 원-8백만 원
	　　　　　　 = 2천만 원
	사례 2)
	매출금액　　1억 원 ➡ 매출세액 1천만 원
	매입금액 1.5억 원 ➡ 매입세액 1천 5백만 원
	부가가치세 = 매출세액-매입세액
	　　　　　　 = 1천만 원-1천 5백만 원
	　　　　　　 = (-)5백만 원 (환급세액)

사업자가 납부할 부가가치세액은 그가 공급한 재화나 용역에 대한 세액(매출세액)에서 그가 공급받은 재화나 용역에 대한 세액(매입세액)을 공제한 세액이 된다. 그리고 매출세액에서 매입세액을 공제한 세액을 납부세액이라 하고, 매출세액보다 매입세액이 많아서 그 차액만큼 과세관청으로부터 반환 받아야 할 세액을 환급세액이라 한다.

부가가치세 계산하기

기업이 부가가치세를 절감하기 위해서는 매출을 줄이거나 매입을 늘려야 한다. 매출세액은 정해져 있고, 신용카드 및 현금 영수증 연말정산 공제, 의료비공제 등 매입세액을 빼

짐없이 체크하여 공제 받아야 절세가 가능하다.

```
① 매출세액     = 공급가액 x 10%
    -
② 매입세액     = 세금계산서 수취분 매입세액
                 신용카드 및 현금영수증 사용 매입세액
    -
③ 경감/공제세액 = 예정고지세액
                 신용카드 등 발행에 따른 세액공제
    =
  납부세액        최종납부 세액 결정
```

부가가치세 세액 산출방법

전자세금계산서는 부가가치세 과세거래에 대해 부가가치세 법령에서 정하는 전자적인 방법으로 발급하는 세금계산서이며 발급의무대상자는 종이세금계산서 대신에 전자세금계산서를 의무 발급해야 한다.

구분	내용
발급의무자	법인사업자 직전연도 공급가액(면세 포함) 합계 3억 원 이상 개인사업자
발급 시기	부가차치세법에 의해 공급시기에 발급 월 합계 세금계산서 등 특례의 경우 익월 10일까지 발급
발급형태	국세청 홈택스를 이용하여 발급 발급대행시스템(ERP, ASP)을 이용하여 발급
불이익	미(지연)발급 : 공급가액의 2% 미(지연)전송 : 공급가액의 0.5%

전자세금계산서 개요

세금계산서 항목 기재요령은 다음과 같다.

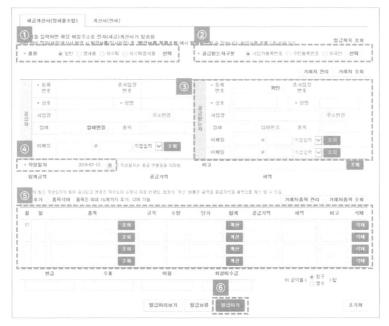

세금계산서 샘플

① 세금계산서 종류 선택

- 일반 : 영세율 매출이 아닌 과세 매출에 대해 전자세금계산서를 발급하는 경우 선택

- 영세율 : 영세율 매출에 대해 전자세금계산서를 발급하는 경우 선택

② 공급받는 자 선택

공급받는 자 구분에서 거래상대방이 누구인지 선택하고, 아직 사업자등록번호가 나오지 않았거나 폐업한 사업자의 경우 주민등록번호를 선택하면 된다.

③ 공급받는 자 정보 입력

거래상대방 사업자등록번호 입력 후 [확인] 버튼을 클릭해서 유효한 사업자등록 번호인지 검증을 진행한 후 나머지 정보를 입력한다. 이메일 주소를 입력하면 발급한 전자세금계산서가 해당 주소로 전송된다.

④ 작성일자 입력

재화나 용역을 공급한 날을 입력하고, 거래처별로 한 달 동안의 공급가액을 합해서 세금계산서를 발급하는 경우에는 그 달 말일, 한 달 내에서 임의로 정한 기간 동안의 공급가액을 합해서 발급하는 경우에는 그 기간의 종료일을 입력한다.

⑤ 거래 품목 정보 입력

거래일과 품목, 규격, 수량, 단가를 입력하면 공급가액과 세액이 자동으로 계산된다. 공급가액과 세액이 입력되면 작성일자 아래 합계금액이 자동으로 입력된다.

⑥ 내용을 모두 작성한 후 발급하기 버튼을 클릭한다. 발급하기 버튼 클릭 전에 청구/영수를 선택하는 부분이 있는데 입력한 금액을 이미 받은 경우에는 영수, 아직 받기 전인 경우에는 청구로 선택하면 된다.

원천징수세

원천징수제도란 소득금액 또는 수입금액을 지급하는 자(원천징수의무자)가 이를 지급하는 때에 소득자에게 그 소득에 대한 원천징수세액을 차감한 잔액만을 지급하고 그 원천징수세액을 납부하는 제도로 원천징수의무자는 원천징수한 소득세(법인세)를 그 징수일이 속하는 달의 다음달 10일까지 납부하여야 한다. 즉, 원천징수는 돈을 주는 사람이 미리 세금을 공제를 하고 지급하고 나중에 연말정산(근로자) 또는 종합소득세(개인사업자) 신고를 통해 정산을 하게 된다.

갑근세 원천징수의무	직원들의 급여를 지급한 달의 다음달 10일까지 신고·납부의무
연말정산신고	직원들의 1년간 급여에 대하여 다음해 2월 10일까지 정산하여 신고

원천징수 및 연말정산 신고

원천징수를 제때 하지 않거나 세금을 납부하지 않으면 10%의 가산세가 붙게 되며, 직원들은 추후 외국을 나간다든지 은행 대출을 받는 경우에 납세증명서를 발급받을 수 없게 되므로 주의해야 한다.

국세청 연말정산간소화서비스 예시(출처 : 홈택스)

한편, 연말정산과 관련된 자료는 근로소득세를 연말정산을 하는데 필요한 각종 소득 공제 증명자료 등을 국세청이 근로자를 대신해서 수집하여 정보를 보여준다. 은행, 병원, 학교, 카드사 등의 영수증을 발급하는 기관으로부터 자료를 수집하여 제공하는 납세자를 위한 편의 서비스이다.

소득세

대한민국 국민은 누구나 발생하는 소득에 대해 세금을 내야하며, 개인이 벌어들인 소득에 대한 세금을 소득세라고 하고 소득세의 종류는 다음과 같다. 사업을 하여 소득이 생기면 개인은 소득세를 법인은 법인세를 납부해야 하는 의무가 있다. 개인소득자의 세율은 소득세법상 누진세율을 적용받아 소득에 비례하여 세율이 증가하게 된다.

소득세	종합소득세	근로소득세 사업소득세 이자소득세 배당소득세 부동산임대소득세 연금소득세 기타소득세
	양도소득세	
	퇴직소득세	
상속세, 증여세		
취득세, 재산세		

세금의 종류

사업소득이 있는 경우에도 1년간의 소득에 대해서 다음해 5월 31일까지 소득세 과세표준과 세액을 계산하여 신고 및 납부하여야 하고, 그 계산 과정은 다음과 같다.

소득금액 = 총수입금액(근로소득세, 사업소득세, 이자소득세, 임대소득세 등) - 필요경비
과세표준금액 = 소득금액 - 소득공제
산출세액 = 과세표준 x 소득세율
결정세액 = 산출세액 - 감면세액 - 세액공제

법인세

법인세는 법인의 소득 금액 등에 과세 표준으로 부과되는 세금, 국세에서 직접세, 광의의 소득세의 일종이다. 대한민국의 법인세는 국내에 본점이나 주사무소 또는 사업의 실질적 관리장소를 둔 법인(내국법인)에게 과세하는 세금으로 국내외에서 발생하는 모든 소득에 대하여 법인세 납세의무가 있으며 외국에 본점 또는 주사무소를 둔 법인(외국법인)은 국내에서 발생하는 소득 중 법에서 정한 것(국내원천소득)에 한하여 법인세 납세의무가

있다.

법인세는 중간예납과 확정 신고를 하여야 하는데 대상기간과 신고기한은 다음과 같다.

구분	법인세 중간예납	법인세 확정 신고
대상기간	1.1 ~ 6.30	1.1 ~ 12.31
신고기한	8월 말일까지	익년 3월 말일까지
방법	★ 전년도 결손시 → 중간 결산하여 납부 ★ 전년도 법인세 납부시 → 전년도 법인세의 1/2 납부	★ 무신고·무기장가산세 정부결정 산출세액 × 20%와 매출액 ×7/10.000 중 큰 금액

법인세 신고기한

법인세는 사업 연도 소득금액을 기준으로 하여 최하 10%에서 최고 25%의 세율이 적용된다.

법인세 산출세액 = 과세표준 ×세율

사업연도가 1년 미만인 경우 산출세액 계산

$$법인세산출세액 = (과세표준 \times \frac{12}{사업연도월수}) \times 세율 \times \frac{사업연도월수}{12}$$

납세의무가 있는 법인은 사업연도가 끝나면 사업연도가 끝나는 날로부터 60일 안에 결산확정을 해야 하며, 결산확정일로부터 자기조정 계산서를 첨부하는 법인은 15일 안에 외부조정 계산서를 첨부하는 법인은 30일안에 법인세 과세표준 및 세액신고서를 관할세무서에 제출하고 납부할 세액은 은행이나 우체국에 내야한다. 이 경우 신고서와 함께 기업회계기준을 준용하여 작성한 대차대조표, 손익계산서, 이익잉여금 처분계산서 또는 결손금처리계산서와 세무조정 계산서를 첨부해야 하며 이를 첨부하지 않으면 신고하지 않은 것으로 보게 된다.

스타트업 절세전략

매입 세금계산서 수취를 꼼꼼하게 챙긴다.

기업은 거래 시에는 되도록 세금계산서를 받는 것이 매입세액을 줄이는 방법이다. 국세청에서는 단순 세금계산서 거래뿐 만 아니라 사업용 계좌 의무화 등 금융거래 복합 전산시스템 분석기능이 강화되어 부정거래 적발이 강화되었다. 따라서 정상적인 세금계산서를 거래해야 한다.

사업용 카드를 활용한다.

매입세액부가세환급 전용카드를 사용하는 방법은 매입세액환급 전용 카드를 사용하면 카드사용 내역의 업종 분류와 사용내역 및 사업자유형을 함께 제공해주기 때문에 모든 비용을 카드로만 사용할 경우 증빙하고 신고하는데 어려움이 없다. 국세청 사업용 신용카드 등록 사용 방법은 기존 사용하던 카드를 사업용 신용카드 등록 메뉴를 이용해서 등록하면 분기별로 사용내역 조회가 가능하다.

세무전문가의 도움을 받아 신고 및 납부 기간을 숙지하고 지킨다.

세무 전문가의 도움이 없이도 관리는 가능하지만, 잘 챙기지 못하는 사람은 필요한 경우 도움을 받아야 한다. 세무전문가의 협조를 받으면 동일 업종에 비하여 과다한 환급이나 신고 오류를 방지할 수 있는 장점이 있다. 최근 국세청의 전산시스템이 발전하면서 사업자별로 지금까지의 신고추세, 신고 소득에 비하여 부동산 등 재산 취득 상황은 어떠한지, 동업자에 비하여 부가가치율 및 신용카드 매출비율은 어떠한지, 신고내용과 세금계산서합계표의 내용을 종합적으로 전산 분석을 하고 있다. 가령, 사업연도의 비용이 수익을 초과하는 때에는 법인세 납부 부담 금액이 없고 해당 결손금은 이월 결손금 공제 제도에 따라 향후 10년간 이월이 가능하여 세금 부담도 줄일 수 있다.

적격 증빙을 꼼꼼하게 챙긴다.

법인세 계산 구조를 보면 비용을 인정받을수록 법인세 절세가 가능하다. 실제 사업과 관련해 지출한 비용으로 인정받으려면 세금계산서, 계산서, 카드 매출전표, 현금영수증 증빙을 수취했을 때 비용으로 인정된다.

벤처기업 인증, 연구개발비 등의 세액공제 혜택을 챙긴다.

연구개발비 세액공제는 부설연구소나 연구개발전담부서에서 지출하는 연구원 인건비 등에 대해 법인세 신고 시 인건비의 일정 비율만큼을 법인세 납부액에서 차감해 주는 제도이다. 벤처기업 인증을 받으면 법인세, 소득세, 취득세 등에서 감면을 받을 수 있다. 업종별로 제공해 주는 혜택이 다르니 해마다 바뀌는 세법을 꼼꼼히 체크하는 것도 중요하다.

스타트업 연습문제 STORY 여덟

1. 기업의 모든 경영 활동을 한눈에 보여주는 것이 기업의 재무제표라고 할 수 있다. 재무제표에서 대차대조표와 손익계산서에 포함되는 항목을 연산기호를 활용하여 제시해 보세요.

    1) 대차대조표 항목 : 자산, 부채, 자본

    2) 손익계산서 항목 : 수익, 비용, 이익

2. 재무제표는 기업의 재무 상태나 경영성과 등을 파악하기 위해 내부적인 목적으로 사용된다. 발생주의와 현금주의란 무엇인지 그 의미를 각각 설명하고 특징을 설명하세요.

3. 다음은 손익계산서를 나타내는 식이다. 빈칸 [   ] 에 들어갈 단어는?

    | | 매출총이익 |
    | - | 판매관리비 |
    | = | [   ] |
    | ± | 영업 외 손익 |
    | = | 세전 손익 |
    | - | 법인세 |
    | = | 세후 손익 |
    | | 당기순이익 |

4. 재무제표의 재무 비율은 경제적 의미와 이론적인 관계성이 분명한 두 항목의 상대적 비율을 구하여 이해하기 쉬운 지표로 나타낸 것이다. 다음 중 재무비율이 잘못 연결된 항목을 고르세요. (   )

    | ① | 유동성 비율 | 매출채권회전율 |
    | ② | 안정성 비율 | 자기자본비율 |
    | ③ | 활동성 비율 | 재고자산회전율 |
    | ④ | 수익성 비율 | 매출액이익률 |

5. 부가가치세란 무엇인지를 설명하고, 부가가치세의 발급 의무자를 제시하세요.

 Andrew Carnegie

팀워크는 공통된 비전을 향해 함께 일하는 능력이다. 조직의 목표를 향해 개인의 성과를 내도록 지휘하는 능력이다. 평범한 사람들이 비범한 결과를 이루도록 만들어가는 에너지원이다.

이 책에 관한 내용문의와 저자상담을 원하시는 분은
daisyhsun@hanmail.net
으로 해주시기 바랍니다.

UNTACT STARTUP

초판 1쇄 발행 2021년 2월 25일

지은이   김혜선
펴낸이   이병덕
펴낸곳   도서출판 정일
디자인   이은경
주소   경기도 파주시 한빛로 11
대표번호   031) 946-9152
팩스   031) 946-9153
전자우편   jungilb@naver.com
출판신고   1998년 8월 25일 제3-261호
ISBN   978-89-5666-297-8 (03320)
정가   21,000원

copyright©Jungil Publishing Co.
잘못된 책은 구입하신 서점이나 본사에서 교환해 드립니다.